宋太祖赵匡胤

何君◎编著

吉林出版集团有限责任公司

图书在版编目（CIP）数据

宋太祖赵匡胤／何君编著 . —长春：吉林出版集团有限责任公司，2011.12（2020.6 重印）
（历史说帝王）
ISBN 978-7-5463-6872-6

Ⅰ.①宋… Ⅱ.①何… Ⅲ.①赵匡胤（927~976）—传记 Ⅳ.①K827=441

中国版本图书馆 CIP 数据核字（2011）第 220462 号

宋太祖赵匡胤

编　　著	何君
出版统筹	博文天下
责任编辑	王　平　齐　琳
封面设计	先锋设计
开　　本	710 mm×1000 mm　1/16
字　　数	136 千字
印　　张	17
版　　次	2012 年 5 月第 1 版
印　　次	2020 年 6 月第 2 次印刷
出　　版	吉林出版集团股份有限公司
电　　话	总编办：010-63109269
	发行部：010-85725399
印　　刷	三河市南阳印刷有限公司

ISBN 978-7-5463-6872-6　　　　　　　　　定价：59.80 元
版权所有　侵权必究

天朝史鉴
——历史说帝王

在五千多年的人类文明历史长河中，中华文明是一个伟大的奇迹。

从公元前221年开始，中国就以一个统一的多民族集权帝制国家屹立在世界的东方。在以后漫长的两千多年，中国一直是当时世界上最发达的国家之一，并有着几段辉煌时期，包括汉朝、隋唐、元朝和早清时期。中国在公元13世纪达到顶峰，成为当时世界上最繁荣的文化及贸易中心，以指南针、造纸术、印刷术、火药为首的众多发明对世界的历史与科技发展有重要贡献，并拥有发达的农业及手工业。

"普天之下，莫非王土；率土之滨，莫非王臣"。中华帝国长期的优势形成了巨大的文化优越感：根据中国封建社会的传统观念，中国是"天朝上国"，是世界文明的中心，中国皇帝就是"天下共主"。翻开世界历史，这个观点在16世纪以前，的的确确是一个事实。

拿破仑曾经对英国外交家阿美士德说过："中国是一头沉睡的狮子，一旦被惊醒，世界将为之震动。"拿破仑一生纵横欧洲，数次把多国联军踩在脚下，如此叱咤风云的人物为什么会对当时的中国有这样的论断，他的根据从何而来？

翻开世界近代史，我们会发现，拿破仑所处的时代，曾经拥有优秀远古文明的区域大多四分五裂，各自为政，欧洲如此，非洲也如此；而拥有广袤土地的大国又大多没有久远的文明，俄罗斯如此，美国亦然；真正能将久远的文明和辽阔的疆域结合在一起的，仍然只有中国。拿破仑一直试图统一欧洲，因为他深知：只有将文明的力量与辽阔的疆域结合，才能造就伟大的帝国。

纵观世界五千年的历史，我们可以得出这样的结论：中国的文明能够这样伟大，中国的力量能够这样让人不敢轻视，一直以一个大一统的国家形式存在是至关重要的决定性因素。

作为一个多民族集权帝制国家，所有的权力集中在皇帝一个人身上。时势造英雄，英雄造时势，雄才伟略的皇帝完全有可能改变历史的进程。在中华帝国的历史上有400多位帝王，其中13位杰出的帝王以其丰功伟绩而彪炳史册，在中华帝国史上，甚至世界史上打下了深刻的烙印。

封建社会时期的中国，一直都以一个大帝国的姿态屹立在世界东方，各民族用各自的历史共同谱写出一部中华风云史。秦汉时期，中华帝国把匈奴赶到西方，引发了欧洲的一系列大动荡；唐朝时期，中华帝国把突厥赶到西北，又引发了中亚和东欧的动荡。至于秦、汉、晋、隋、唐、宋、元、明、清这一系列的朝代更替，以及各个朝代中的叛乱分裂或者起义，都只不过是这个延续两千多年的帝国的内乱而已。

现在，我们回顾这个伟大的中华帝国史，秦始皇，无疑是这个大帝国的最初缔造者，也就是开国皇帝。正是由于他的君临，才奠定了整个中华民族大一统的所有基础。

在中华帝国的历史上，公元前221年是真实意义上的帝国元年。"千古一帝"秦始皇一统天下，废分封，设郡县，同文、同律、同衡、同轨，修驰道，筑长城，大一统的中华帝国有了一颗"统一的心"。从此，中国人以高度的政治智慧与独特的文化内涵，把"大一统思想"作为整个社会和个人的至高理想永恒地留在了所有中国人的血液中。秦始皇也当之无愧是中华帝国的始皇帝。

中国封建帝王"皇帝"的称谓由秦始皇开始，他叫"秦始皇"，就是希望大秦帝国会有接下来的二世、三世，直至千万世这般永远传承下去。这一点，虽然秦始皇的子孙没有做到，但从另一个意义上讲，中华帝国后来所有坐拥江山的皇帝何尝不是秦始皇的继承者？

史家有个说法叫"汉承秦制"，意思就是刘邦建立汉朝之后，继承和发展了秦朝的大一统制度，从这个意义上来说，刘邦才是秦始皇的第一个继承者。秦末天下大乱，楚汉争霸的结果是"流氓战胜了英雄"。项羽首先在争夺天下的霸业中胜出，但遗憾的是项羽根本没有建立一个中央政权的意识，而是把诸侯全部分封到各自的领地，他的做法实际上是要让中国再次回到战国时代的大分裂中去，这无疑相当于一种历史的倒退，所以最后他败给刘邦也就不足为奇了。从这个角度来说，与其说是刘邦战胜了项羽，不如说是统一战胜了分裂。

楚汉争霸，也开创了帝国的另外一个游戏规则：就是皇帝轮流坐，英雄不问出处。这个规则的结果就是"成王败寇"，完美地解决了帝国内部改朝换代的"正统性"问题，在一定程度上保证了最有能力的人成为开国皇帝，带领帝国一次又一次走向辉煌。

汉武帝即位之后，罢黜百家独尊儒术，又为日后中国两千余年的统一打下坚实的思想基础，儒家思想中的三纲和五常都有力地促进了大一统思想在百姓心中扎根。"英雄风流不尽数，刀马所至皆汉土"。汉武帝北击匈奴，南平两越，西通西域，奠定了现代中国辽阔疆域的初步基础，他又大力提倡中西交流，数次派人出使西域，促进了民族融合，中华帝国也开始有了广泛的世界影响，汉文化圈开始形成。

"天下大势,合久必分,分久必合"。东汉末年,中国大一统的格局第一次长时间地分裂。也正是这次分裂,唤醒了中华民族强烈的统一意识。

曹操年轻时,曾得当时名士许劭"治世之能臣,乱世之奸雄"的评价,而他也的确没有辜负这一番品评,一身功业让后人又叹息又嫉妒。曹操统一北方之后,权势已经到了人臣之极,但他却没有称帝,究其原因,正是深受维护正统的观念影响。随后他又立即率领大军南征,尽管最后功败垂成,但是他在北方实行的诸多政策都为日后的晋朝奠定了深厚的基础。西晋武帝再次统一中国,最大的功劳当属曹操,这也是曹操被认为是晋祖的原因所在。在维护统一这一点上,曹操不愧为历史上最伟大的政治家之一。

三国时期是一个英雄辈出的时代,刘备以其独特的人格魅力成为中国历史上最有人缘的平民皇帝。刘备本人即是汉朝宗室,本人又仁慈爱民,所以在东汉之末的乱世中是人心所向。他也正是凭借着这两个条件,从一个一无所有的卖草席之人变成蜀汉的开国君主,他的一生也都在为了再次统一天下兴复汉朝而努力,由于时代所限,他也没有成功,但他建立的蜀汉却在开发西南、促进民族融合方面作出很大贡献。刘备能够三分天下得其一,很大程度是占了"正统"的光,而正统的本质就是统一。

历史进入唐朝,中华帝国在建立九百多年之后,唐太宗李世民将这个古老的大帝国推向了辉煌的巅峰。中国历代皇帝中,唐太宗是极少数上马善打天下、下马能治天下的英主。他在位期间,居安思危,任用贤良,虚怀纳谏,实行轻徭薄赋、疏缓刑罚的政策,并且进行了一系列政治、军事改革,终于促成了社会安定、生产发展的升平景象,对周边少数民族,他实行开明政策,安抚首领,鼓励民间交流,被尊为"天可汗"。

千百年来，李世民开创的"贞观之治"一直是人们备加推崇的封建社会治世榜样，他本人也成为后世帝王竞相效仿的一代名君。唐朝在他的治理之下，中国对世界的影响也达到一个前所未有的高度。

同李世民的出类拔萃相比，武则天可谓丝毫不逊色。她以女儿之身，在封建社会男尊女卑的大环境下可以坐上皇位，让天下所有男人俯首称臣，本身就是一件绝非常人能及之事。但她的即位，又不仅仅是一个女人的胜利，她开创的"武周革命"局面是中华帝国在唐朝时期的一个重要过渡。政治上，她上承"贞观之治"，注重富国安民，她的夺权过程虽然残酷，但百姓生活却不仅没有受到什么影响，反而更加富足，这就为后面的"开元盛世"奠定了坚实的基础。

在这个中华帝国的大舞台上，宋太祖赵匡胤的出彩之处更多地集中在制度的完善上。宋朝之前的大一统政权，无论是汉朝还是唐朝，都在后期饱受地方势力作乱的困扰，原因就是地方势力拥有军队，可以很轻易地对中央政府产生威胁。宋太祖登上皇位之后，第一个动作就是使用怀柔手段削去大将的兵权，使军队全部掌握在皇帝手中，彻底杜绝地方势力叛乱的可能性。同时，宋太祖还是个重视文化的皇帝，宋朝经济的繁荣和文化昌明也为前朝所罕见。

经历了南宋与辽、金、西夏并列的分裂局面之后，以成吉思汗为首的蒙古人再次统一了中华帝国，这不仅是中国少数民族第一次统一全国，也使中国的少数民族再一次震惊全世界。成吉思汗天生就是一个战争之王，他的一生从头到尾都在战争中度过，中原、漠北、西域、中亚都留下了他征服的足迹。中华帝国从未像成吉思汗在位时一般表现出这么强大的侵略性，所以，成吉思汗也理所当然地成为对世界影响深远的中国皇帝之一。

明朝时期的中国，仍旧是大一统的局面，朱元璋统一帝国之后，撤消丞相一职，又大开杀戒，几乎将开国功臣斩尽杀绝，此外又开设锦衣卫，监视大臣及百姓言行，封建皇权在他的手中发展到一个新的巅峰。在朱元璋的一系列举措之下，中华帝国几乎发展成了他的家天下，无论中央还是地方，都再也没有权势能与皇帝抗衡的大臣，这不能归咎于朱元璋一个人，应该说是制度的弊端，已经实行了一千五百余年的大一统式封建专制逐渐走到了尽头。明朝在重修长城一事上最下工夫，这也说明明朝的抵御外族能力最低，在朱元璋的影响之下，明朝后来的皇帝都只专心内斗，不思进取，明朝的世界影响力也随之下降，中华帝国的疆域也降到一个低谷。

清朝由女真族建立，这也是少数民族第二次统一中国，而大清王朝中最雄才大略的皇帝当属康熙帝。康熙是中华帝国最后一个文治武功皆很出色的皇帝。康熙采取了一系列有利于国计民生的政策，使耕地的面积迅速扩大，粮食产量有所提高，经济作物也被广泛种植，最终促进了农业经济的发展，奠定了"康乾盛世"的基础。康熙又平定准噶尔叛乱，将西藏、新疆和台湾牢牢纳入中国版图，又和沙俄签订《尼布楚条约》，有效抵抗了沙俄对东北地区的侵略。康熙时期是中华帝国的又一个顶峰，但是由于故步自封和闭关锁国，中国已经跟不上世界发展的脚步，近两千年的大帝国在最后的回光返照中走向没落。

中国的封建专制制度发展到雍正时期，君主集权达到最高峰。雍正的即位过程可谓将中国古代的太子夺权斗争发挥得淋漓尽致，他即位之后，规定以后的皇帝必须把继承人的名字写成诏书封存，这就从根本上解决了皇室继承人纷争的问题。雍正又设军机处，作为皇帝的秘书班子，为皇帝出主意、写文件、理政务，"军国大计，罔不总揽"。雍正对经济发展的贡献也不容忽视，正是由于他在中间的拨乱反正，使得康熙的一些有效政策得以延续，也使得康熙开创出的盛世局面可以延续。

雍正之子乾隆是"康乾盛世"的收官者。乾隆在位六十年，前期，他政治颇为清明，在康熙、雍正两朝的基础上，将"康乾盛世"局面推向了顶峰。到了执政后期，乾隆开始穷兵黩武，将清政府积累下来的上百年家底挥霍一空，对外又实行闭关锁国的政策，进一步耽误了中国与世界的同步发展，时有英国人形容清朝为"一艘破烂不堪的头等战舰"，从这种意义上讲，乾隆也是整个中华帝国的收官者。

……

英国女王伊丽莎白直言不讳地说：西方之所以长久以来对中国心存疑虑，就是因为中国一直是一个统一的大国。

"统一"是打开中华文明唯一的钥匙。从公元前221年秦始皇统一中国后，中国的地方政权就再也没有办法在政治上取代中央的地位，无论是后世的哪一个封建君主，争取统一或者维护统一都是他没法抵挡的诱惑，也是他无法摆脱的宿命。一国不容二主的观念在这块土地上是如此的深入人心，真正成为中国人的民族基因，也是中华文明历久而弥新，中华民族能够傲立世界的真正原因。

何君于北京

2006年12月9日

前 言
——佑文抑武的仁义皇帝

史家笔下的宋太祖,是一个忠厚长者般的帝王。他起于乱世,而能以仁义创两宋三百年基业,繁荣经济,倡导文化,其功业当属不朽。后人评价宋太祖为:建邦立国,崇仁义之德;统一天下,兴仁义之师;安定乾坤,从仁义之政。

宋太祖是宋代的开国之君。在历代史家的论著中,宋太祖获得的评价颇高。虽然他开创的宋代一直没有完成统一大业,但却能够与秦始皇、汉武帝、唐太宗和成吉思汗等雄君霸主并称于世,其影响可见一斑。

宋太祖出生之时,恰逢五代乱世。唐末以来的藩镇割据状态,已经发展成为诸多小国之间的纷争。连年的战乱,造成中原地区民不聊生、经济凋敝、社会动荡。乱世需要英雄,英雄出于乱世。正是在这样的社会背景之下,宋太祖逐渐踏上政治舞台。

自秦汉以来，中华帝国的朝代更替大多是以武力和血腥来完成的。有的是外族入侵，武力征服，如元、清两代；有的是百姓揭竿而起，推翻前朝的统治，另立国号，如汉、明；有的是朝廷内部的政变，地方势力崛起，取代先皇，如隋、唐等。但无论何种形式，都是以众多士兵和百姓的尸骨作为代价的，给社会经济带来的更多的是负面作用，百姓也会因战乱而流离失所。宋太祖之创宋代周，与历代开国皇帝相比，可以说是最具仁心的。

宋太祖是一位少见的夫子皇帝。夺权之时，他兵不血刃，称帝之后，他也没有大杀功臣。他主张以文臣治国，先是通过"杯酒释兵权"解除了一大批武将的兵权，又选拔大批文臣担任各部官吏，彻底打破了自古以来武人专权的局面。为了得到大批儒臣，宋太祖对科举进行了改革，一是规定不论家庭贫富，名望高低，只要有一定文化，皆可应举；二是确立复试，殿试制度，杜塞势家权贵舞弊。自宋之后，开创了一直延续到明、清朝两代的重文轻武的时代。使中国封建文化，在经历了唐末五代的沉闷之后，又出现了宋代文化、科技、教育的长足进展，掀开了光耀夺目的新的一页。

历史之上，总以"弱宋"称号与强敌为邻、总以"岁币"买和平的两宋王朝历遭磨难，以致靖康之耻的发生。言及北宋狄青、南宋岳飞的遭遇，人皆扼腕。殊不知，如果能回忆起五代乱世中武人的飞扬跋扈之害，宋太祖之手段虽有些矫枉过正，也不失英明远略。终两宋之世，武人骄横、藩镇林立的情况几乎没有出现过。

"唐诗宋词"，宋在文明方面是盛唐之后中华民族的又一个里程碑。宋太祖赵匡胤成功地改造了势力强大的士大夫阶层，赢得了士大夫阶层在意识形态方面百分之百的忠诚。这种统治阶级在思想上的高度统一，只有汉武帝独尊儒术可以与之相媲美。皇帝从孤独的政治偶像嬗变为士大夫的精神象征，在中华帝国的历史上具有划时代的意义。

郭兆祥

2006 年 7 月 25 日

目 录

第一章　乱世英雄 … 1

第一节　从士兵到将军 … 2

第二节　义社十兄弟 … 8

第三节　读书的将军 … 15

第四节　孤儿寡母 … 23

第二章　黄袍加身 … 27

第一节　阴　谋 … 28

第二节　陈桥兵变 … 33

第三节　改朝换代 … 38

第三章　集权 … 49

第一节　杯酒释兵权 … 50

第二节　改革禁军 … 58

第三节　精于治军 … 71

第四节　宰相赵普 … 78

第五节　君强臣弱 …………………………… 87

第六节　佑文抑武 …………………………… 103

第七节　大宋刑法 …………………………… 117

第八节　以法治国 …………………………… 129

第四章　恩威并重 …………………………………… 139

第一节　不惜财 ……………………………… 140

第二节　树威信 ……………………………… 145

第三节　善权谋 ……………………………… 159

第四节　宽严有度 …………………………… 165

第五节　赏罚分明 …………………………… 174

第五章　宅心仁厚 …………………………………… 183

第一节　祖宗家法 …………………………… 184

第二节　仁义皇帝 …………………………… 189

第三节　善待谏臣 …………………………… 203

第四节　教化民众 …………………………… 213

第五节　朴素节俭 …………………………… 221

第六章　中原王朝 …………………………………… 229

第一节　铲除二李 …………………………… 230

第二节　先南后北 …………………………… 246

第三节　统一中原 …………………………… 253

第一章 乱世英雄

第一节 从士兵到将军

乱世出英雄。五代以来连年兵荒马乱、争战不休的乱世为宋太祖赵匡胤的成长提供了一个表演的舞台。正是在这个舞台上，宋太祖赵匡胤依靠精湛的技艺，演绎出了一场精彩生动的传奇故事，不仅征服了观众，而且征服了整个天下。

赵匡胤出生于烽烟四起、群雄割据的五代乱世，他的青少年时代，一直伴随着硝烟和战火，以及黎民百姓流亡失所的无助泪水而度过。各路割据势力凭借手中的甲兵利刃，在中原相互厮杀。一时之间，神州大地"毒手尊拳，交相于暮夜；金戈铁马，蹂躏于明时"，皇帝轮流做，你方唱罢我登场。五十年间，仅在中原一带，就有五朝八姓14个君主；而在山西和南方，也先后存在过10个割据政权。可谓是山河破碎、政权丛立。

历史上任何一个开国皇帝，并非生下来就注定要成为皇帝的。他们之所以能够成为皇帝，主要是依靠个人的能力和平时点点滴滴的不断积累。所以说，不积跬步，无以至千里；不积小流，无以成江海。

汉高祖刘邦是以仁义之名立业的。他本是一个市井流氓，起事之前仅仅是秦王朝统治下的一个小小的亭长。后来，他迫于无奈，才参加了

第一章 乱世英雄

农民起义军,当了一个小头目。刘邦本人才疏学浅,可以说是不学无术;他的武功,也只会几下三脚猫的功夫;带兵打仗,对他来说更是外行。但有一点,却是他人可望而不可即的,那就是他的仁义之名远播四方。正因为这点,一大批有才能的谋士猛将投奔到他的麾下,供其驱遣。在这些人的辅佐之下,刘邦手中的权力才逐渐像滚雪球一样膨胀起来,最后成就了汉家霸业。

刘 邦

与刘邦相同的是,赵匡胤也具有同样的仁义胸怀;与刘邦不同的是,赵匡胤是自己凭借战功而逐步获得权力的。

赵匡胤出身将门,家道小康。其父赵弘殷中年得子,十分希望儿子能够匡扶乱世,成为叱咤风云的人物,故给儿子取名为"匡胤"。为培养儿子成材,赵弘殷聘请了一位绝学宿儒,教授四书五经及文章,又亲自传授儿子武艺,希望儿子长大以后,能够文武全才。所以赵匡胤从小就衣食无愁、习文练武。在父亲的教导和熏陶下,少年赵匡胤打下了扎实的武术底子,并从书本上学到了行军打仗的兵法,为以后在战场上建功立业打下了牢固的基础。

年少的赵匡胤就表现出超凡的领导能力,是伙伴们心目中的领袖。他善良、勇敢而有智谋,在玩打仗的游戏时,总是充当指挥者的角色。在放学回家的路上,小伙伴们也都听从赵匡胤的指挥,排列成整齐的队形，秩序井然地回到家中。赵匡胤则在队列的后面，看着自己的队伍浩浩荡荡地前进。

年龄稍大，赵匡胤便在练习武艺方面得到了伙伴们的认可和尊敬。有一次，他在练习骑术时，挑选了一匹没有缰绳和马鞍的烈马，当时，他家中最好的骑师都没有驯服这匹烈马。年少气盛的赵匡胤，下定决心要把这匹烈马制服。当他跃上马背后，烈马顽性大发，四蹄狂蹬，仰天长啸一声，向城门外狂奔。赵匡胤猝不及防，一头撞到城门口的门楣之下，跌于马下。在场的人都大惊失色，认为他必死无疑。然而，赵匡胤

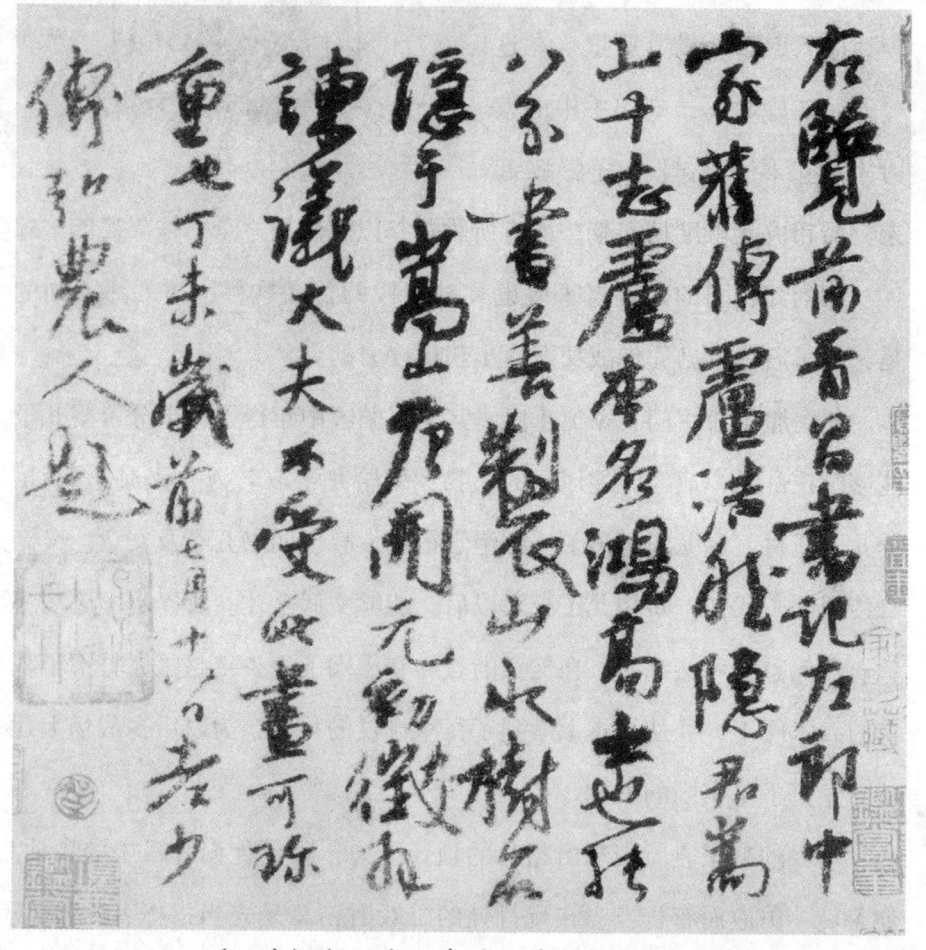

〔五代〕杨凝式、卢鸿·草堂十志图跋

揉了揉额头，一跃而起，迅速追上这匹烈马，纵身骑上马背，死死抓住马鬃不放。经过一段时间的纠缠，烈马终于停下了疲惫的脚步，老老实实地受主人摆布。这一次驯马后，赵匡胤便成了开封百姓心目中的少年英雄。

成年以后，赵匡胤看到各地战乱四起，社会动荡不安，认识到正是好男儿从军报国、建业立功的好时机。赵匡胤从小练就了一身过硬的武艺，便想出去闯荡一番，希望能在乱世中建立一番功业，光宗耀祖。

开始的两三年，独自在外漂泊的赵匡胤可以说是历尽艰辛。他的足迹所至，西北到达陕甘二省，南面到达湖北。他四处寻找成功的机会，却一无所得。在流浪期间，有一段时间赵匡胤盘缠用光，为赚些钱，他与一帮市井无赖赌博，期望能有所收获，以解燃眉之急。依靠高明的赌技和绝好的运气，赵匡胤很快就赢了不少钱。正当他满心欢喜，准备罢手离开时，却遭到了这些无赖的围攻。虽然赵匡胤有一身武艺，但无奈双拳难敌四手，何况对方是一帮天天打架斗殴的无赖地痞。在经过奋起反抗之后，赵匡胤终于被狂殴一顿，鼻青脸肿，赢来的钱也被无赖们一抢而空。在这次打架事件中，赵匡胤作为一个外乡人，而且势单力孤，仍然毫不畏惧，以一人之力敌十余人，其勇气确实非同一般。但是，他也深深感受到了作为弱者的无奈和无助，于是下定决心，要创出一番功业来。

有得必有失，有苦必有甜。孟子曾说过这样一段话："天将降大任于斯人也，必先苦其心志，劳其筋骨，饿其体肤，空乏其身，行拂乱其所为，所以动心忍性，曾益其所不能。"可见，挫折对一个有作为的人来说，并非仅仅是一种苦痛，更是迈向成功的宝贵财富。

三年的流浪生活虽然苦不堪言，但赵匡胤从中也获益匪浅。过惯了舒适生活的赵匡胤在流浪过程中遍尝了人间甘苦。曾经被人欺负毒打，受过寄人篱下时的冷嘲热讽，因饥饿而偷过食物，因无钱住店而困卧树下。这段经历，是他一生中最感黑暗的部分，但也给他带来很多阅历和体验：走南闯北，熟悉了各地的风土人情；明白了人间的世态炎凉，锻炼了个人的意志。所有这些经历，都为赵匡胤以后的统军治国打下了良好的基础。

人们常说："机会总是青睐刻苦努力的人。"《封神演义》中有这样一个故事：姜子牙学艺归乡后，一直过着平淡而清贫的日子。凭他的才学，出将入相绝对是轻而易举，但他一直默默无闻，直到年届七旬也无所作为。一天，姜子牙在渭水河边垂钓，半天未见有鱼上钩。等到姜子牙收拾工具准备回家时，一路的人看到姜子牙的渔钩竟然是直的，于是惊诧之余便向他讨教。姜子牙只说了一句"该来的总会来"。路人都以为姜子牙疯了，但他们哪里知道，姜子牙之意不在鱼，他在等待贤明的君主。这就是我们常说的"姜太公钓鱼，愿者上钩"的故事。后来便有了周武王请贤出山、灭商而建周的真实故事。

对于武将来说，战争就是一种机遇。武艺和兵法是武将谋生的基本条件。正当赵匡胤苦闷彷徨之际，他抓住了一个小机遇，加入正在四处招兵买马的郭威军中，成为一名普通士兵。郭威是五代时期后周王朝的建立者，公元951年建立周国，即历史上的后周。正是这个小机遇，中国的历史也因此改变了。

选择从军是赵匡胤的人生追求之一，因为他清楚地知道：乱世之中，只能通过军功才可以出人头地。从军的士兵有两种结局：一种是战功赫赫而迅速得到提升和重用，出将入相；另一种是战死沙场。赵匡胤

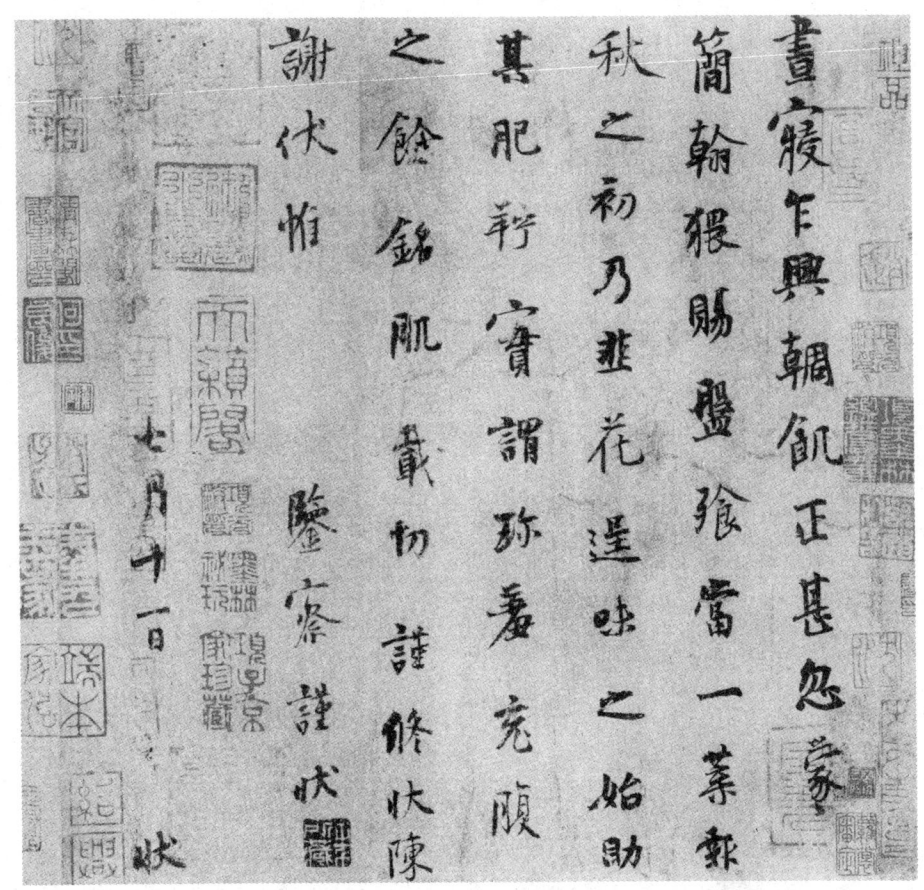

〔五代〕杨凝式·韭花帖

是一个不甘寂寞的人,即便是战死沙场,他也要为了理想而放手一搏。于是,他从士兵做起,不断上进。

赵匡胤加入郭威的军队后,非常努力,很快便从一名普通士兵升为一名小军官。这次升迁,使赵匡胤信心大增,更加坚定了建功立业的信念和理想。

第二节 义社十兄弟

能够被皇子柴荣眷顾，是赵匡胤人生的一个转折点。

像赵匡胤这样资历甚浅的人，要想出人头地，除了军功之外，还需要伯乐的提携和明主的庇荫。而柴荣，恰恰就是慧眼识宝马的伯乐，也是赵匡胤可以依靠的大树。公元953年，赵匡胤因表现出色而被提升为滑州副指挥使，未及赴任，便由于太子柴荣的赏识而改任开封府马直军使，成为柴荣的心腹。

公元954年，周太祖郭威病死，柴荣继位。北汉联合辽国，趁机大举进犯，一路攻城略地，杀烧抢掠。为稳定政局，周世宗柴荣决定御驾亲征，消灭来犯之敌。两军在高平城下展开决战。赵匡胤在此战役中功劳最大，一举跻身高级将领之列。

郭 威

高平战役之前，后周军队早已作了严密部署，并确定了各自的分

第一章 乱世英雄

工，赵匡胤的任务是率2000侍卫亲兵保护世宗的安全。战役一打响，北汉便发动了凶猛的进攻。面对凶猛之敌，周军虽已部署妥当，但负责右翼的统帅樊爱能、何徽二人临阵脱逃，并扰乱军心，完全打乱了整个阵势，周军面临全线崩溃的恶劣形势。

此时，世宗柴荣身边，只有赵匡胤和张永德所率的4000名

柴 荣

亲兵，柴荣的生命安全受到严重的威胁。在这千钧一发之际，初次参加大规模作战的赵匡胤，表现出惊人的胆略和应变能力。他迅速判断战场上的形势，然后镇定地告诉张永德："您手下的将士都是神箭手，可以迅速占领西面的那个山坡，居高临下，射乱汉军阵脚。我率部下骑兵从左边包抄，两面夹攻，一定可以取胜。国家存亡，就看这一次了。"他又激励部下："养兵千日，用兵一时。今皇上处境危急，正是我辈效命立功之时。"说完，身先士卒，冲向敌阵。

在赵匡胤的激励和带动下，士兵们个个奋勇争先，以一敌十。经过激烈的白刃战，汉军因主将被击毙，群龙无首，斗志全无。张永德手下的弓箭手也箭不虚发，汉军伤亡无数。在战场局势向周军倾斜之时，周军的后援部队也适时赶到，汉军仓皇败逃。

战后，周世宗对此次战役深为感慨：平时官高位隆的将领竟然临阵脱逃，几乎送了自己的性命；而身份普通的赵匡胤，却能临危不乱，表现出大将的风范，奋勇痛挫敌军的锐气。为惩恶扬善，周世宗下令将临

阵脱逃的樊爱能、何徽等70多名将校全部斩首示众，以儆军心。同时，对立下大功的赵匡胤和张永德给予重赏。赵匡胤做梦也没有想到，他仅凭此一战役便成为位高权重的禁军高级将领——殿前都虞侯，而且受命改组、整顿禁军。

禁军是皇帝的侍卫亲军，负责保卫皇帝的安全，也是全国军队中战斗力最强的精锐之师。后周的禁军由两部分组成：殿前司和侍卫亲军司。二司的主官为都指挥使，副官有副都指挥使和都虞侯。殿前司下辖左右两厢骑兵和左右两厢步兵，总共3万人。侍卫亲军司下设马、步军各左右两厢，总共约8万人左右。

高平之役后，赵匡胤以殿前都虞侯的身份奉命改组禁军，便采取充实殿前司、压抑侍卫亲军司的计谋。因为在高平之役中，临阵脱逃的都是侍卫亲军司的部队，而英勇救驾的大多是殿前司的将士。赵匡胤借此机会，从禁军中精选出"武艺超绝"的士兵编入殿前司，同时大批裁撤侍卫亲军司中老弱士兵，使其总数下降为6万左右。

珍禽图卷

第一章 乱世英雄

赵匡胤在整顿禁军的同时，通过各种方式在禁军中树立起威信。由于赵匡胤的三年游历，以及他也是从士兵做起，所以，他非常清楚士兵的需求。他经常广布薄施，得到的奖赏大多分发给部下的将士，很得士兵的拥护。另外，在作战中，赵匡胤不仅指挥得当，而且能与士兵同甘共苦，经常身先士卒，由此，将士们对赵匡胤也非常敬佩和尊重。

赵匡胤利用整顿禁军之机，结交了一批支持和拥护他的将领。他的这项感情投资，是通过拜把子和提拔中下级军官来实现的。拜把子，又称结为异姓兄弟，很早以来就成为增进感情的一种手段。几个志同道合的朋友，焚香设烛，饮完结义血酒，对天盟誓："不求同年同月同日生，但愿同年同月同日死"，便结成了异姓兄弟，并相约今后有福同享，有难同当。历史上有名的刘关张"桃园三结义"便属此类。周太祖郭威早年也曾集合十人，刺臂结誓："凡我十人，龙蛇混合，异日富贵无相忘。苟渝此言，神降之罚"，结成"十军主"。后来，郭威在"十军主"的支持和拥护下，推翻后汉的统治，建立了后周。

文苑图

赵匡胤也效法郭威，与一帮生死之交的将领结成"义社十兄弟"。他们中有在禁军中担任要职的军官，如后来成为殿前都指挥使的石守信，都虞侯王审琦等。此外，慕容延钊、张令铎、高怀德等将领也都是赵匡胤的好朋友，甘愿为赵匡胤效命。赵匡胤以结拜的方式，得到了"义社十兄弟"的信任和支持，无形之中扩大了自己的实力和影响，他在后周的力量也越来越强大了。

赵匡胤对禁军的改革有着重大的意义：

首先，他大刀阔斧的改革，很快就把往日松散懈怠的禁军改造成了一支作战勇敢、纪律严明的铁军，禁军的战斗力明显加强了，史书中用"士卒精强，近代无比"这八个字来形容。

其次，赵匡胤在改造禁军的过程中广交朋友，结识了一大帮与他生死与共的兄弟，并在中下层军官和士兵中树立了极高的威信。

再次，赵匡胤成功地完成了皇帝交付的任务，赢得了周世宗的信赖与奖赏，逐渐成为周世宗身边不可缺少的左膀右臂。

赵匡胤的这一招棋，可谓一举三得，为他后来的发展奠定了坚实的基础。

赵匡胤成就功业也与周世宗的雄心壮志密切相关。周世宗在五代帝王中，是最具雄才大略的一位，即使在整个封建社会中，也可以称得上是一位很有作为的政治家。他在位虽然只有五年，但实行了一系列富国强民的改革措施，并取得了显著效果。对内，周世宗奖励发展生产，废除苛捐杂税，革除弊政，整顿军队，使得饱经战乱的社会重现勃勃生机。对外，致力于国家统一，收复失地，通过有效的军事打击，严重削弱了周边强国的军事和经济实力，为国内经济的发展创造了较为安定的局面。

雪竹文禽图

赵匡胤在跟随周世宗的日子里奋力作战,立下了赫赫战功。赵匡胤抓住每一次战机,将军事指挥才能发挥得淋漓尽致,为自己的发展赢得了广阔的空间。

在收复被后蜀占领的秦、凤、成、阶四州时,由于后蜀军队的顽强抵抗,周军受挫,两军形成对峙。赵匡胤遵照周世宗的指示前往观察形势,以决定下一步行动。他经过仔细调查,周密论证,认为只要方法得当,攻取四州应该不成问题。他的建议被周世宗采用,周世宗也坚定了统一的信心,最终收复四州,取得了统一战争的第一场胜利。在随后的战争中,赵匡胤作为统兵的将领,在战场上建功立业。先是在寿州外围,以诱敌深入之计,设伏兵,大败南唐军。接着又在滁州以少胜多,出奇兵攻敌后方,取得全胜。

公元956年，赵匡胤随周世宗伐南唐。后周部队在滁州遇到南唐的垂死抵抗，赵匡胤受命攻打滁州。在强攻失利后，赵匡胤决定智取。在高人指点下，他率军从小路绕到敌后，突然袭击，攻下滁州城。随后，赵匡胤又率军救援扬州，以少胜多；在六合大败南唐大军；稳定寿州军心。在这场战争中，赵匡胤表现出了杰出的军事指挥才能，被加升为同州节度使兼殿前都指挥使，向着权力的塔尖又迈进了一大步。

第二年，赵匡胤又随周世宗南征。他指挥部众，连破寿州、濠州、泗州、楚州等城，高奏凯歌，以至于沿途敌军听到他的名字，便不战而逃。这一场战争，南唐水军的主力在赵匡胤摧枯拉朽般的攻势下，大部分被歼灭。后周获得了大量的土地和人口。在周军全线追击南唐溃军时，赵匡胤虽然只有两千军马，却敢于同两万敌军直接对阵，因为他清楚，虽然在数量上敌众我寡，但在士气和战斗力上却相反，要趁敌军无心恋战、四处溃散之际，痛打落水狗，这样才能取胜。结果，赵匡胤又一次获得了成功。赵匡胤因战功卓著，被封为义成军节度使、检校太保，兼殿前都指挥使。后又改封为忠武军节度使。

赵匡胤在跟随周世宗的征战中，不但以赫赫战功赢得了周世宗的赏识，而且结识了与他共生死的"义社十兄弟"，为以后他闯天下积攒了强大的实力。

第三节 读书的将军

宋太祖赵匡胤后来曾经感慨："宰相须用读书人"，可见他对读书的重视。

赵匡胤的治国方针和策略大多是在读书的过程中形成的。赵匡胤作为一个草莽英雄，因为孜孜不倦地好读书、读好书，才转变成为见识广博的治世明君，他的仁义之名和权术之精，大多得益于此。

书籍是千百年来人类智慧的浓缩。在封建时代，士人以读书通史为荣，并有"书中自有黄金屋，书中自有颜如玉"之类的说法。长期以来，儒家的"四书五经"是读书人的必修课，读书人从中而知礼义廉耻，从中得到做人处世的道理。另一方面，书中的史实和经验又为后人留下借鉴，使后人避免重蹈覆辙，取捷径来实现自己的人生理想。

五代十国时期的战乱，使唐代以来"学而优则仕"的理念被纷乱的政局所打碎，许多士大夫"絷手绊足，动触罗网，不知何以全生也"。即便位列宰辅，身居高位，也只不过在经济上稍为宽裕，而且备受有实权的武将欺凌，动辄性命不保。在这种环境中，赵匡胤从内心深处产生了"读书无用论"。于是对读书学习毫无兴趣，成天活跃在练武场上，苦练骑术、箭术和兵法。

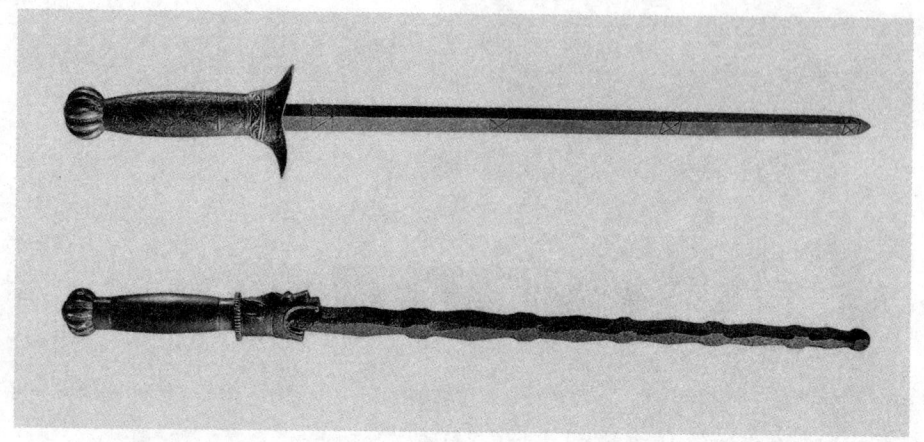

在随郭威征战过程中,赵匡胤以其忠诚和英勇善战而崭露头角,逐渐受到郭威的重视。郭威称帝后,水涨船高,赵匡胤也成为他的得力助手,身居禁军高级将领之列。随着政治地位的上升,赵匡胤深感所学文化知识甚少,如果不抓紧充实,一辈子只能做一个有勇无谋,或勇而寡谋的猛将。

项羽的故事,赵匡胤早在少年时便听老师讲过。项羽少时读书不成,转而学剑,又不成,自言"天生我材必有用"。虽然在战争中异军突起,以力大无穷、英勇盖世而著称,却胸无点墨,手下虽有雄兵百万,战车无数,却被刘邦打得落花流水,最后只能演绎出一曲"霸王别姬",自刎于乌江。项羽的悲剧给正处于上升时期的赵匡胤当头棒喝,也促使赵匡胤在打仗之暇,抓紧时间学习文化知识。

在行军打仗的过程中,赵匡胤意识到仅凭武艺是很难实现远大抱负的,要想创一番事业,知识是必不可少的。当时军中的武将大多信奉"安朝廷,定祸乱,直须长枪大剑,至如毛锥子,焉足用哉",所以在实践中,他们只知行军打仗,只想做一个风风光光的将军。赵匡胤则与之截然不同。为尽快弥补知识的不足,赵匡胤表现出求知若渴的胸怀和顽强的拼搏精神。他一面加紧网罗多谋善断的读书人,组建自己的智囊团；一面发奋读书，充实自己，甚至在行军途中也是手不释卷。如果听到民间有奇书，便不吝千金购之。行军之时，别的兵将携带的都是抢来的金银珠宝，而他的马背上基本全都是书本。

有一次，赵匡胤随周世宗柴荣攻打淮南，夺取寿州后，收集了不少木箱，足足装了几辆马车。有人嫉妒他，认为他借机搜刮了大量的金银财宝，便向周世宗告发。周世宗派使臣前往核查，箱子打开后，那些告发者们不禁大失所望。所谓的金银财宝一样也没有，装在箱中的全部都是书籍。周世宗知道此事后，十分不解，便问赵匡胤："你作为一员大将，为我开疆辟土，应当努力坚甲利兵，要这么多书有什么用？"赵匡

白衣观音像

胤回答说:"我作为皇帝的亲信大臣,却不能经常出谋划策,为皇帝分忧,心中十分不安,也害怕见识浅薄而不能领会您的意图,所以我到处搜集图书观看,目的是想从中学到有用的知识,增广见闻和智慧。"

赵匡胤从少时的重武轻文,转变成为文武双修,到尤重文学这一过程,体现了他对知识与日俱增的重视过程。正是因为对读书的重视,他的学识和胸怀都得到了进一步的提升,也才形成了后来的以"仁"治天下的统治思想。

赵匡胤读书最大的收获,就是制定了以"仁"治天下的国策。

赵匡胤登基后,深感"以马上得天下,但不能以马上治天下"之理,于是倡导以文治国。他不仅自己读书,而且还劝勉文臣武将多读书。据载,他刚刚即位几天,就召山人郭无为到宗政殿为宋代君臣讲解立国兴邦之策。他还经常对左右侍从说:"我想下诏让全国的武将都读书,让他们通晓治国的方法和道理。"于是全国上下,不论文臣武将,还是商贾百姓,都崇尚读书,成为一时之风尚。

据史书记载,赵匡胤读书颇杂。晚年喜欢读的书,一为儒学经典,一为史书。《尚书》、《论语》是他常诵之典,旧史、国志为其久习之文。他常说:"我常常观读、研习过去的史书,非常仰慕以前的贤君明主。他们不让贤明的人不得志,任用的都是这些贤能的人。"因此,赵匡胤表示要效法先贤,录用那些忠孝仁义、德才兼备、文经武略的人才。

说到儒学经典,最具代表性的应属"五经",其核心就是"仁义"二字。

"仁义"作为儒家道德规范体系的核心,是孔子在我国政治、伦理思想史上的一个重大贡献。它不仅能够最直接地反映统治阶级的利益,在政治领域直接发挥作用，指导人们在社会生活中的言行，而且可以评判人们行为的是非，辨别真伪善恶。孔子在总结以往道德规范的基础上，把零散的道德规范系统地加以整理，使之成为一套完整的体系。他把自己认为的人类美德和有价值的人类社会规范，都包括在"仁义"的内涵之中。因此，"仁义"成了社会美德的代名词，自然也就成为人类道德规范体系的核心。

孔　子

《论语》是孔子思想言行的权威代表。据统计，在《论语》一书中，"仁"字出现109次，其中作为道德原则使用的就有105次。孔子认为，"仁"的基本内容就是爱人，即人与人之间要有爱心，要互相尊重、互相关心、互相爱护。君主要以仁义立国安邦，臣民要以仁义对待他人。

儒家另一代表人物孟子也认为："仁，人心也；义，人路也"，"仁，人之安定也；义，人之正路也。"也就是说，"仁"是道德行为的出发点和归宿，是道德的总原则；"义"是实现"仁"的具体规范和规定。然而，仔细一想，仁义概念的区分不是非常严格，而且二者相互渗透和支撑。

赵匡胤通过反复阅读并思考儒学经典后，愈发认识到知识的宝贵，也认识到仁义对治国的重要性："仁义"是宝贵的，但施行"仁义"却是简单的、廉价的;虽然施行"仁义"是简单的、廉价的,但施行"仁义"的效果却是宝贵的、无价的。

赵匡胤通过读书,学到了很多灵活应敌的战略和方法。其中送给吴越国王钱俶包袱一事便是从古书中活学活用的例子。

赵匡胤在书上看到荀巨伯以仁义驱胡的故事。汉代有一名士荀巨伯,在徐州以仁义著称。一次,他去远方探望重病卧床的友人,正好赶上胡人攻打友人所居的城市,城里的人纷纷弃城逃命。

友人对他说:"我现在是走不了了,你赶快出城逃命去吧。"

荀巨伯说:"我荀巨伯难道是那种为了求生而抛弃仁义、不讲信用的人吗?"并坚决不去。

城陷后,胡人问荀巨伯是什么人,为何能够行走却不逃命,竟敢独自留在城中。

五代时期釉面兽纹壶

荀巨伯正色答道:"我的朋友身患重病而不能行走,我不忍心把他丢下而独自逃命,我宁愿以自己的身躯来换取朋友的生命。"

胡人听后,非常感慨:"你真是个仁义之士。我们这些无仁寡义之人,算是闯进有仁有义之地了。"于是,胡人放弃了杀掠,撤兵离去。这一郡的生灵由此得以保全。

于是,赵匡胤把这种方法运用在对吴越国王钱俶的计策中。

宋军兵伐江南之时，赵匡胤对吴越使者说："待平定江南后，你主钱俶可暂来开封与朕一见，以慰相念之情，见后即可复还。"

开宝九年（公元976年），吴越王钱俶迫于形势，冒死前往开封朝见。虽然每天赵匡胤盛情盛宴款待，但钱俶内心仍然不能平静，生怕赵匡胤为了统一大业而食言，将自己扣为人质，趁机要挟吴越投降。在这种惶恐和焦虑中度过了两个月后，赵匡胤忽然诏令钱俶可以返回故国。在送行的宴会上，赵匡胤还送给钱俶一个黄布包袱，并嘱咐他到了途中方可打开观看。钱俶开始非常高兴，以为是赵匡胤赏赐给自己的财物。但到了途中打开包袱，吓得钱俶差点背过气去。原来，包袱中根本不是原来所想的封赐，而是朝中数十位大臣要求扣留钱俶做人质的奏章。这样一来，赵匡胤假群臣之手给钱俶造成心理上的压力，迫使钱俶向宋朝投降。另一方面，赵匡胤又将群臣要求扣留钱俶的奏章交给他，并放他回去，让钱俶感受到赵匡胤的仁慈与宽厚，用恩情来感化他投降，这正是对书中知识的运用。

汉代刘向说："少年好学，就像早上的太阳；壮年好学，就像十五的月亮；老年好学，就像点燃的蜡烛。"赵匡胤少时重武轻文，青年时代顿然悔悟，嗜书如命，晚年仍然手不释卷。

据宋人李焘所著《续资治通鉴长编》记载：北宋开国第一个年号"建隆"用到第四年时，赵匡胤便诏令宰相更改，希望选用一个前所未有的年号。宰相们苦思冥想，确定以"乾德"为新年号。三年之后，赵匡胤在后宫观赏原后蜀宫人的奁盒时，发现一面铜镜的背后铸有"乾德四年铸"的字样，赵匡胤非常惊讶，急召赵普等宰相面询，质问他们说："今始三年，怎么会在四年铸此铜镜？"宰相们皆面面相觑，无言以对。不得已，赵匡胤命翰林学士陶谷、窦仪入见。窦仪看后答道：

药师如来像

"此必蜀物,昔日伪蜀王孟衍当政时有此年号,当是那时候所铸。"至此,赵匡胤方恍然大悟,感慨而言道:"宰相须用读书人。"

赵匡胤通过读书观史,学会了治国之术,将书中的知识运用到治军和治国之中去,树立了以"仁"治国的方针,成为一个既能文又能武的君主。

第四节　孤儿寡母

俗话说，功高盖世，必遭杀身之祸。周世宗本是个疑心极重的人，对领兵的武将尤其严加防范，即使是亲戚和心腹也是如此。对赵匡胤这样的心腹亲信，周世宗也并不是十分放心。

据说，周世宗迷信地认为，皇帝必须生得方面大耳，有尊贵之相。所以，为避免皇位被那些方面大耳者夺去，周世宗曾密令一些心腹，背地里罗织罪名，将生得方面大耳的大臣基本上杀干净了。碰巧，赵匡胤也长得方面大耳。一次，周世宗与赵匡胤在一块喝酒，微有醉意时，周世宗说："爱卿方面大耳，一派帝王之相，说不定他日会位居九五之尊呢？"赵匡胤一听，吓得酒意全无，浑身冒汗，赶忙起身离座叩头道："臣不仅方面大耳，而且身壮如牛。不过，臣的躯体以及性命，都属于陛下。如皇上喜欢，臣一切都奉献给您。"周世宗掩饰道："爱卿言重了，朕只不过随口说说而已。"赵匡胤却做出一副悲痛的样子，说："陛下适才所言，臣好比是万箭穿心。臣方面大耳，乃是父母所赐；皇上身登大宝，那是天命所归。臣不能违父母之命而长成这副模样，好比陛下不能违天命而拒登皇位，陛下看臣该如何是好呢？"周世宗一听此话，不禁开怀大笑道："朕不过酒后戏言，爱卿何必当真？"赵匡胤的一时机变,三言两语便打消了周世宗的疑虑,既保住了性命,也保住了来之不易的权力和地位。

赵匡胤

随着官职的逐渐升迁,赵匡胤手中的权力也愈来愈大,但距离最高权力的象征——皇位仍有不小的差距。他的前面,还有当时的殿前都点检张永德和马步军都指挥使李重进二人。要想进一步得到提升,掌握更大的权力,赵匡胤必须将这两只拦路虎除掉,以扫清前进的障碍。要除掉此二人,单凭赵匡胤的能力是比较困难的,唯有通过制造事端,让皇帝觉得此二人不可靠而将其革除,才能实现自己的目的。因此,赵匡胤采取了借刀杀人之计,搬走了挡住自己道路的两块拦路石。

殿前都点检张永德,是周太祖郭威的女婿,而且一直是赵匡胤的上级,与赵匡胤的私交也不错。对赵匡胤这样有勇有谋的年轻人,张永德十分赏识,不仅在政治上经常加以提携,而且从经济上也时常予以资助。赵匡胤续弦时,因财力窘迫,张永德还送给他几千缗金帛,让他风光地举办了婚礼,曾一度使赵匡胤感激不尽。但是,感激终归是一时的感情,当感情与自己追求的理想发生冲突时,赵匡胤还是没有手软。

对付张永德,赵匡胤采取的是离间之计。张永德时任殿前都点检,是赵匡胤的顶头上司,手握3万精兵,又加上他身为先皇驸马,地位尊崇,是非常有实力的将领。要将这样一个将领拉下马是一件很不容易的事。五代以来，很多将军拥兵自重，更朝换代的，又都是手握重兵的当朝权贵，周世宗对这一点也是深有顾忌。赵匡胤利用周世宗的疑忌，想办法让周世宗撤掉张永德的职务。

显德六年（公元959年），周世宗亲征北汉，路上偶然捡到一块桃木符，长约二三尺，上刻"点检作天子"。这种迷信之言，在封建社会非常讲究。周世宗心里就犯了嘀咕："难道身任殿前都点检的张永德想做天子？"张永德虽是自己的亲戚，但手握兵权，谁敢保证他不想做皇帝呢？周世宗细加琢磨，联想到平时张永德与李重进经常争权夺利、内

梨花鹦鹉图

争不断的传闻，心中的疑问不由增添了几分。为防止张永德篡权，周世宗采取了"宁可信其有，不可信其无"的态度，在生命垂危之际将张永德明升暗降，剥夺了他手中的兵权。其实这种传闻，是赵匡胤让手下的幕僚们故意制造的，其目的就是将张永德排挤出权力最高层。张永德被除去兵权后，赵匡胤便如愿以偿地当上了殿前都点检，成为殿前司几万军队的最高指挥官。

对李重进，赵匡胤可是颇费了一番周折。李重进掌握着兵马众多的侍卫亲军司，战功不少，又是先臣遗诏顾命之重臣，根基比较牢固。为扳倒李重进，赵匡胤左思右想，很难想出一个万全之策。不久，周世宗病死，7岁的幼子柴宗训继位。而柴宗训的母亲符太后恰好是赵匡胤弟媳的亲姐姐。赵匡胤于是让其弟媳入宫游说符太后，最后将李重进排斥出京，远离权力中心。

至此，赵匡胤已经成为仅次于皇帝的天下第二人，而且从某种意义上讲，他的实权比皇帝还要大。禁军的高级将领中，十之七八都是他的心腹和亲信，死心塌地地听命于他。少数几个圈子外的将领，又都是一介武夫，根本不足为虑。

乱世需要英雄，乱世也造就英雄。在五代十国战火纷飞的年代，赵匡胤凭着一身武艺，在乱世中展现出英雄的本色，从征战中建立起赫赫战功，他凭着读书不断增长的知识，从一个普通的士兵成为了将军，继而成为后周的得力重臣。

显德六年（公元959年），周世宗柴荣英年早逝，年仅7岁的幼子柴宗训即位，符太后监国，孤儿寡母无力治国，造成了后周政局的动荡，赵匡胤的机会来临了。

第二章 黄袍加身

第一节 阴 谋

周世宗柴荣英年早逝，幼主继位，为赵匡胤改朝换代创造了条件。

柴荣去世之前，赵匡胤虽然已经具备了比较雄厚的实力，在上到文臣、武将，下到下层士兵中都拉拢、培植了大批力量，但这些人对周世宗都是比较敬重和忠诚的。周世宗死后，外地统兵的节度们使对孤儿寡母的朝廷开始打起自己的小算盘，朝中有实力的大臣也暗中筹划自己的计划。所有这些变化，赵匡胤看得一清二楚，他权衡之后，认为该是自

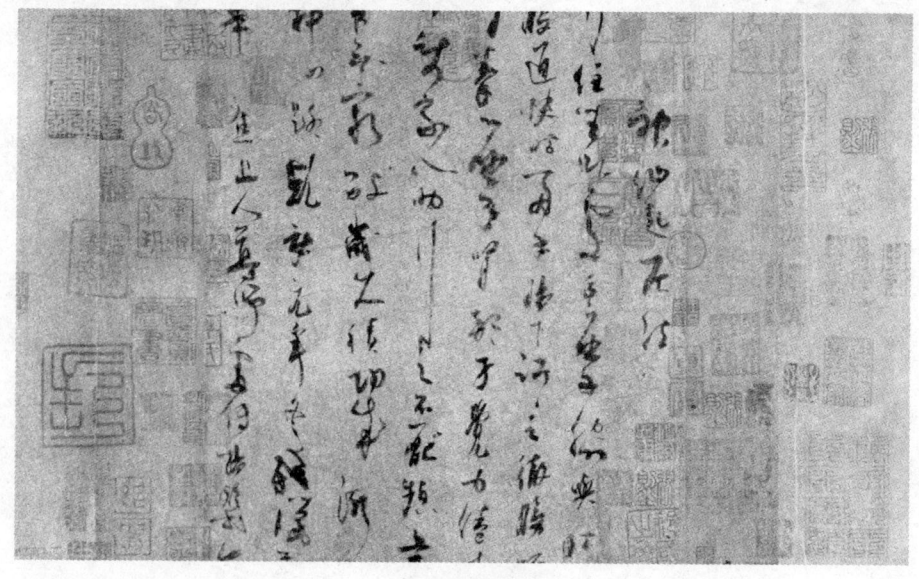

神仙起居法

第二章　黄袍加身

韩熙载夜宴图（局部）

己采取行动、改朝换代的时候了。

五代政变如家常便饭，赵匡胤必须用心戒备一切可能发生的变故。对政治家来说，只要是可能的隐患，就要去戒备、排除，而无需等它露出苗头，也许那时就晚了。只是有些人戒防的手段过于狠辣，也易激变。赵匡胤多用温和的手段，以奇谋巧思的心机事先戒除。当然，他也重视靠制度去防备。在发动政变之前，赵匡胤尽力扫除障碍，他挤走了张永德，接替了他的兵权，又游说符太后赶走了李重进。他考虑到朝廷内外各股蠢蠢欲动的势力，为了避免后周重新沦入内部混战的局面，赵匡胤在谋士的策划下，制定了周密的夺权计划。

谋略之一：选好兵变的地点

赵匡胤把夺权的地点选在陈桥驿而不是京城，是明智之举。因为当时赵匡胤虽然位高权重，但京城中忠于朝廷的文武官员和士兵仍然为数众多，如果真刀实枪地在京城实行政变，遇到的阻力可想而知，成败还是个未知数。只有将自己统辖的军队开到别处，加以宣传和控制，然后再同京城内的部属里应外合，发动突然袭击，才可以控制整个局面。显而易见，带兵离城这个机会，是赵匡胤及幕僚精心策划后，自己争取过来的。

谋略之二：制造利于兵变的形势

历史是由强者书写的，但赵匡胤从孤儿寡母手中夺权，毕竟不是光彩的事。在当时，他要登位，只能用兵变的方式。要想造成一场成功的兵变，需要制造一个有利的形势，也就是"主少国疑"，趁国家处于慌乱中，浑水摸鱼，一举成功。

就在元旦节庆之时，边境的州府向朝廷急报，说北汉与辽国突然联兵入侵，来势凶猛，请求朝廷派援军来助。当时，朝中掌权的几个顾命大臣都是老朽迂腐的文臣，根本不会打仗。他们听到边关告急后，非常紧张，宰相范质、王溥手忙脚乱，根本没有派人详加了解情况，仓促间就决定派人前往支援。对统兵将领，选来选去，似乎只有赵匡胤既有勇又有谋，因为其他会打仗的高级将领都被赵匡胤排斥到外地去了。于是，赵匡胤便顺理成章地点齐大队兵马，以抗击来犯之敌为名，将大部队拉出京城。

谋略之三：做好充分的舆论准备

虽然皇位已经是赵匡胤的囊中之物，探手可得，但如何体面地实现和平过渡却非易事。赵匡胤在加紧准备武力的同时，大造舆论，派人到

第二章 黄袍加身

韩熙载夜宴图（局部）

处散布"将以出军之日，策点检为天子"，给民众暗示改朝换代是上天的意思，希望民众能够泰然面对政权的更替。这样做，也为他夺权提供了顺理成章的依据，以天意这层神秘的面纱掩盖住篡权谋位的大逆之举。

为了顺利兵变，赵匡胤还制造了另一个舆论。当大军出发至陈桥驿时，有一个名叫苗训的军校，自称通晓天文地理，向士兵们宣称在天上同时出现了两个太阳，互相争斗良久，最后新太阳战胜了老太阳。种种舆论，都为政权的改朝换代制造了迷惑众人的迷信色彩。

谋略之四：排除有可能的障碍

赵匡胤虽是武人出身，但他心思缜密，尤其行大事前，准备充分，不放过任何可能导致失败的细节，把一切隐患消灭在先。

在行动前，他曾有一次不寻常的人事调动，即以抵御辽兵为借口，让禁军的另一位重要将领——殿前副点检慕容延钊率前军先行出发，又过了一天，赵匡胤才率大军出发。虽然从后来看，慕容延钊对赵匡胤一直忠心耿耿，但在事前，赵匡胤对他并不放心，因为慕容延钊也是一位手握大权的禁军将领，如果他对赵匡胤的称帝之事心有不满的话，则极有可能在兵变过程中，以禁军副总指挥的身份号召士兵抵制赵匡胤的称帝之举。若真是如此，赵匡胤的兵变恐怕就会有很多麻烦了。为了不让这位危险人物破坏全部计划，他就运用禁军总指挥的权力，让这位副总指挥离开京城，与大部分的禁军士兵脱离接触。

虽然谋划相当周密，但是出城之前，赵匡胤还是遇到了麻烦，差点性命不保。幸运的是，这次危险由于对手的愚昧而化险为夷，逃过了一劫。当时京城禁军中，最有实力对抗赵匡胤的，是马步军副都指挥使韩通。韩通在周太祖、周世宗两朝，"振迹戎伍，委质前朝，彰灼茂功，践更勇爵"，性情刚烈直爽，对后周忠心耿耿。在李重进被排斥到扬州后，他便以副职的身份成了侍卫亲军司的最高统帅，掌管人数众多的侍卫亲军司，实力非同一般。但韩通只是一介武夫，有勇无谋，被赵匡胤的表面忠诚所迷惑，认为赵匡胤也是一个忠于朝廷的耿直之士，以至于对不利于赵匡胤的流言飞语也置若罔闻。赵匡胤出发前一天到韩通家里辞行时，韩通的儿子就向父亲建议，趁机除掉赵匡胤，但没有被韩通采用。赵匡胤也因此得以实施计划，最终发动兵变，登上皇位。

第二节 陈桥兵变

显德二年（公元960年）春，待到一切准备就绪后，历史上有名的"陈桥兵变"就自然发生了。

俗话说，不想做元帅的士兵不是好士兵。赵匡胤此时已经是羽翼丰满，而朝堂之上的孤儿寡母，一个年幼无知，一个胸无主见。那些顾命大臣们有的被逐出朝堂，有的懦弱无能，根本没有能力与赵匡胤相抗衡。这种形势表明，赵匡胤夺取最高权力的时机已经完全成熟。

在完全掌控了禁军的兵权之后，赵匡胤便着手进行下一个计划，改朝换代，自己当皇帝。而这个计划的实施，就是陈桥兵变、黄袍加身。

公元960年春，"陈桥兵变"发生。赵匡胤在赵普、赵光义等将士的拥立下黄袍加身，率军回师京城。朝中百官迫于形势，只好敦请柴宗训禅位于赵匡胤，和平而顺利地完成了新旧政权的交换，赵匡胤从此荣登大宝，成为真真正正的天下第一人。

赵匡胤之创宋代周，与历代开国皇帝相比，可以说是最温和的。自古以来，朝代更替大多是以武力和血腥来完成的。有的是外族入侵，武力征服，如元、清两代；有的是百姓揭竿而起，推翻前朝的统治，另立国号，如汉、明两代；有的是朝廷内部的政变，地方势力崛起，取代先皇,如隋、唐两代等。但无论何种形式,都是靠众多士兵和百姓的尸骨作为代价的,给社会经济带来的更是负面的影响,百姓也会因战乱而流离失所。

史载,陈桥兵变之时,赵匡胤被部下黄袍加身。为制止部下滥杀劫掠,他约法三章:一是不得惊扰和伤害周太后、少帝及其家人;二是对文武百官,不得随意侵犯凌辱;三是部队进入京城后,不得劫掠民众,抢夺府库财物。正是因为这约法三章,对兵变的乱军才有所约束,完成了一场不流血的政变,赵匡胤的皇帝宝座也安稳了许多。

从史书记载来看,陈桥兵变是由赵普和赵光义及手下的士兵们策动的,好像跟赵匡胤没有太大的关系,而且连黄袍也是将士们硬要赵匡胤穿上的,有点像后来辛亥革命中,黎元洪被起义的士兵所迫,被逼无奈才当上都督一样。其实不然,试想,赵普只是赵匡胤手下的一个掌书记官,其地位并不高,根本没有掌控全局的能力。赵光义是赵匡胤之弟,也只是以计谋见长,在那些只认军功不重文的武将眼中,威望也并不高。所以,一手策划政变的人只能是赵匡胤本人。因为只有他,才有能力和威望震慑住手下的兵将,才有如此心计将整个政变安排得井井有条,而且他也是此事的最大受益人。

赵 普

"陈桥兵变"由赵普及赵光义等人操作,这正是赵匡胤的高明之处。赵匡胤假他人之手不动声色地当上皇帝，可以借此来消除众人对他篡权的指责。其实，这里面的情形实非如此，明眼人一看便知。因为在事前，京城中就有这样的传言："将以出军之日，策点检为天子"，此时的点检恰恰是赵匡胤本人。这个传言，是赵匡胤及幕僚策划的，是为了自己登基而制造的社会舆论，因为此时朝廷中的孤儿寡母对他的势力已经无可奈何。后来，事情的发展是，赵匡胤丝毫不参与将士们的讨论，好像与他毫不相干一样，大吃大喝一通，便称酒醉躲在帐中呼呼大睡，直到被兵变的部队从睡梦中惊醒，把黄袍穿在身上。此时的赵匡胤，无论是从脸上，还是从神智上看，一点也没有酒醉的痕迹，推辞了几遍之后，便以无奈状接受了大家的劝进，并当场公布了约法三章。

大军回到京城后，赵匡胤更是表现出一副被将士逼迫，无奈之下才接受帝位的姿态，而安抚朝中百官，逼迫不臣之人服从的工作却由手下的心腹来完成。王彦升便是表现最为出色的一个。正是他，杀掉了不愿屈服的马步军副指挥使韩通，又用刀剑威逼众文臣接受赵匡胤为帝，赵匡胤却作为红脸的扮演者，接受了小皇帝的禅位书。

登上皇帝宝座之后，赵匡胤深知，由于身份和地位的改变，他的权力已经达到了顶峰。当前面临的紧要问题，是如何充分运用权力，稳定国内政局和统一全国。

在前一个问题上，赵匡胤采取了安抚与镇压两种方法。对广大百姓和大部分后周旧臣，只要他们真心拥护新政权，便采取和平手段进行安抚。后周旧臣仍保留原来的职位和俸禄，仍然享受以前的待遇。对百姓们采取减免政策，鼓励他们发展生产，并再三申令军队不要滋扰百姓，不得抢劫百姓的财产。但对于那些对新政权怀有仇恨的人，赵匡胤采取强硬措施，用武力把他们平定或消灭。李重进和李筠就是因为不满新政

竹林七贤图

权而起兵反叛，被赵匡胤以各个击破的手段逐个消灭。

在稳定了国内政局之后，为了获得更大的统治权，赵匡胤又把注意力转到统一全国上来。他认为，要想使国家强大、百姓富足，就需要营造一个安定团结的内外部环境，结束五代以来割据纷争的局面，将中原地区统一成为一个完整的国家。为了这个理想，赵匡胤充分发挥自己及幕僚们的聪明才智，制定了"先南后北，先易后难"的统一时间表，并任用合适的人选，逐步统一了全国，将自己的统治权力扩大到整个中原地区。

第二章 黄袍加身

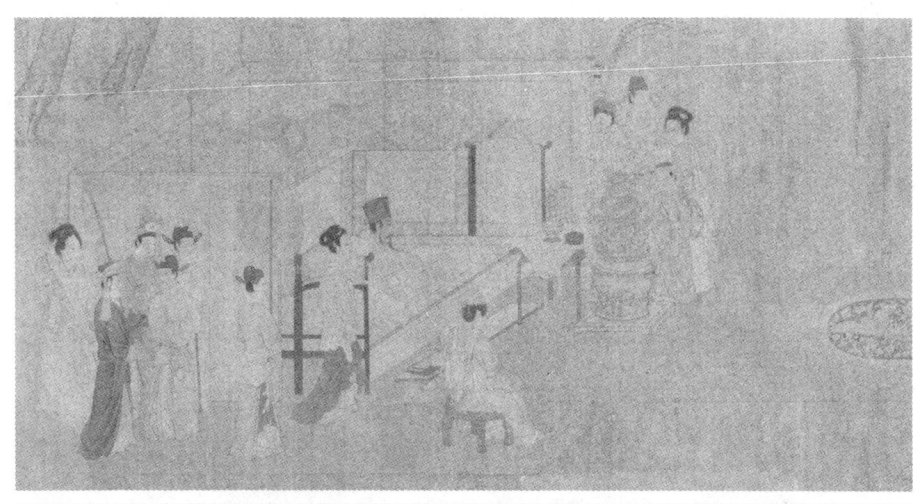

合乐图

接下来，赵匡胤对如何治理好国家而进行了权力的再度调整和分配。为确保政局稳定，江山永固，赵匡胤决定将财权、兵权及人事权全部收归中央，由自己总体控制。然后，选用合适的人选担任各级官员，让他们为自己办事。

陈桥兵变是赵匡胤从将军到君主地位的关键性转变，由于他的周密计划和精于谋划，避免了大规模朝代更替的混乱和杀伐，实现了和平夺权。

第三节 改朝换代

宋太祖即位伊始，面临的局面非常复杂：一方面要安定民心，安抚后周宗室和百官，一方面还要完成其统一的夙愿。更长远的打算是开创一个国强民富的盛世，为子孙后代留下一个巩固的基业。

在政权尚未平稳的形势下，宋太祖决定了"以仁立国"的方针，他以仁义之心对待后周旧臣和地方节度使，保持了政局的稳定。

宋太祖在带兵的过程中就勤于读书，从书中懂得了治国治民的基本道理。他从书中接受了儒家思想中重民、以民为本的思想，并把这些思想融合到自己的治国中，实行仁政。

对于高高在上的统治阶级而言，埋头田间耕作或营利市井的人似乎是微不足道的，他们可以任意被驱使。但有远见的人却不会有这样的想法，他们能够认识到人民潜在的巨大能量。对此，中国古代先贤孟子曾说过这样一句话："尧、舜之得天下，因得其民；桀、纣之失天下，因失其民。"孟子还说："民为贵，社稷次之，君为轻。"

战国时的大思想家荀子曾经有一句名言：君主如舟，百姓如水。水可载舟，亦可覆舟。君与民的关系，也就是舟与水的关系。舟因水而行走于江河湖海，也可能因为水而倾覆沉没。另外，舟若失去了水的承载，就会变成一堆废木头。皇帝也如此，如果失去了百姓的拥护，也只能是孤家寡人，光杆司令一个，根本发挥不出君主的权势和作用。

三国时期的杜恕曾经说过：帝王之道，没有什么比安定民众、稳定百姓更崇高的。安民的方法在于使百姓的财富丰厚，而丰富财富的办法在于从事农业，节俭开支。

在社会重心不断下移的历史进程中，民本思想的兴起和传播，可以说是古代专制社会中"民主精神"一次亢奋的大跳跃。在理论上，先后有孔子、孟子、荀子、朱熹、顾炎武等人不断丰

宋太祖

富和强化这种民本思想；在实践中，则有平民皇帝刘邦及其子孙汉文帝、汉景帝以及后来的唐太宗、宋太祖、明太祖等，不断充实这种民本思想。

宋太祖的爱民政策主要体现以下三个方面：

恤民如子

宋太祖赵匡胤深知，恤民关系到国家财政收入的来源和长治久安之大计，因此，他对恤民一事一直是常抓不懈。

早在建隆初年，宋太祖就下诏说：经过多年战乱以后，各地原来所设的"义仓"早已废弃，当遇到灾荒而导致农业歉收时，百姓们就会因为没有储备而流离失所，政府一时间也拿不出足够多的粮食去赈济灾民。因此，从长远考虑，各州必须在所辖的各县重新设立"义仓"。从今年开始，农民向国家交纳两税，即交夏税秋粮时，每石粮食另外多交纳一斗贮藏在"义仓"中，由政府统一派人管理，预备在战乱或歉收时用以赈济饥民。

过了几年，由于国家已经基本实现统一，再加上农业连年丰收。宋太祖又下诏说："国家原先修建了很多义仓，用来救济和抚恤百姓。经过朝廷的重新调查，发现由于义仓过多，储备已经够多的了，造成百姓们重复交纳粮食，反而成了扰民之举。从现在开始，免除农民向朝廷输纳义仓粮食的负担。"

乾德年间，宋太祖又下诏说："古代懂得治理国家的贤明君主，在遇到天灾人祸之际，总要考虑减轻百姓的负担，减免租税。他们认为，如果庄稼颗粒无收，就会迫使百姓流离失所。但是从今年春天到夏天，雨天过多，许多地方发生涝灾。朕对百姓的处境深感忧虑，他们错过了播种的季节，应当给予优抚体恤，免除他们的税负负担，使老百姓从灾难中解脱出来。"

宋太祖经常对臣下们说的一句颇感自豪的话就是：烦民奉己之事，朕必不为；朕临朝听政以来，值得称道之事就是，以忧天下为虑，以抚万民为务，以恤百姓为急。

宋太祖对百姓的恩典还表现在减免租税上。五代以来，各地的财政大权均由地方节度使自行控制，他们控制赋税的征收和管理，任意决定上交中央财政的数量，并用大斗进小斗出等方法，任意苛敛百姓钱谷以

第二章 黄袍加身

中饱私囊。为整顿这种混乱局面,宋太祖采取了一系列措施加以监督地方赋税的收支。起初,宋太祖派出京城的常参官,在收赋纳税之时到各地府县,主管百姓交纳租税,既确保赋税收入真正流入国库,又减轻百姓"困民重敛"之负累。有一次,宋太祖在诏书中说:"百姓生存的途径在于勤劳耕作,他们认为宝贵的东西是谷物。这是先皇帝在世时曾经明示教导的。朕认为我们国家的局势已基本稳定,逐渐趋于强盛,社会安宁。老百姓的愿望是想过上富裕的日子,所以我们要永不忘记把农桑之业放在头等重要的地位,因为这是我们赖以生存的衣食之源。现在春光明媚,正是播种的大好时节。考虑到乡村闾里之内,或许有许多游手好闲的懒惰之人,如果他们在春耕季节不勤于劳作,那么到年末,他们

宋太祖洞开城门

的吃穿有什么可以指望的呢？你们担任州府县官吏治理地方，职责在于转达国家的法律条令，布告百姓，一个地方的希望就寄托在你们身上，责任非常重大，所在地方百姓的生活也依赖于此。你们应该进行劝勉诱导，让大家都致力于耕作，使所有的土地都不要荒芜。用好上天赐给我们的土地，使人民存有余粮。想尽各种办法，努力劳作，把我们的粮仓堆得满满的。"

利民如亲

深受儒学传统熏陶的宋太祖，不仅主张利民如亲，而且在行军打仗的过程中也打出利民的口号，在治理国家时提倡保护百姓的利益，真正把百姓的利益放在重要的位置。

在统一全国的过程中，为营造一个师出有名的气氛，宋太祖就多次提出宋军是一支"伐罪吊民"之师，是为了帮助国家清除危害百姓的害虫，让老百姓过上安康的日子。同时，宋太祖在征伐过程中，严令将士"禁扰庶民"，意即保护百姓的财产。在治理国家时，他又多次在诏令中强调"不许与民争利"、"不可厚敛于民"、"利民在于为民开财源"、"为国择吏养民"、"苟有一毫侵民，朕必不赦"等，目的就是为老百姓营造一个安定祥和的政治局面，以便让他们更好地生产生活，为国家创造财富。

惠民如友

自古以来，安民之道，爱民之情，恤民之事，利民之行，惠民之施，保民之为，是许多真正的贤君明主梦寐以求的。孔子在回答弟子子路的问话时曾说过："能够做到五个方面的内容就可以算是在天下为仁了。恭、宽、信、敏、惠。恭敬则不侮，宽恕则得众，忠信则受人信任，机敏则会建立功业，恩惠足以使人。"

第二章 黄袍加身

有关宋太祖惠民之事，有这样一个小故事可以为证：

宋初的一年初夏，宋太祖为了处理江南军务，视察民情，带着随从来到万安。这天早上，还是风和日丽，万里无云，但将近中午，天气骤变，电闪雷鸣，顷刻间天空被乌云覆盖，一场大雨即将到来。身处途中的太祖一行，为寻找避雨之所四处张望，终于发现远处隐约有一处民房，于是策马向房子奔去。

再快的马匹也赶不上天气的变化，宋太祖一行将接近这些民房时，大雨已经瓢泼而下。太祖等人连忙避到一座瓦房门前，不料这户人家大门紧闭，连敲门声也被大雨声所淹没。随从们一见，便想用斧子劈开大门，硬闯进去，让宋太祖到屋内避雨。宋太祖认为这是扰民之举，与自己制定的政策不符，便喝止随从，让众人随他一起在屋檐下暂避。

大雨下个不停，徽州一带民居的屋檐十分窄小，加上风大雨急，根本遮不住这狂风骤雨。不一会儿，宋太祖一行人便全部成了"落汤鸡"。

好不容易雨过天晴，宋太祖等人正准备离去，恰巧房主要外出。房主看到门外的这场阵势，猜出其中一身黄衣的便是当今圣上，他看到众人皆已浑身湿透，吓得双膝发软，顿时跪在水中连称"死罪"。

宋太祖并未怪他，很宽厚地扶他起来，并问他："徽州的屋檐为什么造得如此狭窄？"

户主答道："这是祖上沿袭下来的，历来都是如此。若修得宽大，那要费很多工料和花费。"

宋太祖听后，叹了口气说道："虽说祖上的旧制不可随意更改，但你们可以在屋檐下面再修一个宽大一点的屋檐，以利过往行人躲风避雨。至于花钱的事，我现在送你10两银子。其他人家仿做的，可由官府拨给财物。"说完便让随从把10两银子如数送给户主。

户主千恩万谢后立即照办，在房屋的门窗上方，另外加装了一道宽大的屋檐。其他人家，虽未收到官府拨给的钱物，但得到了减免赋税充当修缮费用的回报，他们很快地仿效第一家，在各自家中的住房上修建了一层宽大的屋檐。

至今，一千多年过去了，徽州民居重檐结构的特色并没有随着宋朝的灭亡而消逝，这种建筑风格一直保留到现在，成为宋代建筑物的真实写照，也成为众多游人和建筑学界观览的重要景观。

在宋太祖的政治生涯中，他不仅有强烈的忧国忧民意识，而且有系统的安民治国主张。保民如己，护民如命，把安民之道视为保护自身生命的一部分。宋太祖曾说："朕自登基治国以来，尽心尽力抚恤百姓，保护黎民，虽然没能够达到无为之治的太平盛世，恢复到上古三皇五帝所教导的水平，但又怎敢容忍各种说不上名堂的赋税强加到百姓身上呢？从现在开始，忠州等地，伪蜀国的苛捐杂税全部废除。"

对待那些残疾无靠之人，宋太祖也是充满慈爱之心。一天，

层岩丛树图

宋太祖与赵普谈到这个话题时，太祖说："下愚之民，虽不分菽麦，如藩侯不为抚养，务行苛虐，朕断不容之。"赵普等人因此赞道："陛下爱民如此，乃尧、舜之用心也。"

宋太祖以仁立国首先体现在留下了周世宗的孩子。

孔子曰："为政在人"、"其人存则政举，其人亡则其政息。"宋太祖的皇位是从后周抢来的，这决不是光彩的事，史书中也极力为他遮掩。但后周那些皇族后妃和一班旧臣却是活证据，难免心怀怨望，如何处理他们呢？宋太祖采取了宽宏的手段，以安抚为主，不行杀戮。

据《随手杂录》记载：太祖初入宫中，见宫嫔抱着一个小男孩，问是何人，宫女回答说是周世宗的儿子。当时范质（后周宰相）与赵普、潘美等人跟在身边，太祖环顾问赵普等人：该怎么处置这个小孩。赵普等人说："杀了他。"潘美与另一将领在后面却不做声。太祖问他的意见，潘美说："我与陛下都曾在周世宗为帝时面北称臣，侍奉世宗。规劝您杀了这个小孩，即辜负了世宗；劝陛下不杀他，则陛下一定会怀疑我。"宋太祖说："送给你做侄子吧，世宗的儿子不能做你的儿子。"于是，这个孩子就成为潘美的侄子，名叫潘惟吉，后来官至刺史。不杀将来可能为父报仇、争夺皇位的周世宗之子，充分体现了宋太祖的仁厚之心与宽广胸怀。

不仅如此，宋太祖黄袍加身时的约法三章中规定：不得惊扰和伤害周太后、少帝及家人。此后宋太祖所立誓碑中说：柴氏子孙有罪不得加刑，纵犯谋逆之罪，只于狱中赐尽，不得市曹刑戮，亦不准连坐支属；子孙须谨遵此誓，有违犯者，天必殛之。

宋太祖以仁立国还体现在不伤害城中百姓。

太祖率陈桥之兵返回京城时，因约法三章，故城中百姓没有受到兵变之苦。原来，百姓闻知兵变后，如惊弓之鸟，唯恐乱军杀烧抢掠。但见到入城的军队秋毫无犯，才把悬在嗓子眼的心放回肚中，对太祖的好感徒增不少。只有少数市井无赖，以为这次兵变与以往的兵变无异，便想浑水摸鱼，趁乱劫掠，但事与愿违，被巡逻士兵捉住，成为刀下鬼。京城的秩序很快稳定下来，安定民心的计划初步得以实现。

宋太祖以仁立国还体现在不伤害后周旧臣。

俗话说："一朝天子一朝臣"。陈桥兵变之后，后周的旧臣们纷纷自危，担心自己性命不保。而宋太祖不伤旧臣的做法不但让他们免去了性命之忧，而且还让他们感受到了仁厚的君王气度。

对后周的旧臣，宋太祖采用笼络的手法，稳定朝中百官，使他们甘心为赵宋王朝效力。宋太祖知道他们对自己的不满和对前朝皇恩的怀念，但他对这种心情没有硬性压制，或用杀戮政策恐吓，而是用温和的宽容政策，让他们逐渐接纳新朝。他对后周的三位宰相范质、王溥、魏仁浦，不但没有杀害，反而继续让他们担任很高的官职，以示优礼。这样，减少了改朝换代所带来的震荡。

当时城中有实力的后周旧臣，只有副都指挥使韩通。韩通当时掌握京城侍卫司，手中有数万精兵。当他听到兵变的消息后，立即回府，准备召集部众平叛，没想到碰上了宋太祖的亲信王彦升。王彦升劝阻韩通无效后，只好将他杀死，消除了一场不必要的战斗。从这一点来看，王彦升无疑立了大功，为宋太祖称帝扫清了障碍，应该受到重赏。但宋太祖为了大局，深思熟虑之后却给王彦升定了个枉杀之罪，并下令将王彦升斩首示众，以正军纪。虽然经众将苦谏，王彦升免去一死，却最终没有得到重用。而对反对他的韩通，太祖却追封他为中书令，并以礼厚葬。对王彦升而言，有功却受罚，似乎不公，但有约法三章在前，王彦升对此也无可厚非。对韩通而言，身死而得厚葬，其门人、部下虽对太祖微有怨言，但也不得不佩服太祖的仁义之心和驭众之术。

对反对自己的旧臣，宋太祖也表现出了应有的大度。周世宗原先的幕府中有一文人王著，尤喜饮酒。宋立国之后，被太祖录为翰林学士，仍然嗜酒如命，经常喝得酩酊大醉，且不顾场合大声喧闹。一次，太祖在宫中招群臣宴饮，王著又在酒醉后喧闹。太祖因他曾与自己同朝为官，又是读书人，故对他十分客气，命令左右将其搀扶回去。但王著死活不肯回去，反而走近屏风，掩袖放声大哭。左右只好采取强制手段，将其拖回家中。第二天，有大臣上奏揭发王著说："王著逼宫门大恸，思念周世宗。"这句话，如果换了另外一个皇帝，王著早就没命了。但宋太祖听后，却宽容地说："王著乃一酒徒。同在世宗幕府时，我很了解他的情况。况且一介书生哭周世宗，也没有什么不对的。"

宋太祖以仁立国也体现在慰问地方节度使。

对京师以外的各地节度使，太祖分派使节前往慰问，希望他们顺应潮流，恭顺地接受新王朝的统治，并许以他们各种功名利禄。除了拥有重兵且忠于后周的李筠、李重进外，各地节度使大多表示顺服，接受太祖的领导。对二李，太祖也是仁字当头，先礼后兵，并采取分化瓦解之策，各个击破，在短时间内迅速平定了叛乱，避免了战火的蔓延。

登基以后，宋太祖充满自信地面对臣民，他经常外出考察民情，并不害怕敌人的暗杀与谋害。

伟人大多有一种自信的精神，这是强者的风范，信心的表现。在他们看来，自己就是天下至强，天下之事舍我其谁，这种自信也就是所谓王者之气，矫揉造作者是装不像的。

宋太祖刚登帝位后，经常微服出访。一次，赵普劝他要小心，因为天下还不太平。宋太祖说："帝王之兴，必有天助。想当初，周世宗见到将领中的方面大耳者都格杀勿论，而我终日侍候在他的身边，反而没有遭遇不测。如果命中注定应该当天子，别人也夺不去。"从此，太祖微服出行的次数更加频繁了。遇到劝谏者，他就对其说："有天命的人，可以代替我做天子，我不禁止他。"言辞之中流露出得意和自信之情。

还有一次，也是宋太祖当皇帝不久，第一次乘坐皇帝车出宫，经过大溪桥时，一支箭飞来射在仪仗的黄盖伞上，禁军侍卫吓得发愣。太祖却敞开胸襟，笑着说："让你射，让你射。"回到皇宫后，左右亲随力请搜捕射箭的人，太祖不准。后来也没发生什么事。宋太祖不同寻常之处在于他自己深信，也让臣下相信他当皇帝是天之助，不是谁用阴谋暗算就能夺去的。如果他整日躲在宫中，杯弓蛇影，胡乱猜疑，自己都没有安全感，谁还敢把前途寄托在他的政权上。

初登皇位，宋太祖以"仁"为先，他不杀世宗之子，安抚臣民，面对臣民时表现出绝对的自信。宋太祖的以仁治国的策略得到了臣民的认同，他顺利地确立了皇权的地位，实现了由后周到大宋的权力更换。

第三章 集权

第一节　杯酒释兵权

经过三十多年的努力，宋太祖终于登上了帝位。但是创业难，守业更难。要想把自己的皇位传下去，首先就要保住皇权的地位。宋太祖面临的最急迫的任务就是要收回兵权。而宋太祖集权与历史上各朝代皇帝集权有本质的区别，他不是以"兔死狗烹"和"卸磨杀驴"的形式收回权力，而是以仁德之心，用"杯酒释兵权"的方法和平收权。

陈桥兵变，军中将领们拥戴宋太祖为帝，他的母亲杜太后听后说："吾儿素有大志。今果然成为天子。"及至她被宋太祖拜于殿上，尊为太后时，却愀然而不乐。侍候太后左右的人说："臣闻母以子贵。今太后子为天子，太后怎么不高兴呢？"杜太后说："我闻为君难。天子置身民众之上。若治国得其道，则此位可尊。如果不能驾驭国家，则求重为匹夫也不可得啊！所以我才会忧愁。"宋太祖听母亲之言，拜于地，说："谨受母教。"

宋太祖即位以后，立了四亲之庙，追祭了祖考，尔后又举行仪式，尊母亲杜氏为皇太后。由于宋太祖做了皇帝，成就了大业，所以借此来评价他的家庭教养，人们都会认为宋太祖的父母功不可没。事实上，杜太后治家严而有法，所以才成就了宋太祖、赵光义这些治世英杰。

第三章 集　权

宋太祖建立了新朝，国事纷繁，百废待兴，他十分清醒地意识到，皇帝如果当不好，并不是想再做百姓能不能做成的事，并不是会不会人头落地的事，而是有愧于民、有辱于国。在后周政治基础上建立起来的这个宋朝，作为继五代时期梁、唐、晋、汉、周五个短命王朝之后的新王朝，由于根底太浅，一些藩镇、朝臣还未完全宾服，还远没有摆脱重蹈覆辙的厄运。在新王朝与前朝后周旧臣之间的关系基本摆

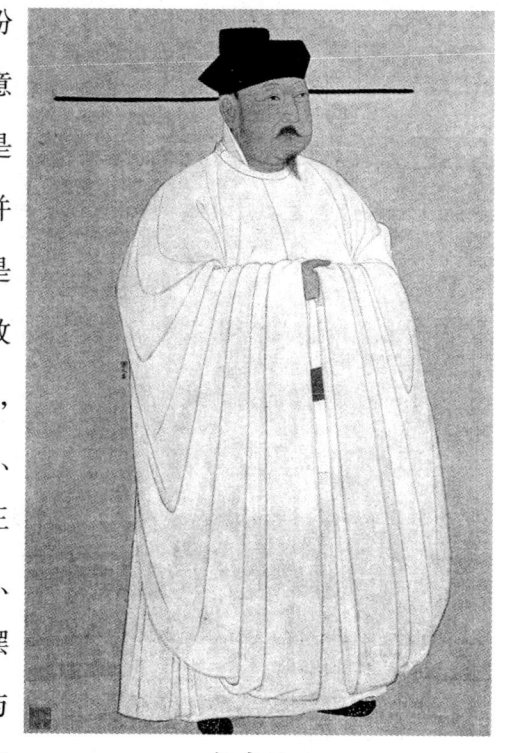

赵光义

平，合作开始进行的时候，宋太祖又敏锐地察觉到，由一些前朝旧臣组成（实际上是原班人马）的新王朝与曾经拥立过他的开国功臣们之间的矛盾，是迫切需要他解决的难点和重点问题，如果处理不好，使矛盾激化甚至激变，像杜太后所说的"求重为匹夫也不可得"是完全可能的。

宋太祖之所以能够当上皇帝，除了他自己的雄才大略之外，他手下的一批得力干将的辅助也至为重要。他的义社九兄弟，还有高怀德、韩令坤、王全斌、曹彬等人，在平定二李叛乱和统一全国的战争中都立过大功。除个别违犯军纪的被解职外，大部分在战后都得到了提拔和重用，担任镇守一方的地方节度使，替宋太祖治理地方，把握地方的军政大权。

古人说：有的人只可与之共患难，不可同享福。春秋时期的越王勾践、汉高祖刘邦都是此类人。他们在夺取王位和霸业之前，对功臣是推心置腹、亲如兄弟。可是一旦霸业成功之后，便换了一副面孔，生怕这些人把王位夺走，于是就有了"狡兔死，走狗烹；飞鸟尽，良弓藏"的故事。勾践的功臣范蠡被迫流亡，才算保住了性命。刘邦手下的韩信、英布和彭越却没有这种好运，先后被刘邦以各种借口逼反，最后落得个身首异处的下场。此类的君主，还有后来的明太祖朱元璋。他们之所以这样做，是担心自己去世后，这些功高盖主的昔日功臣会趁机夺权，对自己的子孙不利。所以，他们认为只有消灭这些功臣，才能避免对子孙造成威胁，才能永保江山代代相传。

刚登上帝位的宋太祖，经常微服出宫，不打招呼就造访大臣家。弄得大臣们回家后也不敢脱下官服宴客享乐。这一方面是皇帝督促臣下不可懈怠，另一方面也有监督、抽查的意思，让大臣心有警惧，不敢有非分之想。

宋太祖即位时，方镇节度使们大多骄纵傲慢，所谓十兄弟即如此。有一天，太祖召集节度使们，给以弓箭宝剑，大家一人骑一匹马，一起到树林内喝酒。太祖对节度使们说："这里没有别人，你们要做天子的，可以杀了我去做。"节度使们吓得伏地战栗，太祖再三申述这个意思，节度使们趴在地上不敢回答。太祖于是说："你们既想让我做皇帝，就应当尽臣子的本分，今后不能骄纵不法。"节度使们连忙答应。

这实际上是君臣之间的一场心理战。大臣总是费尽心机想探察君主的真实想法，而君主则想方设法考验下属对自己的忠诚。狡诈的君主常突发诡语，把臣子置于进退两难的尴尬境地，让其充分表现，自己在一旁观察，以便抓住把柄。这种方法使臣子诚惶诚恐，摸不透君主的内心想法，不知何时就要落入君主的圈套，被敲打一番。

历史上为争权夺利，上演过不少惨剧。宋太祖却用一套和平式收权法，既收回了权力，君臣又相安。宋太祖在树林中慑服节度使的举动看似轻松，实际隐含极大风险，稍有差池，可能激起变乱。宋太祖对时机的选择、细节的把握及善后的处理都控制得相当精确，可谓政治和平战的高手。

每一个开国皇帝，都会面临一些新的问题。其中，共同的问题是如何巩固新政权，达到长治久安。在这个大前提下，各朝各代的君主又会有诸多不同之处。如何快速而又稳妥地克服困难，使国家走上正常的轨道，关键在于权力的合理分配与组合。

宋太祖先是采取一系列改革措施，把兵权、行政权、财政权和人事权全部收入手中，堵塞了五代以来权力过于分散的弊端，然后选派各级

北宋瓷器

官吏依法进行管理，并伴之以监督机制，使国家机器顺利而又快速地运转起来。

建宋之初，改革军权是急中之急、重中之重的第一要务。在乱世当中，军队是实力的象征，军队的多寡与强弱决定着领导者的前途命运。但这里面还需要有一个前提，就是能否将这支军队牢牢地控制在自己手中，做到令行禁止，服从指挥。否则，即使有再多的军队，军队的战斗力再强，如果不听从主帅的号令，也无济于事，弄不好还适得其反，成为负面因素。

从唐朝后期开始，皇帝对军队的控制就一直走下坡路。各地节度使依靠雄厚的财力，不断招募兵将，军队数量急剧上升，战斗力也比中央军强大得多。据记载，唐朝中央及内地的全部兵力曾一度仅仅为边镇节度使兵力的六分之一。这种局面导致的直接后果就是弱干强枝，中央不如地方，地方一旦起兵造反，亡国就是必然的了。

到了五代时期，这种情况更加突出。"五代为国，兴亡以兵"。南宋人范浚在其著作《香溪集》的"五代论"中说："五代之所以取天下者，皆以兵。兵权所在，则随以兴；兵权所去，则随以亡。"后晋时期的成德节度使安重荣也曾公开宣称，天子"宁有种耶"，应该由兵强马壮者来担任。后周世宗皇帝虽然有所作为，对军制进行了一些改革和整顿，但没有从根本上扭转局面，中央对地方兵权的控制仍然不够理想。

作为中央军的禁军，本来是皇帝贴身的侍卫队，但五代时期由于要对抗地方军，而逐渐成为一支正规的部队，战斗力远远超过一般的地方军。从另一个角度说，禁军又是皇帝的亲军，是嫡系中的嫡系。但五代时的后唐和后周，以及大宋王朝，又都是通过掌握禁军而夺取政权的。所以，对禁军的控制也绝对不能掉以轻心。

第三章 集 权

宋太祖即位后，为保住江山社稷，对军队做了大刀阔斧的改革，他将禁军和地方军的军权牢牢地控制在自己手中。这一改革，主要是通过"杯酒释兵权"改造禁军和削弱地方军实力这两个措施来实现的。

宋太祖黄袍加身后新建的宋政权，是继后周出现的第六个王朝。前五个都短命。如何使宋王朝长治久安，这些问题萦绕于宋太祖心中。而内部军队的指挥权问题，更是他的心头之患。宋太祖既然是靠军团拥护夺取政权的，当上皇帝后，就不得不对这些军团的首领论功行赏。慕容延钊、石守信、高怀德、王审琦等人都成为了禁军的高级将领，并领有节镇。他们虽是太祖死党，但节镇本身具有很强的离心力，有脱离中央的倾向，而且禁军首领们更直接威胁太祖皇位的安危。为此，宋太祖去找赵普商量。

宋太祖问："天下自唐末以来，数十年间，帝王共易八姓，战争不息，生灵涂炭，是何原因？我想平息天下战火，实现国家的长治久安，应当采用什么办法呢？"赵普回答说："陛下能够考虑到这个问题，实在是国家和人民的福祉。其实这些战争和动乱的主要原因，是由于节镇权势太重，君弱臣强而造成的。现在要想解决这个问题，也没有更好的法子，只需稍微剥夺他们的权力，控制他们手中的钱粮，收取他们拥有的精兵良将。如果能够做到这几件事，那么天下自然就会安定太平了。"

这样直言不讳地论政，连太祖都吓了一跳，立刻阻止他说："你不要再说了，我已明白了。这种事公开讲，无疑在向那些节度使宣告：'快反吧，不然就来不及了。'"这正是太祖不可告人的心中事，他唯恐消息泄露。不过，在周密酝酿了半年多之后，终于付诸行动了。

乾德元年（公元963年）春，宋太祖召来石守信、王审琦等高级将领共同聚会饮酒。酒酣之际，宋太祖打发走侍从人员，对功臣宿将们

石守信

说:"如果没有你们的竭力拥戴,我决不会有今天。对于你们的功德,我一辈子也不能忘怀。然而做天子也太艰难了,真不如做个节度使快乐,我长期以来夜里都不能安安稳稳地睡觉。"石守信等人听了太祖的这番开场白后,顿感气氛不对,就问:"陛下遇到什么难事睡不好觉呢?"宋太祖平静地回答说:"天子这个位置,谁不想坐呢?"石守信等人听到这番话,不觉惶恐万分,他们赶紧叩头说:"陛下怎么说起这样的话呢?现在天命已定,谁还敢再怀有异心!"宋太祖说:"不能这样看。诸位虽然没有异心,然而你们的部下里如果出现一些贪图富贵的人,一旦把黄袍加在你们身上,你们虽然不想做皇帝……"将领们这才明白了宋太祖的真实意图,于是一边涕泣,一边叩头,说道:"我们大家愚笨,没有想到这一层上来,请陛下可怜我们,给我们指出一条生路。"

宋太祖知道时机已成熟,趁势说出了自己的想法,他说:"人生短暂,那些希望富贵的人,也不过想多积点金钱,多些享受,让子孙们过上好日子。你们何不交出兵权,广置良田美宅,多置歌儿舞女,以终天年,我再同诸位结成儿女亲家,君臣无猜,上下相安,岂不很好?"太祖语气虽缓和,但已是最后通牒,石守信等人只得同意交出兵权。第二天,石守信等功臣宿将,纷纷称病请求解除军权。宋太祖当然十分高兴，立即同意他们的请求，解除了他们率领禁兵的权力。同时给了他们优厚的安置。

这次收权看似平静，其实这平静是宋太祖精心策划才得以实现的。

首先，他突然袭击，一网打尽，让握有兵权的节帅来不及反应，更来不及通声气，使他们完全处于被动局面。

其次，对节帅们的安置，也让他们满意，而且用通婚的方式，把他们的利益和皇室捆绑在一起，更让他们放心能保有长久的富贵。一打一拉之间，尽显手段高明。

"杯酒释兵权"解除了禁兵将领和一些节度使手中的兵权，但还远未达到收揽权利、巩固统治的目标，为真正维持国家的长治久安，宋太祖在军事、政治、财政、司法等方面开始了收权运动，初步扭转了五代以来四分五裂、地方专权、中央虚弱的局面。

宋太祖通过"杯酒释兵权"，解决了唐代以来将领兵权过大、节度使尾大不掉的难题，顺利地将兵权牢牢控制在自己手中。

第二节 改革禁军

宋太祖成为皇帝得益于兵权，而他所面临的危险也恰恰在于统军将领的特权凌主。处在当时的历史条件下，由于他的所见所闻所历，宋太祖坚定地相信，军队是左右政局的根本。于是，他收权的第一步就是改革禁军。

关于政权和兵权关系，在和平年代，一般来说是政权大于兵权，而且政权可以调动兵权；而在战争年代，则往往是兵权大于政权，而且左右政权。

宋太祖时期，虽说在所承后周的区域大体上是和平的，但因为要统一中国，就不免要发动战争，因而又不能说是和平年代。而在这种非和非战，既和又战的情况下，政权和兵权之间的关系就有些不正常了。特别是当时的政权和兵权都集中于皇帝，所以，政权和兵权之间就矛盾不断。

当时有一位官员曾经这样评论政权和兵权："天下有二权，兵权宜分不宜专，政权宜专不宜分；政权分则事无统，兵权专则事必变，此等计天下者所宜审处也。"

其实，在和平年代只有一个政权，而在战争年代，政权则往往是有待建立的，只有一个兵权。这个官员所说的政权和兵权的关系，只适合既有和平的区域,又要发动战争进行扩张的时代,而宋太祖时代正处于这个时代,所以这个理论就成为宋太祖治国治军的理论而加以实施。

作为一个大智慧的政治家和军事家,宋太祖能够把一切事情都和他所处时代的具体情况相结合,即既要专政权,又要专兵权,融军政二权为一身,从而就拥有了能进能退、能聚能散的主动权。

中国自夏朝建立就有了国家军队。商朝时已有了常备军。周朝因袭夏、商的制度,也建立了国家军队。西周以前,国家军队完全掌握在君王的手中。到了战国时期,军队的调动和指挥权也仍掌握在君王手里。《史记》载:公元前266年,秦昭王破赵长平军,又进兵围邯郸。公子魏无忌的姐姐是赵惠文王弟弟的夫人,她曾多次给魏王及公子送信,请救于魏。魏王让将军晋鄙率领10万人救赵。秦王便让使者威胁魏王说:"我攻赵旦暮且下,而诸侯敢救赵,必移兵先击之。"意思是说,我攻打赵国,早上进攻,晚上就能拿下来,哪个诸侯敢救赵国,我一定先调动部队攻击他。听到这个消息,魏王果然害怕了,便使人让晋鄙在邺驻扎,停止救赵,只摆个样子,名为救赵,实持两端以观望。然而殊有不料,魏公子却偷了魏王虎符到邺这个地方,假魏王之令,夺了晋鄙的指挥权,率军去救赵。这一史实说明战国时的军权也是由君王掌握的。

宋太祖曾是后周禁军的最高统帅,并且领兵打仗多年,他深知五代时期之所以会出现频繁的朝代更替,一是因为皇帝昏弱,二是臣僚太强,但主要还是国家的统军将领依仗手中的军权,篡权弑主易如反掌,而使朝代频繁更替,他自己也正得益于此。枪杆子里出政权,尤其在乱世更是如此。亲自导演过兵变的宋太祖知道,除了民心之外,丢掉什么也不能丢掉对军队的控制。军队一旦失控,遭殃的首先是高高在上的当权者。

蹴鞠图

在当时,无论是试图称帝的、称王的、割据自政一方的,都得有一支强大的军队作资本,才能够实现和达到目的。五代后晋的成德节度使安重荣对当时政权接替的看法是:"天子,兵强马壮者为之,宁有种耶!"宋人范浚也曾一针见血地指出:"五代之所以取天下者,皆以兵。兵权所在,则随之以兴,兵权所去,则随之以亡。"

确实,在中国的整个封建社会里,兵权是影响和左右政权的根本。而宋太祖十分清楚,在当时的条件下兵权对国家政权的重要性。就是杜太后未指出失去政权而求匹夫不可得,宋太祖也会努力地去巩固所获得的政权,并且得出兵权是左右政权工具的结论。

所谓左右政权的兵权,也就是掌握国家的军队。五代时的国家军队就是指禁军,禁军是由藩镇军队蜕变而来。在唐朝中期以后,国家军队的体制遭到破坏，各地节度使纷纷招募职业兵。均田制崩溃后，当兵吃粮成为破产和失业农民的主要出路，而割据战争愈演愈烈，又使士兵的需求大幅度增多。于是在这种情况下，军人逐渐成为世袭的职业，而且兵骄逐帅、帅强叛上之风渐渐盛行。安史之乱后，藩镇拥兵自重，中央军的势力无法与藩镇抗衡，形成割据混战的政治格局。

但是，自五代以来，特别是后唐庄宗灭后梁以后，经过大规模的杀伐攻灭，各地藩镇的兵力已不能与中央军的兵力相抗衡，左右政局者便变成了中央军队，也就是禁军，由此带来的一个重要后果，便是禁军将领成为政坛上举足轻重的人物。五代以来各朝兴亡，禁军及其将领都起着决定性作用。以至于形成这样的历史事实：后唐禁军从马直指挥使郭从谦，射杀了后唐庄宗，马步军总管李嗣源兵入洛阳称帝，自立为后唐明宗；后唐愍宗之败，是侍卫亲军马军都指挥使安从进潜通潞王，与马步军都指挥使康义诚投戈解甲，立潞王李从珂为帝；后汉高祖刘知远，正因多年充任侍卫军主帅而得到帝位；后周太祖郭威代汉称帝，参谋其事的王殷、郭崇、曹英都是禁军将领；宋太祖陈桥兵变，黄袍加身，更是禁军兵变的结果。

禁军能够颠覆国家政权，这一点宋太祖早已十分清楚。然而身为天子，却不能没有禁军，一个国家如果没有了军队，国家灭亡得会更快。关键问题是：怎样把军队牢牢地掌握在自己手中。

五代时的禁军有三个部门，即：殿前司、侍卫亲军马军司、侍卫亲军步军司。这三司分掌禁军，各置都指挥使为长官。每逢皇帝巡行和出征，临时设置都点检，位在都指挥使之上，为禁军统帅，也就是最高军事领导人。宋太祖之所以被拥为皇帝，正得益于他所拥有的殿前都点检这一禁军最高统帅的权力。有鉴于此，为了巩固国家政权，不再让军队左右政权，宋太祖有意让这一职务空缺，实际上也就等于由他亲自兼任了此职。这样一来，就不声不响地表明了皇帝才是国家军队的最高统帅，执掌军事大权的人也就没有必要颠覆自己的政权了。

由于认清了所处时代兵权和政权的关系，认清了兵权能够左右政权这么一种社会政治的现实，因此宋太祖就把国家最高军事指挥——殿前都点检这一职位空缺，形成由皇帝兼任的事实，从而制定了皇帝就是军队最高统帅的决策。宋太祖的这一政治作为用一句有失恰当的譬喻来说，就是"过河拆桥"。

在军队方面，宋太祖更是注意兵权的分化。五代王朝的更替，大多是因为军队问题，所以有"兴亡以兵"的说法，为牢牢掌握兵权，尤其是禁军的兵权，宋太祖做了一系列大刀阔斧的改革，基本上消除了发生兵变的可能性。其举措主要有：

撤除禁军高级将领的职位，或是由庸才担任

经过改革，禁军中的高级职位如殿前正、副都点检相继被撤销，侍卫亲军司的正、副指挥使之职也不再设置，没有人再像以前那样，一个人就统领数万精兵，因此也不会发生军事政变了。

宋太祖首先对禁军将领的职位进行了调整。早在陈桥兵变之前，在后周禁军的高级将领中，殿前都点检是宋太祖，副都点检是慕容延钊，殿前司都指挥使是石守信，都虞侯是王审琦。侍卫司马步军都指挥使是李重进，副都指挥使为韩通，都虞侯为韩令坤，马军都指挥使是高怀德，步军都指挥使是张令铎。而在兵变发生一周之后，宋太祖很快便开始对禁军领导人进行了调整。他首先提升石守信为侍卫马步军副都指挥使，提升王审琦任殿前都指挥使。这是因为石守信和王审琦都是宋太祖等人组成的义社十兄弟中的人，和宋太祖关系亲密，即使握有兵权，出问题的可能性也不大。他又提任赵光义出任殿前都虞侯，他是宋太祖的

第三章 集　权

亲兄弟，自然就更没什么问题了。此外他还提升原虎捷右厢都虞侯张光翰为马军都指挥使，原龙捷右厢都指挥使赵彦徽为步军都指挥使，使这两位禁军的中级将领步入禁军高级将领的行列。

提升高怀德为殿前副都点检，张令铎为马步军都虞侯，充实这两个职务看来没有什么不妥，而升慕容延钊为殿前都点检，这只是个临时性的决策，暂时不会有潜在危险。同时又提升韩令坤为侍卫马步军都指挥使。实际上，这次对禁军领导人的调整，宋太祖只免去了马步军都指挥使李重进的职务，其余将领各有升迁。使禁军中的将领依次迁升，将免职缩小到最小的限度，在历史上的开国皇帝中，这种图难于其易，为大于其细的策略，没有人能像宋太祖做得这样好的。

宋太祖改革禁军的步伐没有很快停止，而是循序渐进的。及至半年之后，宋太祖让韩重赟任侍卫马军都指挥使，替下了张光翰，韩重赟也是义社十兄弟成员。而让罗彦瓌任侍卫步军都指挥使，替下了赵彦徽，原因在于罗彦瑰在他登基时有过突出的表现。

经过两次对禁军领导班子的调整，作为宋朝中央军的禁军一直十分稳定，宋太祖这才放了心。于是到了建隆二年（公元961年）的三月，他便免去了慕容延钊的殿前都点检职务，改任为山南东道节度使、西南兵马都部署。又免去韩令坤的侍卫马步军都指挥使职务，去任成德节度使。殿前都点检一职自此不再任授，宋太祖自此完成了皇帝亲握军权的大事，实现了皇帝就是军队统帅的专制决策。

此时，在宋朝禁军这个国家军队中，主要的、高级的将领，都为宋太祖的兄弟、义兄弟和亲信分别担任，从理论上来说，这样就可以使宋太祖高枕无忧，无须担心兵权被他人所篡，也无需害怕再有人利用兵权来左右政权了。

但是，仅把军队领导人都换成亲信，宋太祖仍不会高枕无忧。为了彻底解决兵权左右政权的问题，还要从根本上也就是从体制上解决问题：就是要解除所有功臣个人意义上的兵权。"图难于其易"，既然已把军队的高级将官都换成了亲信，也就等于完成了第一步，而解除这些人的兵权就不是多困难的事了。

然后，宋太祖让低级将领接任高级职位。他在军队的建设中有许多非常高明的举措。他把禁军的体制打破了之后，有意让中低级将领来担任殿前都指挥使、都虞侯、马军和步军的都指挥使这些职务。降低军职，高职低配择纳新人，是宋太祖控制禁军的主要手段。

擢升韩重赟出任殿前都指挥使，是宋太祖综合考虑之后的结果。韩重赟原是铁骑右厢都指挥使，只是一个中级将领。在禁军的高级将领都

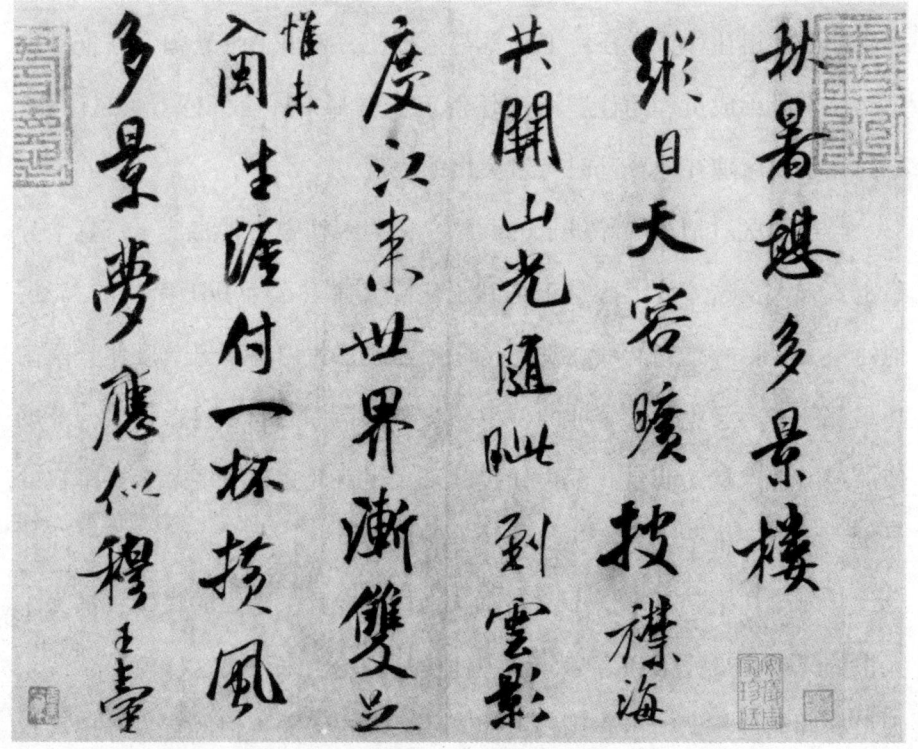

米芾书法

被解除兵权后，他的兵权却得以保留。韩重赟的资历和名望都比较浅，而且品级较低，又一贯奉命行事，从不逾矩越规，而这正是宋太祖任用他的主要原因。

擢升张琼出任殿前都虞侯，这一任命宋太祖也考虑得相当周全。张琼在后周时就是一名战将，以勇猛和善射著称。他对宋太祖有救命之恩。当时后周世宗皇帝柴荣征战淮南，宋太祖奉命领兵攻打寿春城，乘皮船进入城壕时，寿春城上的南唐士兵见有皮船接近，随即万箭齐发。与宋太祖同船的张琼以身体掩护宋太祖，结果被箭射中大腿，当即昏死过去。张琼醒来时，见箭镞自大腿入骨，无法拔出，就叫手下拿来酒杯一只，痛饮之后，凭借酒力拔箭破骨而出，伤口血流不止，而张琼神色自若，这使宋太祖又感激又钦佩。

对于宋太祖来说，这是一幅记忆深刻的画面，而当他做了皇帝，对禁军进行人事调整时，就很自然地想起了张琼，于是他把自己的弟弟，原来担任殿前都虞侯的赵光义调任开封府尹，由张琼出任殿前都虞侯。宋太祖对朝臣说："殿前卫士如虎狼者不下万人，非琼不能统制。"联想到张琼借酒拔箭之勇，这种评价是有根据的。

另一个重要的任命是对刘光义的任命，宋太祖让他出任侍卫马军都指挥使一职。刘光义也是宋太祖军中义社的十兄弟之一，原是后周郭威帐下的一名小卒，后周广顺初年，补内殿直押班，由于跟随后周世宗皇帝柴荣征战淮南有功，被升为禁军将校。及至宋朝建立之初，他已是龙捷右厢的中级军官。刘光义处事小心谨慎，颇为听命，因而受到宋太祖的赏识。再一个被重用的中级军官是崔彦进。他是河北人，宋太祖让他出任侍卫步军都指挥使一职。在后周时期，崔彦进也只是禁军东西班指挥使，到宋朝初年才被晋升为控鹤右厢指挥使。崔彦进是一员优秀的战将，作战英勇，足智多谋。他不但在后周时多立战功，而且在宋太祖平定李筠和李重进叛乱中也立下了汗马功劳。但他有一点不好——好财，喜敛珍宝。因此，宋太祖对他评价说："彦进频立战功，然好聚财货，所至无善政。"

禁军中的五个最高军职空缺，使禁军在体制上有了显著变化。由于剩下的殿前司、侍卫司各安排了两位新提拔的军官，这样禁军领导班子的实力就大为削弱。禁军是一支强大的军队，但除了宋太祖之外，没有一人能统率得了它。这样做的结果，并不仅仅在于宋太祖本人对军队取得了绝对的控制权，而在于它开创了一种体制，即从此使军权绝对集中于一人，即能够统率这支国家军队的只有专制独裁的封建皇帝，皇帝有指挥国家军队的绝对权。宋太祖的这一做法，表面上看来很软弱，实际上却是一种很强硬的手段。禁军的兵力、战斗力并没有因此降低和削弱，而只是除了皇帝外，其他人谁也不能再统率禁军了。

战国时期的军事家孙子说过："将帅好比是国家的辅车，将帅和国家的关系如同辅车相依，如果相依无间，国家一定强盛；相依有隙，国家一定衰弱。"其实，这里所说的将帅和国家的关系，是指将帅和君主的关系。在封建专制社会里，"朕即国家"，也就是说君主代表国家，军队关系到封建帝王权力的存亡，而作为中央军的禁军，自然必须牢牢控制在帝王手中，所以，宋太祖对禁军抓得很紧。把禁军的四位头领特别安排成自己信任的人，而且是最为听话的低级军官来担任，这样，他才能和禁军成为车辅关系。

分禁军为三衙，由三人分享统帅权

将原来的侍卫亲军司一分为二，分别是马军司和步军司，再加上殿前司，合称三司，又称三衙。三衙的长官分别统领所部，并直接听命于皇帝，这样，以前由一人统帅禁军的状况彻底结束，由三个人来分掌一个人的职权，就大大削弱了禁军将领的统兵权限。

石守信等高级禁军将领被解职后，宋太祖乘机将此职位空置不设，或任用才德平庸之人暂时摄领。因此，禁军中的殿前都点检、副都点检被撤除，由韩重赟这个既无战功又无文才的把兄弟担任殿前都指挥使一职；侍卫亲军司的正、副马步军都指挥使长年空缺。后来，宋太祖又进一步加以改造，设立三司（或三衙），即殿前司、侍卫马军司和侍卫步军司，三司由各自的都指挥使统领，互不联系，他们由皇帝一人统一指挥和辖制。

三衙的统帅，只分管各司的训练，而没有指挥权和调度权。新设的枢密院，只拥有调兵权，而没有统兵权。遇有战事，朝廷另派将领临时担任统帅，指挥各军。这样，长期以来困扰统治者的军权症结就迎刃而解了。

设枢密院掌控调兵权

三衙统领禁军，只负责日常训练。枢密院作为新设机构，主要负责"天下兵籍、武官选授及军师卒戍之政令"，专门负责调兵。这样，即使派出一个士兵，也需要有枢密院的兵符作为凭证，然后三衙才能将士兵派出，而派出的士兵又由临时委派的将领统率出征。无论是将领还是掌握虎符的部门，都不可能拥兵自重，军事政变的基础和前提也从根本上被杜绝了。

宋太祖以武起家，深知军队内部的弊端，因此采用中庸之术，以文驭武，由外行管理内行，这也不失为一招妙棋。

秦、汉、唐以来，兵权或分或专，未能形成国家制度。五代后汉隐帝初立时，大臣争权，国家混乱，汉主刘承祐以杨邠执政治，郭威主征战，史弘肇典宿卫，王章掌财赋，才使国家略微安定下来。当时郭威为枢密院枢密使，主管国家军事机密、边防等。

鉴于历史上的各朝兵权问题，宋太祖将军权分于枢密院，由枢密院掌兵籍、虎符（行军的符信），握发兵之权。每个人的生命、能力都是有限的，纵然他是一个聪慧绝伦的君王，也不可能万事操心。宋太祖亲抓军权，并不是说军中一应事务都由他亲自盖章，枢密使与宰相的地位相当，不受宰相节制，而直接听命于皇帝，实际上同皇帝亲自掌握一样。

《孙子·军争篇》中说："凡用兵之法，将受命于君，合军聚众。"《孙子·九变篇》中也说："凡用兵之法，将受命于君，合军聚众"，孙子在两篇兵法上都用了一样的话，强调"将受命于君"，很明显地说出国君是军队的掌握者，军队的将帅只能听命于国君。有鉴于此，宋太祖对分兵权于枢密院是很小心的。因为既然不能事无巨细地把军事事务完全由自己来掌握，就将它交于枢密院及枢密使代管，这其实是把兵权分到国家其他机构中，是一种很危险的做法。

这种做法在历史上也有明鉴，唐朝末朝，枢密院虽是宦官任职，但有兵权，枢密使参与朝政，开始与宰相分权。五代时期，枢密使虽改用士人，但都是天子心腹之臣，参与军国大事，权重于宰相，宰相自然也就手握禁旅，又有调兵之权，成为国患。五代时期的主要辅臣敬翔、郭崇韬、安重海、桑维翰、王朴等都担任过枢密使，这些人在朝中的地位举足轻重。所以，宋太祖虽分兵权于枢密院，但也从各方面对枢密院采取了有效的制约措施。

措施之一：枢密院只管兵政，即掌管全国兵籍、武官选授、军队调发更戍及兵符颁降，只有发兵之权；而三个军事单位则具体负责统制训练、番卫戍守、迁补赏罚等军事事务，只是手中有兵。这样就使两个机构互相制约：枢密院有发兵之权却手中无兵，三个军事单位有兵却无发兵之权。只有两个机构结合才可能进行兵变，这却是有难度的。

措施之二：起用文臣担任枢密使。宋朝刚建立，宋太祖即任命文臣赵普为枢密直学士，他当年八月升为枢密副使，建隆四年（公元963年）十月，出任枢密使。从此，枢密使由文人掌权。文人掌兵权，操纵兵权搞兵变的可能性就很小了。

宋太祖以精明的手法使兵权分散，既不削弱国家的兵力，又能杜绝兵变。所以，宋太祖后来在统一诸国的过程中，既有强大的兵力发动战争，而又没发生兵变。由他创建的这种军事体制，对后世影响很大。到了宋神宗时期，有人曾建议将枢密院的兵权归还于军事单位，宋神宗坚决驳斥说："祖宗不以兵柄归有司，故专命官统之，乃是为了'互相维制'，这种祖宗遗意万万不可改变。"

宋太祖对禁军大刀阔斧进行人事调整的意义，在于它带来了禁军体制上的变化。这一变化彻底结束了自唐末以来军人左右政权的弊端。由于五个最高军职的长期空缺，使得禁军只剩下殿前司的殿前都指挥使、殿前都虞侯，侍卫司的马军都指挥使、步军都指挥使这四个职位。加上这四个相对来说的最高级职务都是由新人来充任，他们的名望和资历都比较浅，不但使皇帝容易驾驭，而且也不会构成大患。由此不难看出，这一人事调整，对巩固国家政权起了重大作用。

从历史上来看，宋太祖对禁军所做的体制变革，使宋朝的军政体制颇类似于周朝。西周时的军队完全掌握在周王手里，军队由周王调动和指挥。这样做是由于周王一心要建立一个巩固的政权，而在他所处的那个时代要想达到这一目的，就必须掌握军队，并且军队也必须由他亲自调动和指挥。实现这一切的条件是：皇帝和军队的关系必须车辅相依，无间无隙。军队既然是国家之辅，辅周则国必强，辅隙则国必弱。宋太祖深谙其道。

皇帝最担心的是什么，答案只有一个——皇权。通过兵变上台的宋太祖深谙其理，五代时"你方唱罢我登场"的乱世给他留下了深刻的印象，那些惨痛的教训历历在目。因此当他登上皇位后的首要任务就是抓住兵权不放松。

对兵权的分配管理制度，北宋范祖禹有如下评述："祖宗制兵之法，天下之兵，本于枢密，有发兵之权，而无握兵之重；京师之兵，总于三帅，有握兵之重，而无发兵之权。上下相维，不得专制，此所以百三十余年无兵变也。"南宋李纲也有类似论断："祖宗之时，枢密掌兵籍、虎符；三衙管诸军，率臣主兵柄，各有分守，所以维持军政，万世不易之法。"

第三节 精于治军

宋太祖行伍出身，他不仅精于治军，而且精于兵法。

《孙子兵法》中说："微乎微乎，至于无形；神乎神乎，至于无声，故能为敌之司命。"讲的是在战争中运用隐形隐声、隐蔽方法制敌。这种隐形隐声的兵法，宋太祖甚为擅长运用。运用这样的兵法，使他不仅在战争中屡战屡胜，更精妙的是他把这种兵法灵活运用于整治军队中，既保证了军队不受任何力量的左右，又保持了军队的强大。

宋太祖治军方法之一是在发动战争时，出征前临时择帅，而且不用握有重兵的三个国家军事单位的长官。

例如在对南唐的战争中，就用宣徽南院使兼义成军节度使曹彬为主帅；而在对后蜀的战争中，也是临时择用忠武节度使王全斌为主帅，枢密副使王仁赡为都监，而三军之一的侍卫步军都指挥使崔彦进只是副帅。再早一点，在对北汉的进攻中，任命昭义节度使李继勋为主帅，侍卫步军都指挥使党进为副帅。

这种临时择帅的治兵之道再次起到了分散兵权的作用，使握兵之权、拥兵之权和统兵之权三权分离。战争结束以后，帅回原任，将还本职，兵归所部。这种治兵之道使将帅彼此相制约而不敢轻举妄动，因而有效地维护了国家政权，稳固了专制独裁的统治。

这种临战择帅的治兵之道可以说是宋太祖的独创，是宋朝以前历朝历代所未曾见过的。汉高祖刘邦和项羽打了长达4年的楚汉战争，才建立了汉朝政权，由于跟随刘邦的大将战后一一封王，他们各自拥兵自重，怀有异志，图逆谋反，致使刘邦在建国之后不得不再进行平叛战争。魏晋南北朝时期诸多的王朝都是因兵权不能掌握在皇帝手中而灭亡的。唐玄宗因为承袭祖宗的治兵之道，藩镇拥兵自重，从而爆发了"安史之乱"，使唐朝从强盛走向了衰落。五代时期的各王朝之所以短命，大多也是因为兵权未集中在朝廷手中，才使王朝更迭频繁。

宋太祖以临时起用未握重兵的官员，来确定战争的最高指挥员，这种制约兵权的措施比起历朝历代的皇帝显得要精明许多。

治军方法体现在合情合理、安全无患的兵力部署上。在封建专制独裁制度中，皇帝是禁军的最高统帅，禁军实质上都是天子的家丁。所以说，"禁军是天子之卫兵，以守京师，以备征戍"。但是禁军有兵力20万，皇帝又是绝对的统帅，怎样部署这20万大军，不能不说是个大问题。

宋太祖治军方法之二就是他的兵力布置。

宋太祖将20万禁军的一半驻守京城，将另一半禁军分屯各地。而在京城的一半，还要按照互相制约的原则在京畿地区划分出三道防线：皇城之内，有诸班之兵；京城之内，有禁卫之兵；京师之外，列营犹数十里。此外还需要把禁军的精锐部队——殿前司所属的兵力部署在京城，用以制衡各地的其他军力。对此他说："虽京师有警，皇城之内已有精兵数万。"主要是靠精兵来拱卫京师。而侍卫马军和侍卫步军则驻屯各地，这两支部队的兵力大体和殿前部队相当，但能调动地方上的厢兵、番兵、乡兵等部队，兵力远远超过京师部队，万一祸生肘腋，各地兵力联合起来，也可抑制京城之变。这种部署兵力的方法，自然可使京内和京外的兵力互相制约。宋太祖对部署兵力之事设置得如此周密，在历史上的帝王中是很少见的。

宋太祖治军方法之三体现在他的轮流分遣禁军戍守诸道，使军队无固定防地，统兵将帅则长驻防地，不随士兵轮换，即"更戍法"制度的确立。

这种方法意在对禁军进行自给自足的经济性移屯，将禁军移驻粮草丰足的地区，并许携家属以往。使其出戍边或诸州更戍。对禁军进行"更戍法"，利用士卒的频繁调动，造成"兵不识将，将不专兵"的局面，这样既防范了军事将领依靠军队危害中央集权，同时还能推行灾荒年景招募饥民当兵的募兵制度，用于缓和人民和官吏间的矛盾。

"更戍法"可以说是宋太祖别出心裁的治军之道，这种将天下营兵纵横交互，移换屯驻，不使其常在一处，目的就在于使其不能有异志，发生兵变。而士卒却能均劳逸，知艰难，识战斗，习山川。并且外戍之日多，在营之日少，而衣食易足。

微妙而看不出形迹，神奇而听不见声息，这就是宋太祖的治兵之道，它合情合理，安全无患。

宋太祖治军方法之四就是他的严厉军法。

宋太祖治军，厉行军法，严格管理，这是他在战争中能够百战百胜的法宝。

春秋时期的那个宋国，当时有个名叫子鱼的人论兵说："明耻教战，求杀敌也，伤未及死，如何勿重？若受重伤，则如勿伤；爱其二毛，则如服焉！三军以利用也，金鼓以声气也。利而用之，阻隘可也；声盛致志，鼓儳可也。"子鱼指出在敌我的战斗中，没有道德，只能以杀死对方为目的。后人根据子鱼论兵，制定了严厉的军法。

早在还是后周将领之时，宋太祖就严于执行军法。在六合镇那场战争中，士卒有不致力者，他明为督战，暗里却将不致力的士卒头上的皮笠用剑挑破。战斗结束后，遍阅士卒皮笠，查出有剑迹的数十人，都按军法斩杀。于是在以后的战斗中，他所统领的士兵没有不尽死力拼杀的，所以他的部队战斗力之强，在当时就名震遐迩。

《孙子兵法》中说：

"卒未亲附而罚之，则不服，不服则难用也；卒已亲附而罚不行，则不可用也。故（令）[合]之以文，齐之以武，是谓必取。令素行以教其民，则民服；令（不素）[素不]行以教其民，则民不服。令素行者，与众相得也。"

这里所谓（令）之以文，齐之以武，就是要制定军法军纪，形成文件，明告士卒，用制定的军法军纪约束士卒。如果士卒违法违纪，就要以军法军纪来执行刑罚。

五代以来，军队的纪律一直涣散不堪，烧杀抢劫之事时有发生，被百姓们称之为"兵祸"。宋太祖自从黄袍加身之后，为了稳固自己的统治，让百姓安居乐业，即决心严整军纪，使"兵祸"不再为祸百姓、为祸社会。陈桥兵变时，他就对部队约法三章，其中包括入城后不得劫掠百姓，侮辱官员。

宋太祖做了皇帝以后，在治兵整军方面，要求军队须有严格的纪律，他要革除五代以来那种士卒骄横，侵逼主帅，下凌上替的恶习，于是亲自制定了军法："诸军厢都指挥使至长行，一阶一级全归伏事之议,虽非本辖,但临时差遣管辖亦是。敢有违纪者,上军当行处斩。下军及厢军徒三年,下军配千里,厢军配五百里。即因应对举止,偶致违忤,各减二等,上军配五百里,死罪,会降者配,准此。下军及厢军配邻州,以上禁军应酬者配本城。诸事不干己辄论告者,杖一百,进状,徒二年,并令众三日。诸军论告本辖人,仍降配,所告之事务不得受理,告二事以上听理,应告之事,其不干己之罪仍坐。诸军告本辖人再犯,馀三犯,各情重者,徒二年,配邻州本城。"这些条文,意在明告军队要绝对服从上级的命令,听从上级的指挥,否则将按军法处置。

对战时的纪律,宋太祖要求得更加严格。他规定:"临阵非主将命,辄离队先入者,斩;贼军去阵尚远,弓弩乱射者,斩;临阵闻鼓声,合发弓弩而不发,或发而箭不尽者,斩;临阵弓弩已注箭而四顾者,斩。"这是军纪军法的几条,这些体现出宋太祖治军的严格和严厉。

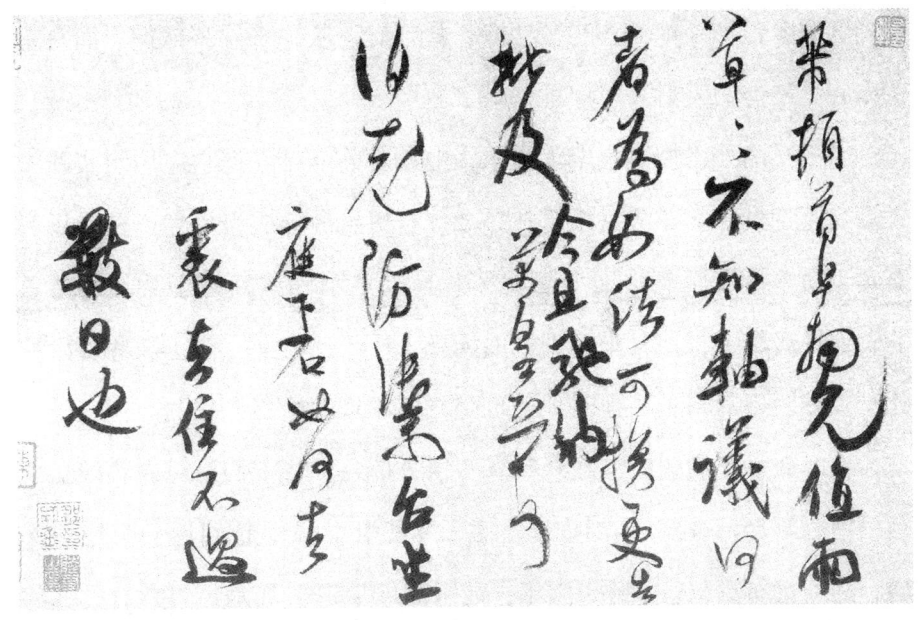

米芾书法

为了在战争中修明政治，宋太祖强调：战争是为解救一方民众的疾苦才发动的，所以制定了这些极其严厉的军法条例，要求严格执行。

《续资治通鉴长编》中有这样一段记载：有一天，宋太祖与大臣李承进议论国事。因为李承进曾在后唐时期担任过官职，所以宋太祖问他："后唐庄宗以英武平定中原，为什么立国不久就亡国了呢？"李承进回答："唐庄宗喜欢田猎，而且常常纵容将士。每次出猎至近郊，禁兵卫卒一定捉住马首，名为请求，实则要挟说：'我们小辈寒冷，望您接济。'于是，庄宗即按照他们的愿望，全部赏赐给他们。像这样的事情常有发生，导致禁令法律失效，以致造成混乱。大概威令不行，赏赐、赠送没有节制，结果很快就亡国了。"

宋太祖听后非常感慨，说："二十年夹河战争，取得天下，不能用军法约束这些违法乱纪的人，纵容他们没完没了且贪得无厌的请求，用这样的人临御天下，实在是儿戏。我现在抚养士卒，本应对爵位、赏赐不加吝啬，但如果他们违犯了法令，我唯有以法律来制裁他们。而且行法如秤，不能为人低昂，厚此薄彼。"

对士兵的严格控制，宋太祖早在登基之前就已经把它应用于实践中了。当兵打仗，其任务就是听从号令、奋勇杀敌，应当勇猛直前，用鲜血和生命来换取胜利。宋太祖在平时是以宽厚仁慈赢得士兵们的尊重的，但在战场上，他又是一副铁面无私、严厉的面孔，对于那些贪生怕死、临阵脱逃的将士，他对他们也是严惩不贷，绝不手软的。

在奉命坚守扬州时，敌众我寡，情势危急。将士们面对来势凶猛之敌，信心不足，企图放弃扬州后撤。宋太祖率援军赶到后，为稳住军心，立刻宣布军纪："扬州周军，如果胆敢后退，凡是经过六合的，将被斩断双脚。"扬州守军得知这一消息后，知道宋太祖说一不二的脾气，再也不敢有后退之想，他们立志守城，结果大败前来攻城的南唐军，并将其主帅生擒。

由上例不难看出，有法必依，立法必行，是宋太祖治军的显著特点。他对中下级军官和士卒中违军法军纪者，坚持严厉执行军法，对他们的惩罚绝不手软。有一次朝廷举行郊祀典礼，仪式结束后，按照一贯的做法，要进行赏赐。在这次祭祀活动中，宋太祖指定御马直一军为卫队，因而对御马直军的每个军卒都增赏五千钱。而由后蜀亲兵中挑选组建的但川班内殿直军士按例该不着赏赐。但川兵的骄横习气不改，纷纷击登闻鼓，要求同御马直一样获得赏赐，吵吵嚷嚷。宋太祖遂派中使对川班将士说："朕之所与，即为恩泽，又安有例哉！"讲明赏赐不是滥用的，有功者才能得到。川班的一些将士听而不闻，仍有闹事者。于是，宋太祖申明军纪，将闹事的川班内殿直军中的40人全部斩杀，将其余的闹事者流配许州，并将川班军官决杖并予以降职。

没有纪律的军队是打不了胜仗的，对犯了军法的兵将，不能严厉惩罚，军队就没有战斗力。宋太祖治军，厉行兵法，对违法者严惩不贷，故而能使军队强盛而百战百胜。

第四节 宰相赵普

赵普足智多谋,善于机变,是不可多得的济世之才。

遇到赵普并把他纳入门下,是宋太祖政治命运中的一个契机。在滁州城内,因为赵普照顾病中的宋太祖之父赵弘殷,才与宋太祖偶然相遇。经接触,宋太祖对赵普的见识大为折服,相见恨晚,于是便将赵普延入幕中,帮助他筹策军务和政务。赵普也不负宋太祖的厚望,为他出谋划策,为宋太祖夺取天下立下了汗马功劳。其实,对两人来说,这都是一次难得的机遇。在宋太祖步步高升的同时,赵普也因献策有功而逐次高升。两人都在同一契机下互相得利,达到双赢。

此后,宋太祖在战场上东挡西杀,左冲右突,接连大败南唐军,帮助周世宗实现了预定目标。正当宋太祖快速升官晋爵、春风得意之时,一场变故突然降临。其父赵弘殷在征讨南唐时不幸染病,后来病情加重,就在后周取得胜利后不久,溘然逝去。按礼制,父母去世,子女应守孝三年,辞去所有官职,推掉一切应酬,专心陪伴九泉下的长辈。可是这样一来,就会失去许多建功立业的机会。这对于宋太祖来说,无疑是一次沉重的打击。但作为饱读儒家经典的他,最终还是把仁义孝悌放在首位,辞官为父亲专职守孝。但没过几天,因为战事,周世宗苦于没

第三章 集　权

有合适的人选，一纸诏书命令宋太祖复职，重新回到前线。

在宋初的历史中，赵普是一个位高权重之人，曾一度位居"一人之下，万人之上"。他自从照顾宋太祖之父赵弘殷而逐渐受到宋太祖的重用，他以其智谋辅佐太祖登上皇位、平定内乱、统一全国，其后又以宰辅身份帮助太祖治理国家，其功劳不可计数。

宋建国之初，宋太祖让赵普长时间独掌相权。而赵普确有专权的毛病，但在总体上，他能做到公忠体国，不计个人安危。宋太祖也有意划清君权和相权的界限，不过多侵犯相权，尊重宰相的意见。

雪夜访普图

对于宋太祖来说，赵普就像唐太宗的大臣魏征。赵普作为大宋的开国功臣，为宋太祖献了许多治世良策，也提出过许多正确的意见和建议。而且有的时候，为了说服宋太祖，赵普还显得非常执著和倔强。

有一次，赵普向宋太祖举荐某人为官，评论了这个人的优缺点之后，建议宋太祖应授于此人相应的官职，以便更好地治理国家。宋太祖当时没有同意，也没有说明原因。而赵普对这个人才，却是铁了心要把他推上去。于是，第二天赵普又向宋太祖劝谏，力荐此人为官。宋太祖还是没有同意。第三天，赵普仍旧怀揣荐人的奏章前来面圣。这一下，把宋太祖给惹火了，盛怒之下抓过奏章，一把撕个粉碎然后扔到地上。赵普看到太祖如此举动，仍不灰心，慢慢地蹲下，把太祖撕碎的纸片一片不落地捡起来，回到府上认真裱糊好之后，又把它呈献给太祖。宋太祖见赵普如此执著，心中也觉得他所荐之人必有过人之处，否则赵普也不会这样三番五次地和自己对着干。于是，宋太祖终于做了妥协，照着赵普的推荐授予此人官职。这个人任职后果然十分称职。

还有一次，有个臣子立了大功，按照规定应该给予奖赏提拔。可是，由于宋太祖对此人一直怀有偏见，硬是不提拔他。赵普听说后，便委婉地请求太祖按规定对此人进行升迁褒奖。宋太祖觉得赵普总是喜欢多事，老给自己提意见，便气冲冲地告诉赵普："我就是不想给他升官，你能怎么样？"赵普一愣，转而劝导说："刑，是用来治罪的；赏，是用来奖功的，这是古今的通理。况且刑赏，是国家的刑赏，不是陛下您一个人的刑赏，怎么能从个人的喜怒出发，想怎么样就怎么样呢？"面对赵普尖锐的批评，正在气头上的宋太祖一句也听不进去，袖子一拂，转身就走，把赵普晾在一边。可是赵普是一个不达目的决不罢休的人，太祖入宫，他就跟在后面立于宫外等候，很久也没有挪动地方。太祖听到手下随从的报告后，很是敬佩赵普的执著，转念一想确实应该给那个官员升迁，而不应该因为自己的私心而坏了法纪。于是，他起身来到宫门口，接受了赵普的建议。

还有一件事，也能说明赵普的苦谏与太祖的纳谏之宽。在收地方兵权的时候，各地节度使基本上已经没有了兵权。一次，天雄节度使符彦卿来朝祝贺，因太祖与符彦卿素有渊源，又沾亲带故，便给了他厚赏，并破例允许他执掌当地的兵权。太祖这一时兴起，根本没有想到这样做

第三章 集 权

会对地方改革产生负面影响，即使赵普屡次劝谏，太祖仍然听不进去，下令发下诏书。任命书下达后，赵普作为宰相扣留诏书而不发，并再次向太祖说明利害关系。太祖耐着性子，没有因为赵普扣留诏书而发火，他问赵普："卿苦疑彦卿，何也？朕待彦卿甚厚，彦卿岂能负朕？"赵普沉着回答："陛下何以能负周世宗？"一句话惊醒梦中人，太祖至此方知赵普的良苦用心。

还有一次，太祖在宫中举行盛宴，款待众文臣武将，由于人数众多，便把宴会地点定在宫里的花园中。众人们正吃得高兴，突然间大雨瓢泼而下，欢宴的气氛被这突如其来的大雨冲得一干二净。太祖为此极为扫兴，他满面怒气，口中大发牢骚。众大臣一看皇上如此震怒，个个都噤口无声，不敢劝阻。只有赵普勇敢地站出来向太祖进谏说："今春天气干旱，百姓们都盼望着下场大雨，以解旱情。对我们来说，只不过淋湿一点帐篷而已，既不影响吃，又不影响喝，其实也没有什么损失。在这个时候，下场大雨是非常难得的。百姓们得到雨水是个个欢天喜地，我们应该向他们祝贺才对。请陛下让宫中的乐队在雨中奏乐，共同庆贺这场及时雨吧。"太祖一听，觉得赵普言之有理，遂转怒为喜，命乐官在雨中奏乐，继续与百官欢饮。除赵普之外，宋太祖还有一大批敢于直谏的得力大臣，对于他们的意见和批评，宋太祖最终也能够虚心接受。

还有一次，开宝二年（公元969年），宋太祖亲征北汉，驻留潞州。当时各地转运的军需物资全部集中于潞州城，造成道路堵塞。宋太祖听说后，以为是非理稽留，准备治转运使的罪。赵普急忙劝谏太祖说："军队刚到，而转运使获罪，敌人知道后，一定以为我军储备不足，这不是威慑敌人的办法，应当选任善于处理繁重、难办事务的官吏治理此州。"宋太祖也没一意孤行,反倒觉得赵普想得深远,就听从了他的劝谏。

宋太祖与赵普的关系,在朝廷上为君臣,在私交上又情同手足。赵普不仅帮助宋太祖出谋划策,而且也辅佐宋太祖治理国家。宋太祖与赵普私下里以兄弟相称。对赵普的夫人,宋太祖也以"大嫂"称之。

对赵普这样功勋卓著的股肱大臣,宋太祖恩威并用。对他的功劳,不断给以赏赐和提拔,而对他的过失,也能够及时指出,并帮助他改正。在统一吴越的过程中,吴越王钱俶派人送给赵普一封书信及十瓶海物,以贿赂赵普这位大宋权臣,让他在宋太祖面前多加美言,以保吴越的江山社稷。一天,宋太祖来到赵普家中,恰巧看见了这封书信及十瓶海物。当时赵普十分惊慌,担心会被惩以通敌之罪。在宋太祖的询问下,赵普一五一十地述说了这封书信及海物的来由,并谢

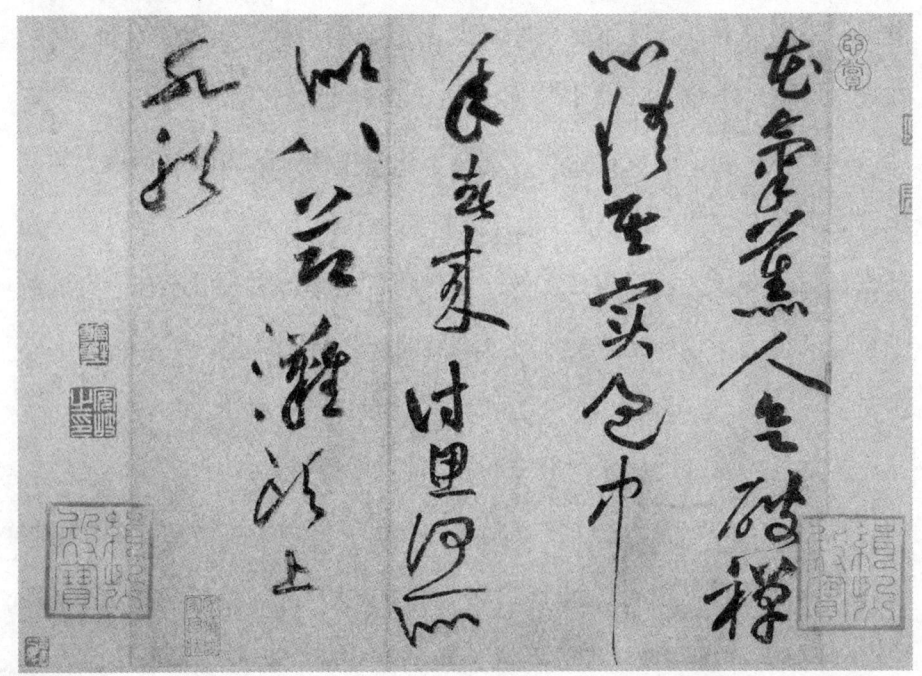

黄庭坚·花气熏人帖

罪说："臣未发书，实不知此。若知此，当奏闻而却之。"宋太祖看到瓶中所装的瓜子金后，笑着安慰赵普说："但受之无妨。彼谓国家事皆由汝书生耳。"这段话的意思是，赵普因为害怕，所以为自己辩解："我还没有来得及打开书信读，实在是不知道瓶中装的是什么。"宋太祖说："你接受这些金子没有什么不可，送礼的人以为国家大事都是由你这个书生来谋划的！"宋太祖坚持让赵普收下这些瓜子金。这样一来，赵普对宋太祖更加感激了，他决心尽自己所能辅佐太祖，以报太祖的隆恩圣眷。

随着赵普的权力越来越大，他的行为也变得越来越专断。作为一代明君，宋太祖在恩威并施这一点上做得更是恰到好处。对于赵普，宋太祖一方面用他所长，虚心纳谏；另一方面，当赵普的权力渐大，有专权苗头之时，他又采取措施，及时分权。

为防止官员权力过大而威胁皇权，宋太祖采用了"稍分其权"的策略，将权力分配给众多的文武官员，使他们每人都有权，但其权绝对不会过大，更不会对中央皇权造成威胁。

宰相的职位由来已久。历史上有过许多著名的宰相，最早的应当算周公旦。周武王去世后，天子年幼，周公旦便担负起辅佐幼主治理天下的重任。他励精图治，平定管蔡之乱，制定礼法，安定四邦，把周国治理得井然有序。等到幼主长大后，他又主动还政于他，甘心做一个忠臣辅佐天子。他的美名，已成为脍炙人口、老少皆知的传世佳话。

此外，还有汉高祖时的宰相萧何，他善断政务，精于理财，而且忠厚仁义。三国时，刘备的宰相诸葛亮，呕心沥血，为治理蜀国鞠躬尽瘁，死而后已。还有唐朝著名的宰相房玄龄、杜如晦，并称"房谋杜断"，他们都为治理国家发挥了聪明才智，使国家不断发展壮大。

但是，如果用人不当，宰相之位被一些贪暴的小人占据，又将是另外一种境遇。春秋五霸之一吴王夫差的宰相名叫伯嚭，此人虽有才学，但为人不端，品行低劣，尤以贪财著称。吴国打败越国后，将越王勾践拘禁。大将伍子胥建议杀掉勾践以绝后患，但伯嚭却因收取越国的贿赂而鼓动三寸不烂之舌，说服夫差饶勾践一死。在不断的贿赂的驱使下，伯嚭又劝说夫差放勾践归国，并助越国发展生产。勾践卧薪尝胆、奋发图强，率兵灭掉吴国，夫差被逼只好自杀身亡，吴国也随之灭亡。

唐玄宗后期的宰相杨国忠也同样是一个误国的奸臣。他为相之后，广树党羽，迫害忠良，欺上瞒下，横征暴敛，以满足他贪得无厌的私欲，结果导致怨声载道，兵乱四起。安禄山以此为借口，兴兵反唐，唐朝由此走向衰败。而杨国忠本人，也因作恶太多而被乱军碎尸万段。

对于这些历史教训，宋太祖有所思虑，他决定分散相权，防止其过于庞大。他将国家政务交由三个部门分别管理，即：宰相主管的中书省负责管理政事；枢密使主管的枢密院负责管理军事；三司使主管的三司负责管理财政。这三个部门互不隶属，各司其职，而且互为牵制。其中枢密使同宰相地位相当，号称执政，且与宰相互不通气，奏事时也是分别向皇帝奏报。宋人王明清在《挥麈录·后录》中说："（枢密）每朝奏事，与中书先后上，所言两不相知，以故多成疑贰。祖宗也赖此以闻异同，用分宰相之权。"

开国初，宋太祖对赵普十分信任，让他独掌朝权。赵普也养成了专权的习惯。在他的政事堂里，有一个大瓦壶，无论是朝廷官还是地方官奏上来的表疏，只要他认为不对的，就把它投进那个大瓦壶里。到一定时候，奏疏多了，他就取出来，一把火烧掉。

第三章　集　权

宰相赵普专权苗头显露后，宋太祖为分其权，以配助手，减轻其压力为由，让兵部侍郎薛居正和吕余庆以本官身份参知政事。在当时，参知政事作为初设的官职，权限十分有限，并不能真正起到制约宰相的目的。据《续资治通鉴长编》记载，参知政事"不宣制，不押班，不升政事堂"，"中书印唯宰相得知，事无大小，尽决于（赵）普，（薛）居正等恐栗备位而已"。虽然如此，但毕竟改变了只有一位宰相的惯例，参知政事虽不能预奏政事，但可奉行制书。

宋太祖不想让参知政事的权力再度膨胀，同时也不想打击赵普的积极性，就在双方搞平衡。他让两个新人分赵普的相权，但又不让他们独自宣示诏书，单独值班，也不能掌管相印，还不许到政事堂议事，只让他们到宣徽使厅议事，在殿庭上则另设座位在宰相的位置之后，在公文签字时，他们的官衔与姓名，都要比宰相低几个字，月俸杂给，也只有宰相赵普的一半，总之，让双方都过得去，不过分偏向任何一方。

后来，随着赵普专权的加剧，百官多次上奏揭发其不法之事，宋太祖也对此表示了强烈的不满。为此，宋太祖决定参知政事薛居正、吕余庆升政事堂，与赵普同议政事，并与赵普轮流处理国家大事，以分化宰相之权。自此，宰相独霸政坛的旧例再不复存。

赵普是宋太祖的首席智囊、创业宰相，两人关系非同一般。赵普是不会做出背叛宋家王朝的事的。但赵普专权也可能导致局部动荡，对此，宋太祖也是有所防范。

枢密使李崇矩与赵普互相交结，李崇矩把女儿嫁给赵普的儿子。宋太祖听说此事，心中不高兴。但他不在表面流露出来，而是找机会再采取措施。朝廷的旧例，宰相、枢密使等候皇帝在长春殿接见时，头天晚上就进宫，而同住一庐。宋太祖在李与赵结为亲家之后，就下令为宰相和枢密使各准备一个过夜的房间，表面上是让他们住得更宽敞一些，实际上是不准宰相与枢密使同住一屋，把他们分开，以防他们之间过度亲密，形成朋党。后来，宋太祖干脆罢了李崇矩的官，以警示赵普。

赵普虽然有才能，但他心胸狭窄，好用权术而且贪财无度。贪墨一事，按照太祖制定的严惩贪墨之罪，赵普就应该受到数次重罚。但宋太祖作为宽厚的长者，又顾及赵普的功劳，屡屡给他改过自新的机会。一次是赵普收受吴越王钱俶贿赂的瓜子金十瓶；一次是赵普违反私贩大木的法令，私自贩木秦陇，经营邸店营利。这两件事，太祖都睁一只眼闭一只眼过去了，给赵普留足了面子。但贪心无度就会使人铤而走险，在犯罪的道路上越陷越深。后来，赵普又倚仗权势，强买他人宅第，聚敛财贿，被大臣雷德骧等告发。

宋太祖虽有心维护赵普，怎奈法令是自己定下的，不能自己扇自己嘴巴子，他在心中怨恨赵普愚昧的同时，毅然罢去了赵普的官职，维护了法令的尊严。

宋太祖以一个仁义之君的风度，对赵普的忠心和直言虚心接纳，在赵普稍稍违反制度的时候也多有包容。但是，当赵普贪财无度时，他也只能忍痛将其罢免，结束君臣情分。这一切，充分体现了宋太祖善于纳谏，对臣下宽容爱护却决不溺宠的用人原则。

第五节 君强臣弱

北宋一朝，皇权的集中可谓空前。

宋太祖把中央和地方的军、政、财、司法等权利收归中央，还在君相斗争中废除了自古相传的宰相坐而论道的权利，更抬高了皇帝的至尊地位。

作为一个王朝的统治者，最先考虑的肯定是权力的归属问题。辛辛苦苦打下的江山社稷，好不容易才抢到手的皇帝宝座，绝不可以轻而易举拱手让人。为巩固胜利成果，皇帝都会把国家大权紧紧握于掌心，建立一套强有力的中央集权体系。

对一个县而言，县城就是中央，因为它是全县所有权力的核心，所有的命令都是从县城发布到各乡各村的。以此类推，都城是全国的中央，而政府的三部六院也就是都城的中央。其实，这些都是表面现象。在封建王朝，所谓的中央，就是指端坐在龙椅之上的皇帝一人，其他的三部六院、府台县令，都是围绕在他身边的一些摆设和棋子，让他们向东，他们就不敢向西。

任何时代都是一样的，权力是维持国家和社会稳定的基石，如果失去了权威，就会引发社会的动荡。在封建社会中，皇权是天下的根

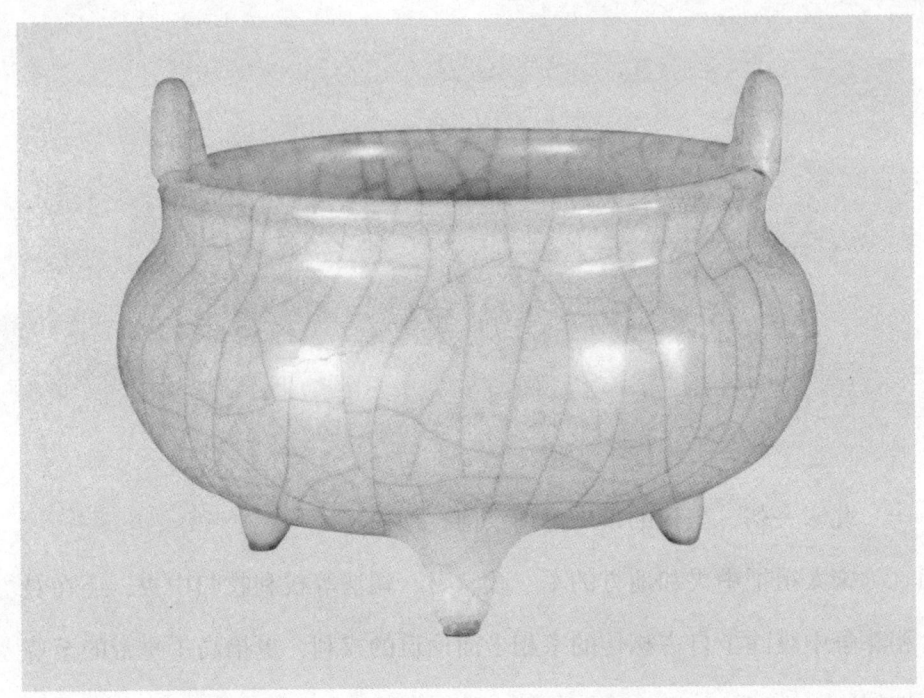

本。皇权如果受到冲击，那么整个官僚体制就会动摇，整个国家也会因此而失去控制。所以每个高明的君主，必须大权在握，绝不能有一点动摇。

后院起火，祸起萧墙，总是让统治者防不胜防。为确保内部环境的安全和稳定，第一要务是消除隐患发生的条件，将其消灭于萌芽状态。分化权力便是一种较好的手段。通过分权，把原先一个人所拥有的权力分散到多人手中，并令其互相节制，互相监督，使他们形成不了足够的势力和影响力，没有足够的力量向皇权提出挑战，就会确保皇权的稳固，确保国内环境的安全和稳定。

在夺取皇位的过程中，宋太祖清楚地认识到，唐末以来的乱世局面的产生，根本原因就是皇权的衰弱，不足以制衡百官和地方。而且随着走马灯似的朝代更迭，人们对皇权似乎已经麻木不仁。胜者王侯败者寇，皇权已经不是权力的象征，而只是众多强盗眼中的一个猎物。

皇帝的权威不确立，皇位就坐不长，也就更不谈上治理好国家了。为了做一个好皇帝，宋太祖十分重视皇权的建设与巩固。在这个问题上，宋太祖采用了软硬兼施、双管齐下的手法。为巩固皇位，首先就是要用强制手段狠狠地打击异己，树立权威。宋太祖是通过武力夺取政权的，这必定会引起许多人的不满和怨恨，对于那些明目张胆的反对者，宋太祖是丝毫不会手软的，李筠和李重进就是例子。宋太祖早就看出，二李对自己是怀有敌意的，不会甘心他在皇位上安安稳稳地坐着，他们在时机成熟的时候肯定会起兵造反。而这一点，恰恰也是宋太祖所期望的。因为只有这样，他才能够迅速稳定人心，给那些嘴上不说而内心反对他的人一点警告，起到敲山震虎的作用。

二李陆续发动叛乱后，宋太祖采取逐个击破的策略，先消灭势力较强的李筠。腾出手后，又将李重进消灭。这样一来，不仅消除了明火，而且对那些隐藏的暗火也当头泼上冷水，使他们不会燃烧起来。

做任何一件事，都需要有一个度。过犹不及就是这个道理。平定二李叛乱后，宋太祖虽然取得全胜，但也遭受了一定损失。既然杀鸡儆猴的效果已经很明显，那么下一步对其他官员就需要采取软的一手了。

唐末以来，由于皇权衰微，昔日皇帝高高在上的威严日渐淡薄。宰相重臣见皇帝时不再侍立一旁，而是与之平起平坐，随意交谈。这种相向而坐的朝见方式一直延续到宋朝初年，君主九五之尊的地位没有得到直接体现，而大臣们对皇帝的敬畏也在无意中淡化了。对此，宋太祖深感忧虑。

一天退朝之后，宰相范质因要事入宫，请宋太祖批阅一份紧急奏章。按惯例，拜见后范质便安然入座，向宋太祖简要汇报奏章的内容，并提出初步处理意见。他话还没有说完，宋太祖突然说："朕最近眼力不济，把奏章呈到我面前。"范质于是赶紧奉旨照办。宋太祖随便翻看了几眼，点头说道："朕知道了。"范质退到原处，正准备就座，不承想原来的坐椅已经不翼而飞。范质也是聪明人，一想便明白是怎么回事。虽然当时有些尴尬，但很快就平静下来。这件事过后，无论何人入宫进见宋太祖，再也没有不经赐座便随意就座的了，只要太祖不吭声，所有臣僚只好恭恭敬敬地侍立在一边。

皇权只属于皇帝一人，是皇帝的专利。皇权稳固，才能坐牢皇位，治理好国家；皇权衰弱，就会导致国家分崩离析，天下大乱。治国兴邦，必须恩威并举，宽猛相济，礼法兼施，德刑齐用。宋太祖作为一代明君，对皇权至上的地位看得尤其重要。他一面运用智慧将皇权树立起来，然后尽心竭力地运用各种方式对皇权加以维护和巩固。

要实现皇权的至高无上，统治者就要把权力牢牢地握在自己的手中，对大臣手中的权力分而治之。权力过度集中，会引起人的贪欲之心。文臣的权力过大，会控制朝政、欺上瞒下，把皇帝当做傀儡；武将的权力过大，会利用手中的甲兵，起兵反叛，将皇帝从龙椅上赶下台，自己取而代之。所以，统治者在分权的同时，要将分下去的权力牢牢控制住，要有防变御变的能力。

为了将权力收归皇帝，宋太祖削弱了地方节度使的权力；对各级官员实行官职分离，轮流任职；实行控制百官的台谏制度。

对行政大权，宋太祖采取先收后分的策略，以防止地方权力坐大，威胁中央。平定二李叛乱之后，宋太祖对地方节度使的担忧并没有随着胜利而消除，而是与日俱增。试想，如果二李联合起来叛乱，就会形成南北夹攻之势，朝廷被迫同时在两线作战，必定是腹背受敌，首尾难以兼顾。即使打败他们，付出的代价也会相当惨重。

第三章 集 权

节度使是一个地区的军政首脑。自唐朝中叶以来，他们盘踞一方，统辖几个州郡。包括行政权、人事权、军权、财政权和司法权，全部由节度使一个人说了算，是名副其实的土皇帝。他们名义上是皇帝的属臣，却不把皇帝放在眼中，更谈不上尽忠报国了。在其领地中，他们可以随意任命官员而不须经过中央批准，可以任意向百姓征收赋税，加派徭役，也可以任意制定和废止地方法律，可以说是为所欲为。而皇帝，因为心有余而力不足，或是无心理政，对他们的所作所为一般采取睁一只眼闭一只眼的态度，生怕引一发而动万机，引起众怒。所以，只要节度使不反叛朝廷，朝廷也不会刻意责难节度使的。

宋太祖即位后，对地方节度使采取了深入彻底的夺权行动。

首先，削减节度使的辖地，缩小其势力范围。原来的节度使都统有数州郡，其驻所以外的州郡，都称为支郡。支郡的各级官员，由节度使推荐任命，管理各州郡的政务和军务，他们也对节度使直接负责。宋太祖下令，取消节度使统管支郡的制度，将支郡收归中央管辖，并派遣京官到各州郡担任长官，直接对皇帝负责。这样一来，节度使控制的地盘就缩小了，其所拥有的权力也随之减小，对抗中央的能力就变得微乎其

微了。

其次，剥夺节度使的兵权。原来的节度使之所以敢对抗朝廷，主要原因之一是拥有过多的军队作为资本，甚至敢起兵造反，夺取政权。唐代的节度使朱温就是靠武力灭唐建立后梁政权的。宋太祖采纳了赵普"收其精兵"的建议，将地方上的精壮之兵编入禁军。

再次，对地方节度使根据情况，区别对待。对于那些有归顺臣服之心的节度使，暂时进行拉拢，封官晋爵，使其"分藩立朝，位或亚相"。对于那些骄横无礼、贪财好色的节度使，则留心其动静，一旦揪住其小辫子，就严加打击。对于资历较深、军功较大的节度使，则因势利导，或是劝其主动辞职，或是罢免。

最后，在州县官员的任命和管理上，宋太祖也别出心裁，设立了相应的监督机制，以分散地方长官的权力。在州内设置通判，作为皇帝的特派员，监视知州的活动，并有直接奏报之权。州府的所有文书，需要知州与通判共同签署后，方可发布施行。在县级单位，弱化节度使的控制，由县令、县尉和主簿共同管理全县的政务、诉讼及治安事宜。

此外，对地方官员的控制使用还表现在轮换上。官员在一地任期过长，容易形成一个关系网，培植私人势力，垄断一方政权。所以，太祖规定，地方官一律任期三年，期满轮换，即使政绩突出，百姓上书挽留也不得连任。对此，《续资治通鉴长编》中有过一个例子：青州北海军军使杨光美在任期间，公正清廉，深受百姓爱戴。三年任期将满之时，其治内百姓自发到朝廷集体请求让杨光美继续留任。太祖下诏让百姓离去，说明国家的任官制度，百姓仍然不肯。最后，太祖无奈，只好采取强制措施，对领头的施以鞭刑，百姓们才被迫离开。由此可见，官员的任期制度在太祖一朝控制得十分严格。

在解决了地方政权问题之后，宋太祖又对中央机构进行调整，以分权而治的方法将中央大权控制在自己手中。

宋太祖是一个优秀的政治家，他一改以往权力过于分散的状况，将军权、财权、人事权收于一身，并建立监督约束体制，分派官员各司其职，开创宋代盛世。

天下虽是皇帝一人的天下，但治理天下却不是皇帝一个人就能办到的，他必须依靠其他人的帮助和辅佐才能实现。一个人，无论他多么聪明，多么勇武，与一群人比较而言，他还是十分渺小和苍白无力的。

每个人的能力都是有限的，皇帝也不例外。使用这些权力时，不能凭一己之力，既管训练管理军队，又管赈济灾民、收租纳税。这些工作，应该在统一的前提下，分派不同的人来管理，皇帝只需把大政方针制订出来，并委派合适的人选作为代理，这样就可以达到垂拱而治的效果了。这也就是我们通常所说的：集大权于上，分小权于下。

在皇帝之下的官僚体系中，权力最大、地位最高的应当是宰相，他们位居一人之下，万人之上，代天子以行号令。但凡重要的奏章都要先经过宰相，然后才能转到皇帝手中。皇帝所下的诏令，也同样先经过宰相，然后再送交有关部门。

作为皇帝左膀右臂的宰相，对皇帝的影响非同一般。如果宰相聪明能干且又忠诚于皇帝，那么做皇帝的就可以省却许多麻烦，不必日夜操劳，天下亦可垂拱而治。但是，如果宰相昏庸无才又心怀异心，那么皇帝的日子就不会好过了，弄得不好，可能连皇位都保不住。为限制宰相权限，太祖还在宰相之下设参知政事以充副职，从制度上对宰相的权力进行分散和牵制。

宋代官制的一大特点就是官职分离，差遣为实。宋代的官员，大多是有名无实，有职无权。他们担任的职务只是领取俸禄的标准，只是一种政治地位而已。

为严密控制权力，不使官员专权舞弊，宋太祖将官职作为一种虚衔，由百官担任。只是在有事情需要处理时，才临时差遣这些待职的官员走马上任，处理完后仍然剥去其实职。所以，上至宰相、尚书，下至县令，一般都不担任与本职位相符的职务，所带官称只是官位高低和俸禄多寡的标志，因此称为"寄禄官"。只有带上"权、判知、监"等表示差遣的名称后，才有实权。此种状况，马端临在《文献通考》中说："居其官不知其职者十常七八"。对此，《宋史·职官志》中有如下解释：宋初，台、省、寺、监官犹多莅本司，也各有员额资考之制，各以曹署闲剧著为月限，考满则迁，庆恩止转阶、勋、爵、邑。建隆二年（公元961年），始以右监门卫将军魏仁涤为右神武将军，水部员外郎朱洞为都官员外郎，监察御史李铸为殿中侍御史，以仁涤等掌曲蘖、领关征外有羡也。自是，废岁满廷叙之典。是后，多掌事于外，诸司互以他官领之，虽有正官，非别受诏书亦不领本司之务。又官有其名而不除者甚众，皆无定员无月限，不计资品，任官者但掌食其俸而已。时议以近职为贵，中外又以差遣别轻重焉。"

这种寄禄制度，充其量只是地位与薪俸的象征，官员要想得到实权，必须得到特别的差遣诏令。上至宰相，下至员外郎，都没有固定的职权，只有在其官名前加上"权、判知、直、试、管勾、提点、提举、监"等字眼时，才真正拥有实权。宋太祖正是希望借助于这种制度，使官员们"名若不正，任若不久"，防止各级官员利用职权在某地或某个部门培植私人势力，蓄谋危害朝廷。

第三章 集 权

宋太祖为了保证皇权的独尊地位，实行了控制百官的台谏制度，史学大师陈寅恪先生称之为"我民族遗留之瑰宝"。

分权制衡权力结构的维系和运作，不能仅仅取决于制衡各方充分的自觉和良好的愿望，而且要有相应的制度和程序作为保证。即使是非常理性的人，也有其感性的一面，难免会在处理事务上有一些与法制和礼制相悖之处。台谏制度就有保证皇权独尊地位的作用。

台谏制度的出现，最早应上溯到秦汉。宋人王应麟曾指出："至秦，人主自亲事以操制臣下"，"御史大夫遂与丞相分权矣"。《汉书·百官公卿表》记载，秦汉御史中丞的职责之一就是"受公卿奏事，举劾按章"。到了唐代，台谏制度才形成一定的规模和建制，御史台和谏院的分工也逐渐明确，"因御史而置两台，专以纠臣僚之邪佞；因大夫而有谏者，专以审人主之愆谬"。

宋代的台谏制度基本上是沿袭唐代并在此基础上发展和健全的，并逐渐形成自己的特色。

首先，宋代将御史台和谏院合称为台谏，将台官和谏臣通称为台谏官、言事官或言官，改变了唐代以前将二者独立区分、互不相干的制度，使二者在职能上趋于相近。

其次，宋代还大大提高台谏的职能与地位，使之与君主、宰执三者并举，在中枢权力机构中占举足轻重的地位，这也是唐代以前没有的。

再次，台谏制度在宋代政治生活中所起的作用更具深远，以致元人称"宋之立国，元气在台谏"，宋代士气之伸张，"贬斥势利，崇尚气节"，远远超出前代。

从历史考证得知，宋代台谏制度真正得到重视是在宋真宗时代，与宋太祖基本上关系不大，但从其渊源看来，其中包含着特殊的历史背景和原因。

宋太祖开国之初，当务之急是结束天下纷争、割据的局面，统一全国。因此，宋初沿袭五代旧制，"徒置两司，殆如虚器"，也确属情有可原。事情要一件一件地做，饭要一口一口地吃，在万事缠身之际，只能择其重者处之。但尽管如此，宋太祖对台谏制度还是有足够的重视，对台谏官也表示了极大的尊敬。在宋代誓碑之上，第三条便是太祖定下的"不杀士大夫及言事者"。仅此一点，便足以说明宋太祖虽未正式把台谏制度引入政治体制中，但却为宋代台谏制度定下了一个基调。

为保证台谏官正确行使自己的权利，其选拔甄别过程尤为严格。基于"台谏之任甚重，不可以苟然居之"，所以宋代台谏官的选任有比较严密的制度和程序，总的原则是：侍从荐举、宰执不预、君主亲擢，同时对入选的台谏官还提出了德行才学等具体的标准和要求。

宋太祖对权力的分配与制衡有清醒的认识："善揽权者，非必万事万物尽出于我，而后谓之揽权也。权之在中者，即其在人主也。如一一而身任之，则聪明必有所遗，威福必有所寄，将以揽权而权愈散，能防之于庭外，而不能失之于旁出。祖宗未尝不以事权付中书，而能使臣下无专制之私者，以有台谏、封驳之司也。"

对此，南宋学者陈亮进一步解释说："自祖宗以来，军国大事，三省议定，面奏获旨，差除，即以熟状进入，获可，始下中书造命，门下审读。有未当者，在中书则舍人封驳之，在门下则给事中封驳之，始过尚书奉行。有未当者，侍从论思之，台谏劾举之。此所以立政之大体，总权之大纲。端拱于上而天下自治，用此道也。"

宋太祖最初由于偏爱赵普，对台谏官的态度并不是特别友善。一次，御史中丞雷德骧上书弹劾宰相赵普，举奏其不法之事。太祖出于私心，偏袒赵普，竟命左右羞辱这位御史中丞，将其"曳于庭数匝"。后来，耿直的雷中丞继续弹劾赵普，情急之下未待太祖召见，便径直进入讲武殿，辞气严厉地向太祖历数赵普强买他人私宅，聚敛财贿等事实。太祖当时勃然大怒，责骂雷德骧道："鼎铛器物，犹有两耳，而你雷德骧置若罔闻，竟敢屡次弹劾社稷重臣！"说完，拿起柱斧，击掉雷中丞两颗牙齿，并命令左右将他轰出去，交付宰相并对之处以极刑。事过不久，太祖怒气渐消，深感自责，于是免去雷德骧死罪，以"擅入"之罪将其贬至外地为官。

后来，随着宋太祖政治经验的积累，他切实地认识到台谏制度的重要性，对台谏官的态度也逐渐有所改变，开始重用台谏官，以牵制朝中诸官员，维护官僚体制的正常运行。清初王夫之在《宋论》中评论宋太祖时说："自太祖勒不杀士大夫之誓以诏子孙，终宋之世，文臣无欧刀之辟。"

台谏官历来是出力不讨好的，他们只是皇帝手中的棋子和工具。皇帝在需要他们的时候，授意让他们弹劾某某大臣；在不需要他们的时候，则会假以借口对他们横加打击。历观秦汉至五代，因正言直谏而死的台谏官数以百计，即使号称政治清明的唐代，被杖决于庭堂之上的谏官也大有人在。而宋代，因有宋太祖的誓碑，所以"言事之臣或得责，大不过落一官，其次出居散地而已"。宋人在指斥前代的同时，也自诩为"待士大夫有礼，莫如本朝"。后人在评价宋代台谏制度时也断言："宋代自祖宗以来，尤以台谏为重。虽所言者，未必尽善，所用者，未必皆贤。然而借以弹击之权，养其敢言之气。"可以说，自宋代开始的这种敢于直言的铮铮士气，是中华民族千百年来的脊梁。

台谏的积极作用，北宋名相吕公著曾有如下概括：规主上之过失，举朝政之疵谬，指群臣之奸党，陈下民之疾苦。言有可用，不以人微而废言；令或未便，不为已行而惮改。台谏在制衡权力方面，主要有以下几点作用：

第一，制衡相权。在各种权力中，相权是皇权最大的威胁。由于宰相的特殊身份和地位，在百官中是最具威严的，他的一言一行，对朝中官员都有极大的影响。为制衡相权，宋太祖一方面通过设置参知政事一职，分化宰相权力，一方面又通过台谏，对宰相的言行进行监督检查，节制其滥用权力。宰相赵普的下台，虽说因为其做了许多违法之事，但这些事皇帝是不可能亲自查明的，而是通过台谏的举报而得知的。宰相的去留与台谏论劾也有很大的关系。

第二，监察在京诸部、司。宋代的台谏沿用唐朝旧制，用监察御史对中央各机构进行监督，目的是整肃吏治，提高办事效率。对朝中各部官员的言行举动，监察御史也有权直接向皇帝奏报，其积极后果，正如宋人舒辑所说："诚使应在京官局，御史得以按治一切，若监司之于郡县，其庶几人知畏向，而法度有维持。"

第三，监察地方，督责监司。监司是宋代中央控制州县官吏与地方行政的重要机构，又称外台，本身就是地方常设的最高监察机构，诸监司长官相当于地方的最高监察官。而御史台的职责就是督责监司来监察地方，如果出现"监司不职，则令言事御史弹奏"。因此，台谏虽然对地方官府和官员不直接进行监控，但通过其外围——监司，来达到监察地方的目的。

台谏制度的设立，还有利于制造臣子之间的矛盾，使之不至于结党成派，形成一定的势力和规模，这也是历代统治者所经常采用的制衡百官的方法。台谏官作为皇帝的耳目，有责任收集官员结党营私的罪证，并在皇帝的授意下当朝举报，给百官在心理上造成一定的压力，使之感觉到皇权的威严与监控网络的细密。

任何一种制度，如果失去了约束机制，必将很快走向灭亡。对权力的约束，可以使权力能够在其范围之内充分发挥其作用，而且不会出现权力的滥用。皇权在各种权力中是独一无二的，是一切权力的核心和出发点。维护皇权的独尊地位，只靠皇帝个人远远不够，还需要众多的耳目，对百官的权力作出制约。

宋太祖通过分权制度控制了全国的行政权后，也采取措施收回了财政权和司法权。

如果说政治属于上层建筑的话，那么经济就是基础。只有经济发展了，百姓才能安居乐业，国家才能繁荣富强。俗话说，巧妇难为无米之炊。一个国家如果没有足够的财力，根本无法进行建设，也就更谈不上富强了。宋太祖曾有在早年流浪时因没有钱而偷食莴苣，夜卧树下的亲身体验，因此对钱财问题有极深的印象。

当上皇帝后，他自己倒是不缺吃穿。但作为一代明君，他此时考虑的却是如何使天下百姓都能够衣食无愁，如何使国家府库充盈。这样，就想出了集中财权的办法。

唐末以来，国家财政一直吃紧，其原因是"方镇屯重兵，多以赋入自赡，名曰留使、留州，其上供殊鲜"。节度使在地方上专务聚敛，掊克民众，而上交中央的却是少得可怜。为增加中央财政收入，宋太祖采取强制措施，将各地的租税和商税一并收归中央。

乾德二年（公元964年），宋太祖下令："每岁受民租及管榷之课，除支度给用外，凡缗帛之类，悉辇送京师。"如此一来，便把各地的收入大部分收入国库，政府手中的钱物迅速增多。所有这些钱帛都存储在三司掌管的左藏库中，其用项主要是发俸、赈灾和军备。对此，马端临

评价如下：(太祖) 既欲矫宿弊，则不容不下乾德之诏；然纪纲既已振立，官吏知有朝廷，则不妨藏之州郡，以备不虞。固毋烦悉输京师，而后为天子之财也。

财政是政治军事活动的基础，节度使之所以割据自雄，最根本的原因是占据了一方的财政。唐中朝以后，朝廷不得不允许各地藩镇的租税留下自用。这样，国家财政就吃紧了。乾德三年（公元965年），宋太祖开始采取收回财权的行动。

他命令诸州除了有限的行政经费外，其余的物资收入，悉数输送转运到汴梁，不得随意占留。而朝廷任命的转运使，就负责这项任务。这就从根本上加强了中央，削弱了地方。当然，这也是要付出代价的。宋太祖同样没用武力，而是用和平赎买的方式解决的。他每年给节帅一笔丰厚的补贴，供其享用，交换了地方的财政。

五代时，各地节度使经常枉法杀人，对案件不报中央，自行处理。宋太祖对司法权看得很重。他说："人命关天，朝廷姑息藩镇，能像这样搞吗！我现在从朝廷任命文官，到各地州郡县任职，让他们直接对我负责，由朝廷直接控制他们，让那些节度使们不能再像从前那样飞扬跋扈。从今以后，诸州的死刑案件，都必须上报朝廷，由刑部仔细核准之后，才可执行。"这样，司法权也收归了中央，扭转了地方滥杀、专杀

第三章 集　权

的黑暗政治局面。

宋太祖虽以宽厚仁慈著称于世，但有时候对自己愤恨的人难免会有些打击报复的举动。对这些人的打击报复，宋太祖并不是明着来的，而是借助于别人的告状和一些事端来完成的。

郑起，原是后周显德末年的殿中侍御史，与宋太祖同为一朝之臣。当宋太祖羽翼渐丰，叛端初现之时，敏感的郑起就感觉到宋太祖有悖逆之心。他写信给当时的宰相范质，称宋太祖近来手握禁军大权，又有威望，希望能够引起朝廷的重视，不要发生谋国篡位之事。但是，范质并没有听郑起的忠告。直到宋王朝建立后，宋太祖听别人说起此事时，还耿耿于怀，便想收拾郑起。起初，宋太祖让郑起充任泗州市征这一个小官职，不久便因有人密奏郑起嗜酒贪杯，贻误政务而加以重罚，将他贬为西河县令。

另一个受到打击报复的官员是李崇矩。李崇矩曾与宋太祖同府共事，相交甚厚。原来每年宋太祖过生日，李崇矩都要派其子李继昌携带礼品登门拜寿。宋太祖对李崇矩一家也颇有好感，并曾一度想招李继昌为婿，与李崇矩结为儿女亲家，使两家的关系亲上加亲。可是，李崇矩不敢高攀，李继昌自己也不同意这门亲事，另外娶了一名女子为妻。宋太祖知道后，心里十分不平衡，认为李氏父子简直是不识抬举，便想找个机会发泄一下心中的怨气。后来，李崇矩将女儿嫁给了宰相赵普的儿子，此事让宋太祖心中更加不痛快，恰好此时，李崇矩门下的老奴郑伸因为得不到主人的信任和优待而怀恨在心，前来向宋太祖告状，揭发李崇矩作奸犯科之事，包括：李崇矩接受太原人席羲叟贿赂的黄金，私托翰林学士扈蒙授予席羲叟科考甲等，并举军器库使刘审琼为证人。此事后经查证，完全是郑伸的诬陷。后来此事虽不了了之，但李崇矩却因此获罪，被贬为镇国节度使。

虽然宋太祖在处理这两件事上带有情绪化的因素，但是，也给一些敢逆"龙麟"的人以警示，给大臣们以威压，提高了太祖驭下的威信。

宋太祖为废除五代之弊端，致力改革政治，以"杯酒释兵权"收天下之兵，以官职分离而收百官之权，以乾德之诏收天下财物于京师，把兵、官、财三权统揽于手中，使中国的中央集权政治步入高峰。这样做，对解除内部的后顾之忧无疑是一种高瞻远瞩性质的革新，但其带来的负面影响也是相当大的。用明代朱熹的话来说，"兵也收了，财也收了，赏罚行政一切都收了，州郡遂日就困弱，靖康之祸，房骑所过，莫不溃散"。

宋太祖通过一系列的措施和改革，削弱了地方节度使和各级官员的权力，并通过台谏制度牢牢地控制住了文武百官。从此，国家的大权都聚集在皇帝一个人的手里，君强臣弱，再也没有五代十国时的大将夺权之忧了。

第六节 佑文抑武

从周世宗柴荣身上，宋太祖看到：想当一个好皇帝，仅凭自己的辛劳是远远不够的，还要发挥其他人的积极性，共同努力，才能治理好国家。

周世宗是历代帝王中比较有思想的一位政治家。他在位第二年，便下令朝中诸官员，每人写一篇《为君难为臣不易论》和《平边策》，从百官的建议中寻找治理和统一国家的良方妙策。对内，周世宗继续推进并深化周太祖实行的改革，修明内政，改革军队；对外，致力于统一大业，数次御驾亲征以鼓舞士气。但是，周世宗的缺点也同样明显，就是事无巨细，大多亲自过问，对于百官不太信任。这样一来，势必牵扯了太多的时间和精力，时间一长，身体便吃不消了。终于，在他39岁那年，便因操劳过度而撒手西去，将江山社稷留给年仅7岁的儿子柴宗训，统一全国的愿望最终也没有实现。

宋太祖即位后，吸取周世宗的教训，重用一批文臣武将，将自己肩上的担子与他们分担，大大减轻了自己的压力。虽然宋太祖也有疑心，唯恐手下的文臣武将权力过大而威胁到他的皇位，但他深信，只要控制得好，便不会发生这种情况。而且，如果没有一批能干的文臣武将为自己办事,统一天下和治理国家的愿望将永远不可能实现。

用人问题一直是当权者最为关注的问题,古今中外,概莫能外。人才,对统治者来说,尤其是对那些锐意进取的统治者来说,是一笔极为宝贵的财富。有了他们,自己治理下的国家才会繁荣稳定,走向强盛之路。

任用一个人才,在政治上可以辅佐君主治理好内政,使国内政局稳定,人民安居。在军事上任用一个良将,可以为君主驰骋疆场,杀敌卫国。但是,一旦用人失察,负面的效果很快就会显露出来,小则搅乱政局,贻祸百姓;大则丧权误国,导致亡国之恨。

蹴鞠图轴

在历代帝王中,汉高祖刘邦可以算得上是知人善任的典型。他在取得全面胜利后大宴群臣时说的一席话很具代表性。宴上,刘邦问群臣道:"各位大臣,请你们如实告诉我,我为什么能取得天下,项羽又为什么会失掉天下呢?"大臣们议论纷纷。高起、王陵先后说到:"陛下让人攻城略地,常常把土地分封给臣下,能与天下人同利,所以得到大家的拥戴。而项羽则不然,他刚愎自用,妒贤嫉能,所以会失掉人心,失掉天下。"

刘邦笑着回答说："你们只知其一，不知其二。运筹帷幄之中，决胜千里之外，我不如子房；镇国家，抚百姓，给饷馈，不绝粮道，我不如萧何；连百万之众，战必胜，攻必取，我不如韩信。这三个都是人中之杰，而我能够重用他们，这才是我能够取得天下的重要原因。而项羽，即使手下良才成群，也不懂得珍惜，最后只剩下一个范增，况且还不能完全信任，这就是他被我们打败的原因。"

任用贤良的忠臣和奸佞的小人，其结果是截然不同的。东汉后期，宦官当权，连皇帝的命运也掌控在这些宦官手中，他们把持朝政，恣意妄为，对不同政见者横加迫害，多少忠臣义士成为刀下冤鬼、狱中冤魂。其中最有名的"十常侍"，更是坏事做尽，把原本强大的东汉政权搞得摇摇欲坠，外忧内患不断，最后被奸人利用，导致亡国。

对人才的使用，需要不拘一格，要充分发挥他们的作用，使之最大限度地为国为民造福。而对于那些善使诡术的小人，则要远离他们，切不可被他们的伎俩所迷惑，阻塞视听。否则，就会出现"一叶障目而不见森林"的后果。

宋太祖对文人的态度，有一个从看不起到尊重，继而到重用的转变过程。

宋太祖是武人出身，看不起文人。他认为文臣起草皇帝的诏书，不过是用前人旧本，略加改动而已，依样画葫芦，并非真有多大学问。一次宋太祖到太庙，见到里面陈列不少笾豆礼器，便问："这都是些什么东西？"有人告诉他这是在太庙举行祭祀时所用的礼器。宋太祖说："我祖宗谁认得这些东西！"命人尽数撤去，只用一般的食器，向祖先祭祀。儒家认为，国家的大事，莫过于打仗和礼法，而在务实的宋太祖眼里，礼法没什么作用。

不过后来宋太祖也确实感觉到，儒家的学问对自己治国有用。因为封建国家、皇权制度，总是需要进行礼仪活动，于是有关的种种规定与讲究，就非要儒家人士为之操办不可，所以逐渐地宋太祖就觉得儒生文士还是皇权这部车子上不可缺少的一个车轮。而且，宋太祖还发现重用文臣更有抑制武将的作用。他问赵普，文臣中有没有精通军事和武略的，赵普回答说，左补阙辛仲甫就是这样的人，宋太祖就任用辛仲甫为四川兵马都监。

宋太祖对赵普说："五代的藩镇非常残暴，人民深受其害，我现在任用了一百多名文臣中能干的人去治理各地的大藩镇，他们就是贪污卑浊，也不及武臣的十分之一。"从不喜欢到养士重用，正是宋太祖克服自我，服从治国规律的表现。

转变了对文人的态度后，宋太祖开创了自宋代以来的"养士"之风。优待文人，这在整个中国历史上都是不多见的。这股风气在他孙辈仁宗时见了回报，出现了范仲淹、欧阳修、韩琦、富弼等一大批杰出的人才，他们以天下为己任，品学兼优。

对内政，宋太祖重用读书人，让他们担任中央及地方的各级官员。他知道，文人都是长期受儒家学说教育的，深知忠信仁义等美德，而且大多聪明机敏，能够胜任所担负的职责。武将们则不然，他们的思想单纯，目光短浅，只知道使用蛮力拼杀疆场，对治理地方缺乏经验和能力，而且一旦地位升高，便会产生异心，导致变乱，危害国家的安定。所以，宋太祖不仅将地方的行政权和财权交给文臣，而且将地方的兵权也一并交由文臣负责。

宋太祖对人才的重视，从识人、运用科举制度选拔人才、爱护手下人才和提防小人四个方面体现出来。

第三章 集 权

用人首先必须识人。只有通过仔细观察和详细了解,明白无误地认识一个人的本性和能力,才可以放心大胆地把工作交给他,才可能取得预期的成功。倘若所用非人,或是被他人的甜言蜜语所迷惑,那么,失败就是必然的了。

自古以来,拥有权力的人,凡是能够知人善用的,大多能够成就一番事业。如果用人不分贤愚,不辨臧否而随意用之,或徇私情而用之,必然会导致失败。这方面的例子,充斥史书。周武王用吕尚而灭殷商;齐桓公用管仲而首霸于诸侯;楚用靳尚丧土辱国;秦用赵高二世而亡。

盛唐之所以强盛,是与君主圣明和臣子贤能分不开的。唐太宗时期,重用房玄龄、杜如晦等一批能臣,使得内政修明,军力强盛,遂有贞观之治。唐玄宗前期,也是励精图治,姚崇、宋璟等贤臣也是忠心辅佐,把唐王朝推向极盛,一时府库充盈,百姓安乐,外藩莫敢入侵,开元盛世的局面令无数政治家们盛赞。但是到了唐玄宗后期,不思进取,醉心玩乐,把贤能之人摒弃一旁,而重用李林甫、杨国忠等奸人为相,以致国家江河日下,政局混乱不堪,最后终因安史之乱而国脉寸断,匆

包 拯

匆结束了王朝的命运。

在宋太祖创立的大宋王朝中,忠奸也是非常明显的。忠臣中,有清廉断案、号称"包青天"的包拯,有精忠报国,威震敌胆的武将岳飞。奸臣中,最有名的应该算是与岳飞同朝代的奸相秦桧。他身为大宋宰相,不思为国分忧,尽忠报国,反而自甘堕落,充当金人的走狗,陷害忠良,出卖国家、民族利益,并直接导致南宋的失利和岳飞的被害。这两个对比鲜明的人物,一个流芳千古,一个遗臭万年。

宋王朝与其他王朝相比,其最大的特点就是重文轻武,以文人治国。在选拔人才上,宋太祖尤其重文。他一方面诏令翰林学士、文班常参官及诸州县长官向朝廷举荐,另一方面加大科举力度,希望从科举中选拔一批有用的人才。

虽然宋太祖对人才的渴望如饥似渴,但也不是良莠不分,一并收纳。

为了更真实、更有效地甄选人才,宋太祖恢复了武则天创立的殿试制度,亲自考核中举的进士,以防舞弊之举。

建隆四年(公元963年),宋太祖下诏说:研读透一本经书能让人白了头发。数十次应考才能登科及第,这是前朝贤人们埋头苦读的情景。开设科举选取人才,本来应当给予宽容政策才对。如果按照旧制度,参加科举九次而不中,就应停止该举子的考试资格,这实际上不能广开选贤才之路。从今以后,可以准许他们再来应试。正是宋太祖爱才惜才,才有后来的文治昌盛。

宋太祖坚持"取士之道,责实为先"。荀子在《君道》篇中说:"英明的君主急于求得治国的人才,昏庸的君主急于夺取权势,疏远人才。"公元964年,宋太祖下诏:国家得到有识之士的帮助就会昌盛。既然他们有聪明才智,就应该共同治理国家。推荐贤才者应该给予奖赏,大家应推举自己所了解的贤能之士。推选有贤能的人任职,必须力求名副其实。被推荐者必须为官清廉公正,还须通达世事,行动敏捷。而荐举者不得徇私舞弊,故意夸大其词,乱举庸人。

在得知有的主考官在取士方面受贿营私,而导致真正的人才得不到任用时,宋太祖十分生气,决定自己亲自考问中第的进士,当面答对以辨优劣。从此殿试便成为科举考试的定制。省试选取人才,殿试授予出身。

公元973年,新科进士10人,诸科28人一起到讲武殿面圣谢恩。宋太祖亲自考问这些人,发现进士武济川、三传刘睿应对失策,才疏学浅,于是便当场取消了他们的资格。后来宋太祖又听说武济川是主考官李昉的同乡,经过调查属实后,更感到事情的严重性。于是,下令给李昉降职处分,并对落榜生员重新进行考试,从中选出近200人,录取120人。

对殿试制度,宋太祖曾自豪地说:"以往得中科举者,多为官僚世家所占,使一般平民子弟入仕无门。如今朕亲临殿试,力求公正无私,尽革往昔之弊。"为进一步严格科考,选拔出真正的济世之才,宋太祖又下诏：规定地方长官必须选择有才学而且处事公正者担任诸州的考官。知贡举与考官同阅考卷，合格者则上荐，不合格者则放弃，不可使无才学之人受到优待。禁止不经层层考试而私荐举人，提倡检举告发，对告发属实者按等行赏。对弄虚作假的考生，一律退回原籍，不得再入科场。对徇私舞弊的考官，严惩不贷。

有一次，主考官宋白收受贿赂，取舍不公。为堵塞他人之口，他预先将考中者排名呈送太祖。太祖大怒，斥责宋白说："若榜出招致物议，当拿你杀头示众。"吓得宋白赶紧回去重改名次，如实汇报。另有一次，宰相范质的侄儿范杲在考前持自己以前的文章拜见主考官陶谷，希望得到陶谷的赏识。陶谷表示："若考中进士，当先以甲科取你。"后来，有人将此事告发给太祖，范杲因此被取消了考试资格。

在人才选拔上，宋太祖有自己的眼光和方法。他识才别有慧眼，并不看谁和他走动亲近，也不看谁是哪个派系的，而常根据一些细节评判人。

曹彬是宋太祖手下第一儒将。不过，曹彬发迹前只是个管茶酒的小官，又是后周皇妃的亲戚，似乎有些裙带关系。太祖统率禁军时，曹彬不怎么接近他，没有公事从不拜访。有一次，身居高位的宋太祖家里办酒席，向曹彬要酒。曹彬拒绝了：这是官酒，不敢给你。但随后又自己出钱买酒送给宋太祖。这是小事一桩，但宋太祖却非常感动。即位后不久，他在一次公开场合说："周世宗的旧臣中，不欺主的唯有曹彬一个。"太祖个性豪迈，却很喜欢这个清廉谨慎的人，因此让他掌军权。曹彬最终成了一代名将。

对于特殊人才，宋太祖打破陈规，破格擢用。宋初文坛上有一位大家柳开，博学多才，尤其在古文上有极高的造诣。但由于命运的捉弄，柳开参加科举考试屡试不中，头发都快白了，仍然只是一个举人。有人向太祖推荐柳开，说他才华出众，只是因为篆书写得不好，所以考试屡次落第。太祖听后，立即召见柳开，并对其学识之广博极为赞叹，破例特赐柳开为及第。

任用文臣担任边将，更是太祖的得意之举。灵武节度使冯继业残暴骄恣，经常带兵侵犯辽人边境，掠取羌人羊马，而且对部下少恩薄义，部下多有怨言。太祖因以前和他有旧谊，故决定把他撤换了事。在更换人选上，太祖经过认真考虑，认为泗州知府段思恭虽一介儒生，但刚毅果断，曾在眉州立有功劳。于是，便召段思恭入京觐见，任命他为灵州知州。太祖对段思恭语重心长地说："冯继业曾言灵州非蕃帅主之，戎人不服，虽卫青、霍去病名将，必见逐矣。意谓非我，他人不能治也。汝能治之乎？"段思恭回答说："谨奉诏。"太祖对他的魄力很是欣赏，于是鼓励他说："唐李靖、郭子仪皆出儒生，立大功，岂于我朝独无人耶？"结果，段思恭赴任后，矫正缺失，悉心安抚，周访民情，秉公断案，深得百姓爱戴。不久，"戎人不附"的灵州变成了"夷落安静"。

宋太祖爱才、护才，他的理念是：用其所长，避其所短，最大限度地发挥一个人的才能，再用法制、君威等约束限制他们的缺点。如果发现了他们的错误，也会视性质、情节加以回护。毕竟，因为一些小事而失去辛苦培养起来的人才，对统治是不利的。人无完人，用人者如果求全责备，那么没有一个是入眼的人才。

宋太祖起于草莽，兴于行伍，周围武人居多，身边缺少能规划天下，崇文兴礼的人才。加之五代时期，世风堕落，很少出有品德、有才能、有学识的治世之才。所以，宋太祖初得天下后十分爱惜人才，对臣下优厚，绝少滥杀，并注意从下层选拔优秀的人才。

据司马光《涑水纪闻》记载，太祖备有一个小记录本，用于对臣僚的考察与了解，不论是朝中官员还是地方官员，只要有一才一行可取者，不问资历和级别，都默默地记下来，等到某部门缺少官员需要补充时，就翻开笔记本，从中选用。对那些职位高而无真实才能的官吏，多处以无实际职掌的散闲之官，而品位低下的官员，只要有突出的才能，则多委以重要部门的政务。

建隆元年（公元960年），平定了淮南军李重进叛乱后，宋太祖任命客省使王赞负责扬州军事务。王赞为人清正，揭发奸邪，无所畏忌。宋太祖深识其才，知道他可任大事，特派他去治理兵乱之后的扬州。但王赞赴任途中不幸落水而死。宋太祖知道后十分悲痛，说："是我害了枢密使啊！"爱才惜才之情溢于言表。

爱才惜才，才能知人善用。宋太祖用人从不乱投子，都是对人才有了一定了解后，才把他放到适合的位置上。什么样的人适合做什么样的官，宋太祖心里是比较清楚的。他常说，贵家子弟只知道饮酒弹琵琶，哪里知道民间疾苦！于是规定：凡是以资荫得到出身的，都应先派其监当场务，不可任为亲民官。开宝八年（公元975年），教坊使卫德仁因年老求外官，他援引后唐同光年间旧例要求领郡。太祖

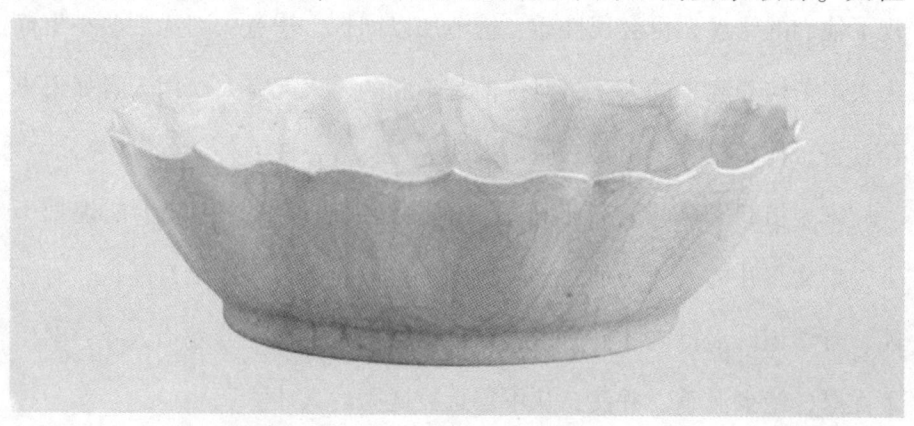

第三章 集 权

说:"用伶人为刺史,这是后唐庄宗的失政所在,难道可以效法吗?宰相拟授给他上州司马的职位,"太祖又说:"上州司马乃士人所处,不可轻授,此辈只适合在乐部系统内迁转。"于是,任命卫德仁为太常寺大乐署令。宋太祖不给卫德仁以实权,这其实也是对他的爱护。一个乐师求领一郡,多有不正当的希求,但本身又无统郡安民的才能。如果随意让他去了,他政绩败坏,为害一方,可能后果就不只是做不了大官的事了。

爱才护才有时要面临一个矛盾的选择:某些人犯了错误,是严格按照法制加以惩处,还是曲意回护。这是个复杂的问题,难以一概而论,需视性质、情节、环境而定。但有一点,统治术不是铁板一块,有时为了长远利益,可以对某些原则进行妥协。

对于有才能之人,太祖是极为赏识的,只要不是大错误,仍然重用和信任他们。有一次,西山巡检使郭进的一位部下因犯了军法,害怕受到处罚而逃到京城,并密告郭进与北汉暗中勾结,图谋不轨。宋太祖让人把他绑起来送给郭进处置。郭进很大度,对这个人说:"如果你是个好汉,应该在战场上建功立业,而不应当在底下搞这些小动作。如果你能够攻取敌人一城一寨,我不但免你死罪,还奏请皇上赏给你一官半职,就看你有没有这个能耐了。"一年之后,这个人果然在战场上立功,攻下了北汉的一座城池。郭进履行其诺言,将此人及一封请求封赏的书信一齐送往开封。宋太祖起初不答应,说:"这个人诬陷我的忠良,本当处死,居然新近立了功,但也只能赎罪。至于奖赏,就免谈了。"然后将此人又送还郭进。郭进再次请求说:"言必行,行必果。我身为朝廷将领,失信于部下,还怎能希望部下听从我的指挥呢?"太祖一想也对,于是赏给这人一个官职。

宋太祖曾经与中书令赵普在一起商议政事。太祖说："怎样才能得到像西汉的桑维翰那样的人来给我谋事呢？"赵普回答说："就是桑维翰在这里，陛下也不会用他，因为桑维翰爱钱。"太祖说："如果要用其所长，就应当庇护其短。穷酸书生的眼界短小，赐给十万贯钱就足以塞破他的屋子了。"

赵普是宋初第一文臣，在草创国家方面是宋太祖的臂膀。但他在金钱方面不够严谨，常有贪小财的行为。但为了留下这难得的人才，宋太祖对他睁一只眼闭一只眼，认为他贪小财不碍大德。

诸葛亮在《出师表》中说："亲贤臣，远小人，此先汉所以兴隆也；亲小人，远贤臣，此后汉所以倾颓也。"从中可见运用贤才、远离小人的重要性。宋太祖在用人之时，非常注重人才的品德，远离小人。

要治理好国家，统治者必须重用那些有德有才的能臣，远离搬弄是非、不学无术的小人。但在实际操作中，由于人的复杂性，很难分辨孰优孰劣，统治者也有可能被小人所蒙蔽。辨别小人的方法只能通过实践。俗话说：路遥知马力，日久见人心。小人可以一时用伎俩蒙蔽别人，但兔子尾巴长不了，他的劣性迟早会暴露无遗。

对贤能之人重用，并不意味着对投机小人的纵容。那些善于溜须拍马，谄媚取宠之人，在宋太祖眼中，是心术不正之人，断不能委以重任。

宋太祖因兵变而登帝位，因事出仓促，在举行禅位典礼之时，竟忘了准备禅文。正当大家紧张着急之时，翰林学士承旨陶谷不慌不忙地从怀中掏出早已拟好的禅文呈上，一时间救了急，禅位大典得以顺利圆满地完成。这样看来，陶谷可谓立了大功，帮助太祖解除了窘境，应该得到重赏。但是，从陶谷的人品来看，他又是一个善于投机，极尽奉承之人。他早已预料到举行禅位礼必定需要禅文，也算计到在匆忙中不会有人准备禅文，但他没有及时向太祖禀告。他觉得，如果这话说早了，不如说巧了。只有在大家都非常急的时候，他拿出禅文才更显得重要。而且，从禅文的内容来看，对宋太祖极尽吹捧，歌功颂德之词充斥字里行间，让人有一种肉麻的感觉。

在禅位典礼上，群臣对陶谷的举动，既羡慕，又妒忌，觉得陶谷在关键的时候凸显出来，必定会受到皇上的重用，后悔自己怎么没有想到这点，让陶谷抢了头功。

而在太祖看来，陶谷虽然文才出众，又在重要时刻帮了大忙，他内心是非常感激陶谷的。但在如何使用上，太祖又陷入沉思。用人，应该用德才兼备之人，而不应用多才寡德之人。他认为陶谷此举，完全是私心太重，见风使舵，邀功请赏，不符合他的用人标准。于是，太祖"由是薄其为人"。在以后的实践中，陶谷的本性也逐渐暴露出来，科考作弊，招致太祖的不满和责罚。

对于奉承投机的侍臣，宋太祖一向嗤之以鼻，不为其所动。有一次，一个军校向太祖进献一根拐杖。太祖看后，觉得没有什么奇异之处，便十分纳闷地问此人："此拐有何异于常拐之处而献之？"这个军校十分诡异地讨好道："陛下试着转动一下拐首，拐首即为剑柄，有兵刃藏于拐柄之中。平常可当做拐杖，危急时可以防不测。"太祖听后，淡淡一笑，将此拐杖掷于地上，说道："危急关头，此物果足依恃？"这个本想奉承讨好宋太祖的军校碰了一鼻子灰，太祖也因此鄙视这个投机的小人。

宋太祖有一个爱好，就是喜欢蹴鞠，也就是我们今天说的踢足球。闲暇之时，太祖经常与一帮臣子玩这种游戏健身，因此，朝中许多大臣为投皇上所好，都会踢两脚，有人还专门下大功夫苦练球技，以博太祖欢心。有个护国节度使郭从义，虽带兵打仗的本领平平，但有一个绝技——骑驴击球。一次他来到朝中，宋太祖让他在酒宴之后表演一下。郭从义一听，非常高兴，认为表现自己的机会到了，决定好好在皇上面前露一手，太祖一高兴，说不定会重赏提拔自己。只见他，换上紧身衣服，纵身跨上毛驴，手持球棍，驰骋于场地中，用尽平生所学，把大家看得眼花缭乱。当郭从义表演完毕后，太祖下令赐给他座位。郭从义满怀希望地想得到太祖进一步的奖赏，没想到听到太祖下面一番话："你的球技确实是精妙绝伦，但是这种事情，不是将相大臣所应该干的。"

宋太祖善于用人，他不但会识人、选人，而且对身边的人才关怀备至，对文臣武将都宽容以待。而对于小人和刻意奉承的人，他又避而远之。宋太祖开明的用人策略，为他招揽了很多有真才实学的人才，这些人才，成为宋太祖的左膀右臂，帮助宋太祖实现了治国大计。

第七节 大宋刑法

要巩固皇权,儒家理论只是从思想意识上引导人们要这样做、不要那样做,不具有较强的约束力。要想从形式上对违反儒家伦理的行为作出惩罚,只能通过法律来进行。

法律,是国家意志,尤其是统治阶级意志的集中反映,是规定人们行为的特殊规范,对全体社会成员具有普遍的约束力。从另一角度来说,法律又是立邦治国之本,是兴邦强国的重要工具,也是保证国家长治久安的基本条件。中国历史上许多圣明的君主,不仅注重制定法律,而且忠实地依法行事。既以法治国,又以法来约束自己,使之成为一把公正的尺子,衡量、纠正人们在社会生活中超越法律的言行。

中国自古即有立法,就是在奴隶社会,也是有立法的,只是这种立法是以刑法为中心而制订。据《史记·五帝本纪》中称:

"舜曰:皋陶,蛮夷猾夏,寇贼奸宄,汝作士,五刑有服,五服三就;五流有宅,五宅三居;惟明克允。"

五刑就是墨、劓、剕、宫、大辟五种刑法。舜帝是让皋陶用这五种刑法去给奸猾者判罪。"皋陶为大理,平民各伏得其实"。

也就是说，皋陶在舜帝朝中是个掌司法的大官，处理民间的纠纷很公正，所以奸猾者服刑，百姓得到了保护。中国奴隶社会的《舜典》、《尧典》等一些法典虽然在秦始皇统治时被焚，没能够保存下来，但从其他的文献中也能知道，起码在尧、舜时期，这块东方古大陆的人群中已经有了比较系统的刑法。秦以后的中国各朝，如两汉、三国、晋、南北朝的各个政权以及隋、唐、五代十国，有的政权是自制刑律，有的政权是依循前朝，虽然有执行力度的不同，但每个政权都有刑律。

宋太祖建立的宋朝是个重视立法的政权。早在建隆三年（公元962年），宋朝建国不久，工部尚书、判大理寺（掌刑狱之官）窦仪奏称："今国用法典，虽引《大周刑统》（后周世宗详订的法典），其条目繁多，法意不明，不便使用。"并建议修订和编纂一部统一的法典。宋太祖听后觉得有理，随即下令让窦仪和尚书屯田郎中、权大理少卿苏晓等主持修订。

宋初，宋太祖在没有制定出新的法典之前，沿袭的是唐朝的《唐律》和后周世宗皇帝柴荣制定的《大周刑统》。宋太祖初建政权，是时没有成熟的法典来用于新政权的执法。但他却能先采用《唐律》、《大周刑统》为治国法典，由此可见，他的法治意识是很强的。

宋太祖的前半生生活在征伐杀戮、暗无天日的五代十国时期。他对五代十国时期的一些无视法律、道德败坏、没有伦理的统治者痛心疾首、恨之入骨。在十国中，占据湖北的荆南政权开国者高季兴，是个地地道道的无赖，在他的统治区根本无法律。因为荆南地处南北东西之要冲，他常常非法扣留来往使者，掠取财物。他之后的统治者，亦无一不是压迫百姓、剥削人民的暴君。最后的两个统治者高保勖、高继冲，荒淫无度，大兴土木，广造台榭，民间怨声载道。建隆四年（公元963

第三章 集 权

年）正月，宋太祖趁湖南政权求宋朝援兵时，派军出征湖南，假道荆南，将荆南政权消灭。

割据岭南两广地区的南汉政权，更是一个无法制道德的国家。南汉统治者骄奢淫逸，极尽享乐能事，国事腐败。统治者对人民百姓严刑酷法，设置灌鼻、割舌、肢解、刳剔、炮炙、烹蒸等酷刑，残忍至极，不可目睹。宋太祖对南汉统治者残害百姓、欺压人民的罪行异常愤恨，叹息愤慨道："吾当救此一方民。"命潘美将兵伐之，消灭了南汉政权，擒暴君刘𬬮入京。

宋朝前面的五个朝代是后梁、后唐、后晋、后汉、后周，这几个政权则以中国自居，知道礼仪法度，建立政权后，或袭前朝法律，或自制法律，也都算是有法度的朝代。但问题在于这些朝代的皇帝仅仅是在沿袭成法或在模仿前朝，自身却很少有法律意识，因而也不屑于运用法律来管理国家。他们身上体现了专制者的本质，把自己当成法律，统治手段就是专杀，杀戮常常是肆无忌惮的。

老子在《道德经》中说："常有司杀者杀。而代司杀者杀，是代大匠斲。夫代大匠斲者，希有不伤其手者矣！"老子很早就发现专制的弊端，提出法制的观念。他说："平常应该是主管刑律的部门去给人判罪。如果你代替执法部门去给人判罪并且杀人，就像是没有技术的人去代替石匠凿石一样。而代替石匠去凿石者，很少有不伤手的。"五代时期的统治者以人主自居，常常把自己当做是执法者，代替执法部门去判罪杀人，能不伤手吗？这里的伤手自然不是砍了自己的手，而是失去自尊，暴露了本相，因而也招致人怨和仇恨。所以，这些统治者的专杀最终也使他们付出沉重的代价：失去人心，丧失政权。

正因为有鉴于此，宋太祖十分懂得建立法制的重要性。在宋朝法典未编纂出来之前，他就经常有意识地引导人们对法律程序加深认识。

宋太祖即位之后，很喜欢读书，以学习历史，以史资治。一日，他读《尚书》，读到其中的《尧典》、《舜典》两篇，慨然叹息道："尧、舜之时，四凶止从投窜，何近代法网之密耶。故自开宝以来，犯大辟、非情理深害者多得贷死。"

所谓四凶，是尧、舜时期四个凶恶的人。尧帝未能除掉这四个人，舜帝流放他们，并将这四凶迁于四裔，以御魑魅。宋太祖有感于舜帝不将四凶治以死罪，而只流于四裔，赞赏舜帝执法有度，而慨叹当今法网太稠密，以至于往往因过密过严而使有人冤死，他要尽量使法律法规合情合理。

宋太祖是个重视法制者。刚做了皇帝，他就想把法制运转程序规范化，要求事无巨细，均要照章办理，就连皇帝也不能例外，这在历史上倒是很少见（但仍缺乏保障机制，因而还是人治）。宋太祖即位之后，就有意识地引导人们对法制程序进行完善。

杨万里的《诚斋集》中记录了太祖这样一则故事：宋太祖曾下令后苑造一薰笼。过了几天，仍不见有人来建造。太祖很生气，斥责左右说："做事为何拖拉至此？"左右回复说："为皇帝制作器物要按照规章制度，先经过尚书省，尚书省转给有关部，部再转给相关的局，这样层层转达，然后再层层回复，待手续齐备之后，才开始制造，然后才能进献给陛下。所以，制作一件器物需要很长时间。"

太祖听后不由发起火来，对宰相赵普说："我在民间时，用数十钱可购一薰笼，今为天子，乃数日不得，何也？"

赵普答道："此是来自条贯，并非为陛下所设，乃为陛下子孙设，使后代子孙若非理制造奢侈之物，破坏钱物，以经诸处行遣，须有召谏理会，此条贯大有深意。否则，上行下效，奢侈成风。因此，您应该为此作为表率。"

太祖听后转怒为喜道："此条贯极妙。"

条贯即当今所说的条文，也就是法规。从此事可以看出，宋太祖有着比较强的法制观念，他是要用法律法规对社会秩序和行为进行规范。这种意识虽然囿于历史条件不可能完全实现，而且作为一个封建皇帝，他不可能以失去专制权力为代价去完全实施法治，但他毕竟做了不少可贵的努力，因而也在法制建设上独领风骚。

中国是个有史以来即重视刑律的国家。《诗经》有句："仪式刑文王之典，日靖四方。"由于刑法之不可少，宋太祖修订了《宋刑统》，以靖民众。"靖"是"安"的意思。他下诏说："纲欲自密而疏，文务从微而显。"所谓纲，即纲要，总纲大要也；所谓密，缜密也；所谓疏，义理通明也，宋太祖要求法典要缜密细致，义理通明。所谓微，精妙也；所谓显，通达也，又要求法典的文辞内容要精妙通达。

按照宋太祖这一修订法典的原则，翰林学士窦仪等在不到一年的时间内修订成《宋刑统》，并编成《新编敕》4卷，分213门，共30卷，首列律条、律疏，以下按顺序分列敕、令、格、式。其中的敕、令、格、式则是前代法律条文中没有的，成为一部有独创性的新型法典。

经窦仪等人的不懈努力，《宋刑统》很快修订成书，宋太祖十分高兴，知道在修订法典上选对了人。当时，宋太祖欲作法典，寻觅适当人选，遂与宰相范质商量。范质推荐了窦仪。窦仪是后晋时的进士，素有学名，清介重厚，不畏权势，精通法典，文辞优美。当宋太祖知道他在端明殿当学士时，特令窦仪再回翰林院出任学士，并对范质说："非斯人不可处禁中，卿当谕以朕意，勉令就职。"窦仪出任翰林学士后，奉

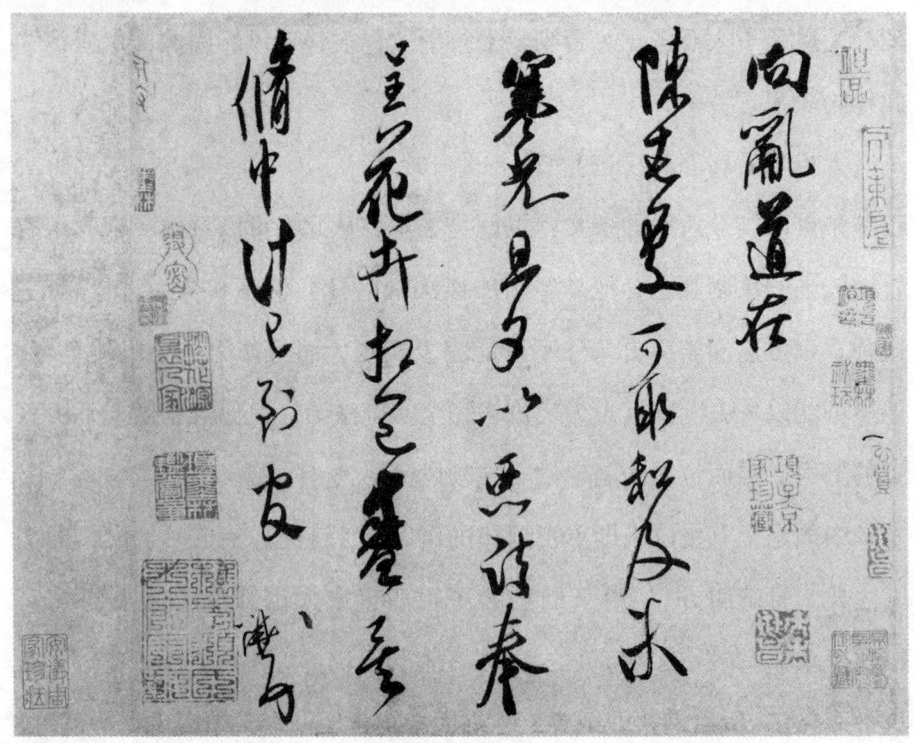

米芾书法

命修订法典，进表奏太祖，明确指出编纂这部法典的主要目的，是要使普天下之人共同遵行，使国有常科，吏无敢侮。听他这样说，宋太祖更加赞赏，这一说法正与宋太祖一致。因为宋太祖能够认识到，中国历来是礼不下庶人，刑不上大夫，既然民为邦国之本，就要尊重国民，因而制定新的法典就要体现出民为邦本的思想，不能只针对老百姓，而是各层人士都得遵行，官吏们既有驭民之责，也就更要有模范守法的义务和责任。

建隆四年（公元963年）七月，《宋刑统》连同《新编敕》4卷一同刊板摹印，颁行天下。这部带有民本思想的法典在全国立即生效，官民一体，都要遵行，无分阶级，从此结束了长期以来混乱的司法历史。

有法可依，有法必行，这就是法治。《宋刑统》的颁用，对于宋朝各地司法机关依法办案、规范司法程序、实行统一法律、防止司法官员徇私枉法起到了重要作用。充分体现了宋太祖以法治国的思想和以法治国的内容。

在封建皇帝的统治下，封建社会也可以有法治国家。遵行法制，以法办事，这就是法治国家的标志。与以往也崇尚法治的秦、汉等朝不同的是，宋朝的法治具有更多的民本性和公理性，也不再具有更为严酷的刑罚，这正是宋太祖引以为欣慰的。

为此，他意识到抓紧进行普法宣传的现实性，诏令全国各地认真贯彻《宋刑统》，以使官吏和民众共同树立法制观念。

开宝二年（公元969年）四月，有关人员就四川地区存在的执法不严情况，向宋太祖提出建议，称："朝廷自削平川、峡，即颁《宋刑统》、《新编敕》于管内诸州，具载建隆三年三月丁卯诏书（指关于诸州处决死刑犯，须录案奏闻，报刑部详复的命令）及结状条样。而州吏弛怠，靡或遵守，所决重罪，祗作单状，至季未来上。状内但言为某事处斩或徒、流讫，皆不录罪款及夫所用之条，其犯者亦不分首从，非恶逆以上而用斩刑。此盖兵兴以来，因寇盗之未静，率从权制，以警无良。分即谧宁，岂可弗革？望严敕川、峡诸州，遵奉公宪，敢弗从者，令有司纠举。"

这篇报告充分表达出地方官员对新颁刑法的熟悉程度及其对新占领地方进行法治的需求。地方官员对《宋刑统》既已颁布，而州吏弛怠，靡或遵守的现象表示气愤，认为既有法典，就应率从权制，以警无良，并要求朝廷严敕遵法，有不遵法守法者，要求有司纠举。

由此可见，《宋刑统》在全国颁布影响是多么大，也可以看出地方官吏已经有了很强的法制观念和积极要求以法治国的愿望。朝廷既已颁行了统一的法典，各地完全可以做到有法可依，而新占领地区也应该和其他地区一样普法、执法，官吏的这种要求充分表明，此法是可行的，宋朝原属地的官吏有着执行新刑法的自觉性，说明宋朝的法制通过《宋刑法》已经得到完善，人民对以法治国的政策也已经认可。

一部《宋刑统》产生了深远的影响，后世的人们也对宋朝的法制给予了很高的赞誉，文学上有反映宋朝以法治国内容的作品，戏剧和说唱艺术上反映宋朝法制的作品也每每所闻，"包公"认法不认权的形象至今为人民所传颂。所以说，在中国封建社会中的朝代里，宋朝算得上是一个做得比较好的封建性质的法治国家。宋太祖在封建社会诸多的帝王中，也算得上是一个崇尚法制的封建皇帝。

宋太祖以法治国，并不只是作一部法典就算了事，他不但注意法典在国家的贯彻执行，而且认真挑选执行和掌握法典的人，从而达到以法治国的目的。宋初，由于刚从五代发展沿袭而来，必然法制不健全，司

第三章 集 权

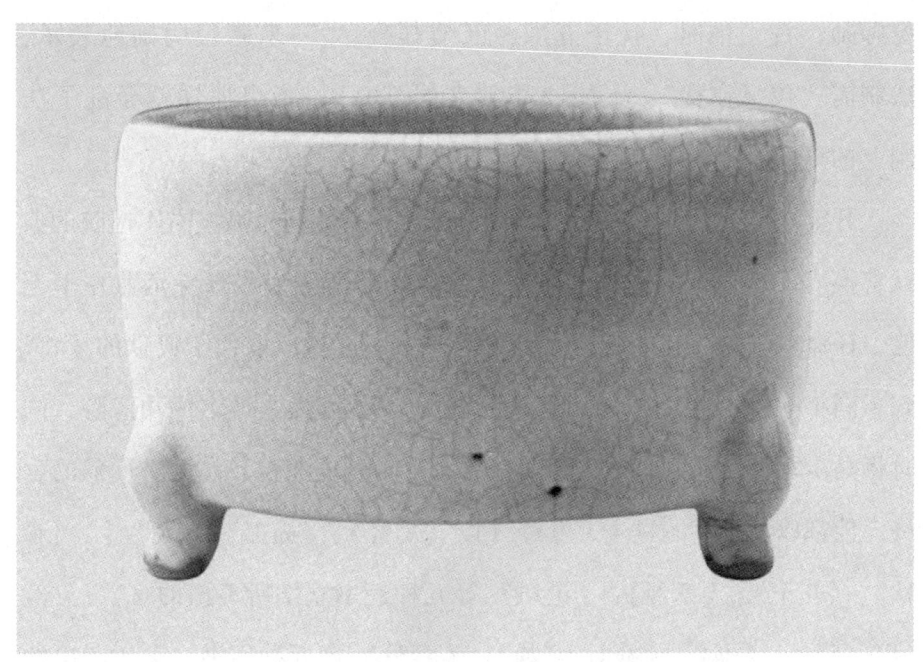

法活动仍是实行军事干预。譬如在京城开封设左右军巡院,在诸州设立州司马步院,以此来进行司法工作,管理监狱,由军中都虞侯担任审判官。在地方和京城里,州府军队管理的监狱为了防止犯人逃跑,在监狱之外又另修了一道子城加以环卫,司法者则不经一定的程序,动不动就关押人犯。

宋太祖对军队干预司法的事是了解的,因为他在后周军中也曾经干预过司法。在攻下南唐所属的滁州之后,如果不是赵普反对简单地照搬法律,建议他对军方捕获的一百多个所谓的盗贼先审讯,然后再判决,他也差一点冤枉了七十多名并非盗贼的无辜者。正因为认识到了军队干预司法和严用刑罚的弊端,所以他即位之后,曾下令禁止各地州府在监狱之外再另外加修子城。

据《史记·夏本纪》所记:"皋陶曰:'日宣三德,夙夜浚明有家;日严祗敬六德,亮采有国。翕受敷施,九德咸事,俊乂在官。百僚师师，百工惟时，抚于五辰，庶绩其凝。'"皋陶很明确地表示，法制需"俊乂在官"，不能"非其人居其官"，指出那样就会乱了法制上的事。

开宝六年（公元973年）六月，宋太祖首先将京城左右军巡院的典狱官换成了非军人的文官，任命前馆陶县令李蕚为光禄寺丞兼左军巡检，任命安丰县令赵中衡为太府寺丞兼右军巡检，取代了典狱的牙将。到了同年七月，他又进一步废止各州的州司马步院，改名为司寇院，同时将马步军都虞侯判官改名为司寇参军。对这些职位较高的掌刑狱的官员，他都以新及第的进士、九经（以《易经》、《尚书》、《诗经》、《春秋》、《礼记》、《孝经》、《论语》等九种经书立学所考出的官）、五经（以《诗》、《书》、《礼》、《易》、《春秋》这五种经书立学所考出的官）及选人资序相当者来充任。

正可谓"济济多士，秉文之德"。宋太祖任用有文化、有知识的人担任地方司法官员，这对于贯彻执行法律自然是很有利的。文人们过目即懂，对法制内容容易掌握，接受法制教育也很快，能够准确地利用法律条文去处理案件，对于严格执法和依法办事都有积极作用。

基于对军人干政、干法的体验和认识，宋太祖立志要以法治国，而要达到这一目标，就必须在官吏以及全社会贯彻和树立法制观念，用现在的话说就是普法教育。因此，他大力提倡读书人学法，以通吏道。为了培养和选拔法律人才，他特地设置了律学博士之职，教授法律，在中国历史上首创法学。又在科举考试中设置了刑法考试，既以宋朝法典《宋刑统》中的内容为考试题，奏补人愿试刑法者，兼治（学习）两小经（《新编敕》及涉及各个方面的法规），如中选，即入大理评事，或任刑司检法官，可逐渐升至刑部尚书。

第三章 集　权

刑法试的设立,为立志于司法工作的读书人开辟了一条进入最高司法机关的途径,同时也使宋朝的法典在文人中得到广泛普及,这都是史无前例的。

还在建隆三年(公元962年)八月的时候,知制诰高锡建议说:"对注授法官及职官,问书法十条以代试判。"就是对委任司法职务的官员,要以十条法律知识来进行考试,对不知法律的人不宜授予司法之职。宋太祖采纳了这一建议。为了真正实现以法治国,后来他又把这条建议列入考核官员政绩范围,要求为吏者必须明白法令。

正如皋陶所谓"俊贤在官,目吏肃谨"。宋太祖重视对俊贤的发现,十分留意有司法才干的官员,努力做到人尽其才。此外他还留意听

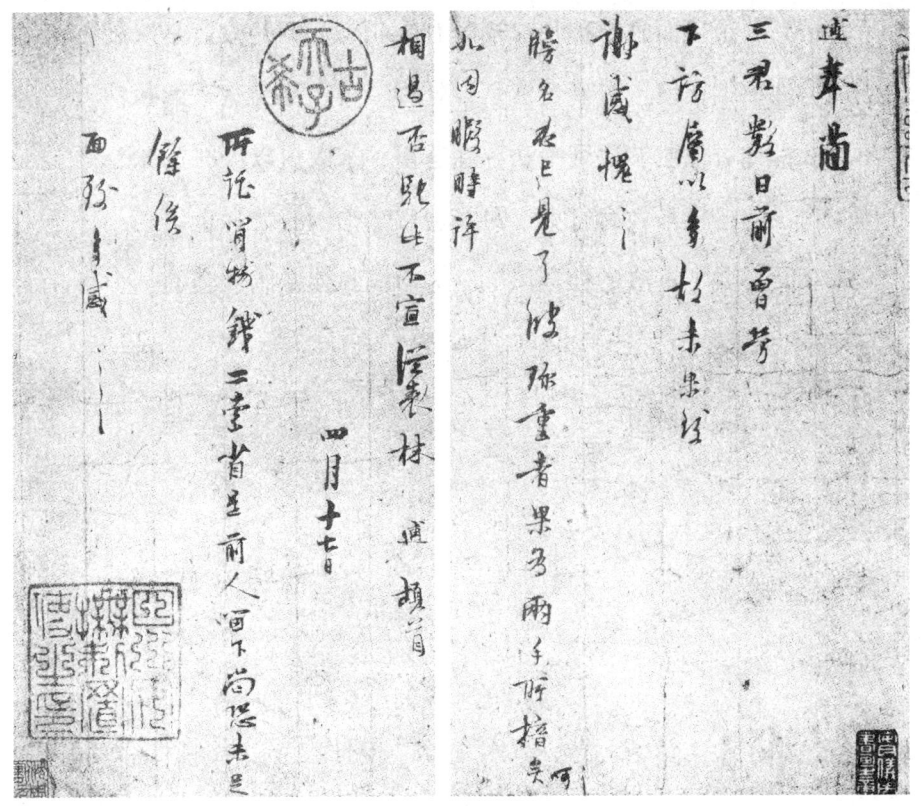

林逋手札

地方官吏的断案，对民间的案情中含冤者予以怜恤。因此对司法官御史、大理的任职选用十分小心，决不轻易草率用人。他曾在任命殿中侍御史冯炳为侍御史知杂、判御史台事之后，特意召见冯炳，嘱咐说："朕每读《汉书》，见张释之、于定国治狱，天下无冤民，此所望于卿也。"

《汉书》中所记载的张释之是汉朝文帝时人，任廷尉（掌刑狱，为九卿之一）。一日，汉文帝行出中渭桥，因有一人从桥下走过，文帝的马因而受惊。于是侍卫将这个人捕获送到了廷尉那里。张释之怕冤枉此人，当即奏道："这人论法当罚金。"汉文帝大怒，欲重罚。张释之说："法者，天下公共也，今法如是也，更重之，是法不信于民也。"文帝听了，悟到了道理而息怒称是。当时有个叫于定国的人，是汉朝宣帝时的廷尉，他决狱审慎，有疑者皆从轻处理，被人称为宽平的执法者，当时不少人都称赞他能够决疑平法。在这里，宋太祖以汉时的张释之、于定国为执法的榜样来教育官吏，可见他以法治国心之深重。

宋朝时形成了重法的社会风气，为中国封建专制社会的一个奇迹。

第八节 以法治国

周公制礼，孔丘传儒，成为中国千百年来恪守的道德规范，才有了今天社会良好的传统文化。"有理走遍天下，无理寸步难行"，更是耳熟能详的俗语。可以说，使中华传承五千多年的关键，并不是帝王将相的雄才伟略，而是一个"理"字。

法制，即法律制度。《周礼·月令》中称："命有司，修法制，缮囹圄，具桎梏。"在封建专制社会中，法制是统治阶级按照自己的意志，通过政权机关建立起来的法律制度，包括法律的制定、执行和遵守，是统治阶级实行专政的方法和工具。这与民主、共和体制中由人民当家做主、通过民主立法程序建立的法制是两回事，有着本质的差别。

不同品质、不同时期的封建帝王都会立法。而立法的标准、立法的性质也就有了区别，独裁势力可以用法律来限制和压迫人民，而人民的立法也可用来保护自己，限制专制特权。怎样的法律才是更合理的呢？合理的法律在于一个"公"字，在于合乎尽可能多的人类公理，在于体现尽可能多、尽可能高的人类道德标准。这是因为，进步力量是人类社会的主体，在这种主体力量中体现的价值评判才能体现尽可能公正合理的道德标准，只有符合或接近这种主体力量所约定的公理的法制，才

能体现最多、最高的人类价值。借用一句数学名词：只有体现最多人类价值评判的法律，才能体现出最大的道德公约数。

宋太祖尊重法治，但并不是一味地严法、苛法。他以仁治天下，在尊重法律的同时，也讲人之常情，做到法制与道德的双结合。

这里有个故事：宋太祖登基的第二年，在金州安康郡（今陕西安康）有个叫马从记的百姓，妻子早死，留下他和儿子马汉惠。后来马从记又续弦，娶一寡妇，带来一位男孩，马从记为他取名马再从。马从记的亲生儿子马汉惠长大以后，品行不端，道德败坏，逞强为霸，横行乡里。继弟马再从因看不过马汉惠的所作所为，经常加以劝告，马汉惠竟将继弟马再从残害至死。做父亲的马从记十分气愤，同全家商量后，便与续妻共同杀死了残暴的儿子马汉惠。

马从记大义灭亲，在封建社会里可算是个忠良之人，因而受到乡人的赞誉，但却触犯了刑法。因为从法律上来说，马从记杀人就是犯罪，按律当斩。于是，金州防御使仇超、判官左扶就将马从记夫妇及全家人逮捕，以杀人罪斩杀了马从记全家。

马从记因大义灭亲杀死儿子马汉惠，却被官府斩杀之事在乡里反响很大，此事传到朝中，被宋太祖知道了。他对金州官府的判决勃然大怒，斥道："大义灭亲，罪岂至死！"他从道德的观念认为，马汉惠横行乡里、残害继弟的行为已经构成对社会秩序和伦理道德的破坏，罪当诛杀。其父母将马汉惠杀死是大义灭亲，虽然从法律程序上讲不过去，但从情理上却是行得通的。金州官府不问是非就将马从记判死刑，是钻了法律空子，故判定死罪，又将马从记的全家诛杀，简直是惨无人道。因此，宋太祖怒责金州官府触犯法律，草菅人命，立即命有关部门严肃查处，结果仇超和左扶等人都被杖流海岛。

宋太祖通过对金州大义灭亲案的干预，是让地方官对判死刑的这类法律案件持慎重的态度，以防止下官草菅人命。为了使判处死刑的量刑做到程序规范化，宋太祖根据金州大义灭亲案的处决不公、不合情理这一问题，专门发布了一道诏令："对犯大辟需判处死刑的犯人，应当送所属州、军鞫（勘验狱辞）处之，不得随意处断。"

《道德经》中说："法令滋章，盗贼多有。"老子以自己的法制观念，针对法规、法令说出了这样的话，带有极深的哲学色彩。他这句话的意思是说，法令越多，那么社会上的盗贼就越多。如果没有了盗贼，那么就没有法令了。但老子的意思并不是说没有了法令，社会上也就没有了盗贼,他这句话含有法令应谨慎,不要太多地限制人民,而使一些盗贼钻法令的空子,依法犯法的本意。

从上例来看,金州马从记夫妇大义灭亲,金州防御使仇超和判官左扶就是依据杀人者死的法令,来武断地判定马从记夫妇及全家杀人,杀人者当死,从而使案情简单化,草菅人命。如果仇超等人对金州大义灭亲案持慎重态度,进行详细审理,给马从记定个越俎代庖罪而酌情轻判,且不罪及其他人,于情于理就顺畅多了。如此,宋太祖决不会盛怒,而仇超等人也决不会被杖流海岛了。

在封建社会里,由于皇帝本身就是法律,皇帝可以生活在法律之外。在这种体制下,官吏很少有法制意识,他们把皇帝的话当做是最高法律。所以宋太祖过问金州大义灭亲案,又下诏不得随意对死刑做处断之后,各地方的司法审判官员,在地方上审案都十分谨慎,对案件不敢轻易判决,许多案子都要上奏听从圣裁,而造成了从一个极端走向另一个极端的倾向,又使宋太祖哭笑不得。在当时的历史条件下,这是一件令他犯难的事,他很难解决这个矛盾,找不到症结,认识不到这种弊端缘自专制社会本身。他气恼地方官吏没有法制意识,唯皇帝之言为法制,他又很清楚地知道,地方官吏的这种做法无非是推卸责任,因此下诏对诸州道府进行了严厉批评,又下令让地方司法部门"依法断狱,毋得避事妄奏取裁,违者量罪停罚。"

国家制定法律法规,一方面要严厉打击和制裁危害社会的犯罪分子;另一方面也要防止一些执法者依据法律法规办客观上犯法的事,宋太祖经常考虑这个问题。三国时对于法律的制定,在刘备和简雍君臣之间有过讨论。当时蜀国旱灾,粮食歉收,于是刘备便下了禁酒令:酿造酒者以刑论处。当时有官吏从民家搜出酿造酒的工具,论罪要将这家藏酿具者与酿酒者一样定罪。为了纠正偏颇，简雍与刘备一块儿外出游观景物时，见有一个男子行于道，简雍借机说："这个人欲行奸淫，怎么不把他抓起来呢？"刘备说："卿怎么知道这个人要行奸淫呢？"简雍正色答道："这个人身上带着淫具，与家中有酿酒具欲酿酒者是一个道理。"刘备知道简雍的用意后大笑，因而将收藏酿酒具的人释放。据法犯法，说明法规的解释往往有不周全的地方，有漏洞，这是需要加以防范的。

有鉴于此，宋太祖在法制建设上很是慎重：一方面，他认为国家必须有法制，必须以法制来积极维护社会秩序、保护人民的利益；另一方面，他又认为制定的法律不能伤害人民，不能用法律去草菅人命。为此他要求各地的司法官要依法断狱，而对需判死刑的人，规定州、军要勘察清楚，仔细审讯，详细调查后再做决定，以防止草菅人命。

从某种程度上说，法律与道德是对立的。从道德中的"礼"演变而来的"理"是用温和的方式教化人民，而"法"却是用暴力手段来解决问题。但从实质上来看，"法"的依据恰恰又是"理"。包拯、海瑞等之所以能够成为流芳千古的清官，其根源就是他们在执法时时刻把"公理"放在心中。

俗话说，杀人偿命，欠债还钱，是天经地义的事情。凡事都是有得必有失，在你以损害他人的利益或生命为代价的前提下得到了本来不属于你的东西时，你就必须为此付出代价，而衡量它的中介，就是"法"。作为对社会具有普遍约束力的法，从理论上讲，对每个人都是公平的，无论是位高权重的高官，还是家财万贯的富商，在法律面前一律平等。但是，由人制定的法毕竟带有一些时代和文化的烙印，实施起来难免有一些例外。

集中司法权，限制地方官随意用刑，徇私枉法、草菅人命，是宋太祖对各地百姓的一个极大的恩典。宋太祖曾对身边的宰辅们说："五代诸侯跋扈，大多枉法杀人，而朝廷置之不问，刑部的职能几乎废罢。而且人命关天，姑息藩镇，能这样吗？"于是下令，各州府判决死刑案件结束后，应将有关案宗及时上报中央，由刑部负责复核，经审查核实无误后，州府才能根据刑部的最后意见处理。

人无完人，每个人在一生中都会犯或大或小的过错。而法律，其主要目的并不是惩罚犯罪的人，而是警诫人们不要犯罪，即古书中所说的"非罔人也"。因此，对犯法之人如何处置体现出一个国家和一个君主的治理理念。宋太祖被称为爱民如子的贤君，自然十分珍惜老百姓的生命。他即位伊始，便下令窦仪等人参照前代法律，并根据目前社会的现实，重新修订了《宋刑统》30卷及《编敕》4卷。这样，对各级官员尤其是主管刑狱的官员来说，为他们断案和处理民间诉讼提供了参照，避免他们在断案中任意用刑，徇私枉法。对百姓而言，从中也明白了哪些事情是违法的，知晓了什么事情该做，什么事情不该做，这从客观上减少了犯罪率。

初建时期的宋朝由于没有自己的法典，而采用了唐朝的《唐律》和后周的《大周刑统》。虽然有法可依，但正如老子所说的"法令滋章，强盗多有"，司法者或者擅自专杀，或者避事枉奏，换言之，即执法者可以钻空子，随意判案。为此，执法者是否称职，如何任用称职之人也就成了关键问题。

皋陶说："非其人居其官，是谓乱天事。"有司法权的官吏如果法制观念不强，法制执行也难以健全，宋太祖纵然今天一个诏令，明天一纸圣裁，也根本无法解决问题。在这种情况下，他认识到，必须建立一套系统的法制制度,从法制体制上进行变革。

大凡办任何事情,历史的经验都应加以高度认识。这就要谈到宋朝以前的司法状况。五代时期的司法特点,基本上是以军校治狱,武人司法,实行军事干预。为此,在军队组织中设置了马步司左右军巡院狱。由不懂法律甚至无视法律的军人来审理和判决案件,这种状况直接导致了州镇专杀、司狱者轻视人命的严重后果。

对五代时期这种由无视法律的军人来审理和判决案件的状况,宋太祖十分憎恶。正是为了避免州镇专杀,司狱者轻视人命的现象,他就将

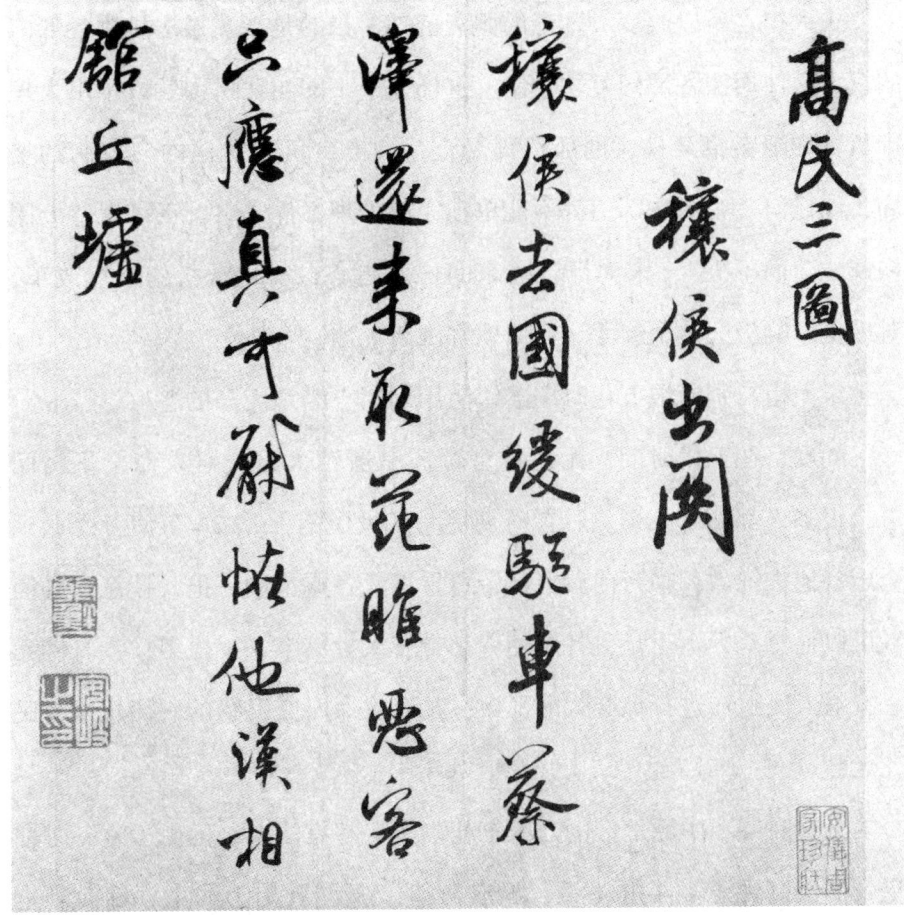

米芾书法

司法权集中到中央，确立了分工明确的司法机构，设置上大体仿效唐朝。唐朝司法制度是大理寺负责详断各地奏报案件，并设大理狱关押犯人；刑部则负责复查全国死刑已判案件及官员叙复、昭雪等类事。由于五代时期法制的全面破坏，军校治狱，武人司法，唐代这一明确的司法分工已是名存实亡。宋太祖即位后，就按唐朝的机构设置司法官，并且对唐朝制式的司法机构进行了改革。为了防止大理寺用法之失，就把大理寺改成慎刑机构，不再设监狱，而把监狱移归到御史台（专掌监察、执法）。慎刑机构的一个"慎"字，足以体现宋太祖的某种心迹。

宋太祖之所以改变大理寺的职责范围，目的是平衡司法机构各部门的权力，使司法各部门互相牵制。这样，中央的司法机构就成了由大理寺负责详断奏报案件，刑部负责复查，御史台负责执法的三权制约格局，使任何一个司法部门都不能单独完成处理案件之事。正可谓"天网恢恢，疏而不失"，宋太祖以道家的仁慈之心，对司法机构进行改革，对后世影响极大，金、元、明诸朝都因袭此法。

宋太祖特别痛恨五代时期藩镇滥用刑罚、滥杀无辜的恶习。

的确，在五代时期，无论是皇帝还是藩镇大将，对人命全不当回事，很多人都死于无辜。后晋时期更是如此，有一次36名使者受派到全国各地去征敛，临行前后晋出帝石重贵竟各赐宝剑一把，授意这些使者可以任意杀人。于是，各路使者都带着大批吏卒，手执刀杖，有恃无恐，对人民财产进行掠夺式的征敛，凡有抗命不交财物的一律斩杀，民死无数。

五代时期，中原地区的几个王朝事实上都有法典，但由于这一时期皇帝的法制观念多半并不强，虽有法律，那也只是为约束百姓而制定的，并且在执行力度上也是根据自己的脾气、性格、心情的好坏去执行。

后唐明宗时，虽然明宗李嗣源在治理国家上有些建树，但在执行法律上也只是逢场作戏。譬如，有一日他听到巡检使浑公儿奏报说，有两个人用竹竿在练习格斗，犯了不准私自习武的罪。于是明宗就派石敬瑭前去察看处理，石敬瑭找到那两个用竹竿练格斗的人，不分青红皂白，就将那两个人杀死，回复明宗。到了第二天，枢密使安重诲奏称说，昨日那两个人并非是私自聚武，练习格斗，而只是在玩小儿游戏，根本不足以论法。后唐明宗在位时，虽与物无竞，兵革罕用，可在执行法律方面如同儿戏，因而被后人说是"夷狄之性"。

在五代时，任何一个国君和大将，在杀人和论罪时，都不会考虑法律上的程序，他们往往只根据需要和喜厌便随意地杀人论罪。《同光律》规定："强奸罪男子处死，妇人无罪。"后晋时却改为"奸罪为奸有夫妇人，不论强、奸（顺），男女一概处死。"又如，《同光律》规定："盗窃赃满绢三匹以上处死。"而到了后汉，却改盗窃罪为："窃盗一钱一文以上处死。"由于这种法律是少数人制定的，所以随意性很大，体现了很强的专制独裁因素。

这就是五代时期的法制状况。由此可以想到，崇尚法度的宋太祖何以会一提起五代时期的滥用刑罚、杀害无辜就切齿生恨。为了矫正五代时用法随意的恶习，在建国的第三年，宋太祖即下令将死刑的最终复审权收归刑部。下令诸州自此凡定死罪之案，一律录案上奏，由刑部详加复查。

《诗经》中说："惟彼二国，其政不获；惟此四国，爰究爰度。"说的是周王憎恨殷国暴虐荒政的事，周王为此生出慨叹：四方的国家该向哪里取法？宋太祖愤恨五代时的虐政滥刑，即位后立整法制，朝廷过问枉法杀人问题，由此加强了国家的法制，以法治国。宋太祖取法于前人，取法于公理，因而也就有了开创性的成分。

开创就未免有欠完善。尽管宋太祖明确了司法机构的分工，但司法工作仍有问题，譬如大理寺和刑部在司法事务中发生了分歧，大理寺卿李符和刑部尚书张仙在工作职责上互相对抗。李符检断案、判案或重或轻，张仙则多所驳正，两人屡至忿竞，往往案牍积滞影响了判案效率。对此宋太祖明察详断，知是大理寺持权轻而重其法，于是诏令："诸州所上案牍，令大理寺、刑部共同裁断以闻，诸道巡检捕盗使臣，凡获寇盗，不得先行考讯，即送所属州府。"这样，对各地所报案件，就改成两个机构共同办理，进一步加强了刑部的权力。

宋太祖通过加强执法和司法的管理，给执法人员以约束，避免了官员滥用法律，维护了法律的公正，保证了社会秩序稳定有序的发展，也保证皇权的继承和巩固。

宋太祖登基以后，面对着国内权力分散的局面，大刀阔斧地进行了改革。在军事上，他改革禁军，以兵法治军；在行政上，他运用"杯酒释兵权"的方法，削减了节度使的权力，形成了君强臣弱的局面；在人事上，他广揽人才，把有用之才聚集在自己身边；在法律上，他严明刑法，以法制国。通过一系列的措施，宋太祖把全国的权力和平地集中到了自己的手中，使新建立的宋政权得以巩固。

第四章 恩威并重

第一节 不惜财

太白醉酒图

李白的诗中有一句："千金散尽还复来"。宋太祖在用财上也颇有此风，他用大把的钱去收人心、换土地、稳权力、保平安。

所谓真龙天子，皇权天授都是假的，皇帝是一个大群体的利益总代表。往小了说，他要保有满朝文武的富贵，往大了说，他要让天下百姓生活相安，有利可图。否则，就会有人去掀他的龙椅。所以成大事者不着眼于一珍一宝，而看中那些能保有财物的东西——人心、土地、权力等。

宋太祖能散财分利，首先是他自己不爱财、不贪财，在钱财这点上想明白了。成大事者，多不看中财物和奢华的生活。因为财物太不稳固了，今天你可能富有一国，满室金银，明天就可能成了人家的阶下囚，不名一文。而奢华的生活正是把人拖入不思进取，腐化堕落境地的勾魂牌。

宋太祖当了皇帝后，他的家人曾对他说："你当了这么久的天子，难道不能用珠宝装饰轿子，出入皇宫吗？"宋太祖说："我以四海之富，宫殿全部用金银为饰，也完全可以办到，但要知道，我要为天下守财，岂可妄用？古人称'以一人治天下，不以天下奉一人'，如果用天下的财富来奉养天子一个人，让天下之人仰赖谁呢？"

吴越王钱俶曾向宋太祖献上一条宝犀带，宋太祖看了这条犀带，说："朕有三条宝带，与此不同……汴河一条，惠民河一条，五丈河一条。"钱俶听宋太祖这样一说，大为愧服。作为一国之主，所关心的是什么，直接体现出他的治国水平。吴越王只知道以奇珍异宝为宝。宋太祖则正相反，以漕运的三条运输河流为宝带，表现了高人一筹的境界。

宋太祖在分利上最明显一招是给利不给权，以利换权，可谓以小换大。

在"杯酒释兵权"的过程中，那些被半逼半劝解除了兵权的节度使在交权时，有的向宋太祖讲起了自己一生在刀丛中拼命的苦日子。宋太祖也知道他们的意思，无非是想多要些钱与待遇罢了，便说："这都是以前的事了，大家都辛苦了，我不会亏待各位的。"于是大家心照不宣，尽欢而散。到了第二天，将军们都呈上辞职书，宋太祖一律批准，同时给予优厚的待遇，让他们安安心心地养老去了。宋太祖深知，收了人的权，再不给人利益补偿，他们的心里会不平衡的。这实际上是一种经济赎买政策。在这种政策的导向下，从宋太祖时开始，武将掠取土地、经营谋利、聚敛财宝的风气就已形成，并且逐渐盛行。宋太祖对此一般听之任之。在他看来，只要他们不危及皇权就行。

不但对那些不放心的老臣，即使是正当用的新宠，宋太祖也是给钱不给权。

曹彬是消灭南唐的大功臣。在开始安排曹彬讨伐南唐时，宋太祖对曹彬说："等你给我活捉了李煜（南唐国主），我让你当宰相。"出任副帅的潘美听到皇帝许诺曹彬克南唐后，让他当宰相，于是就向曹彬预贺，曹彬说："不然。这次去攻打南唐，得仗天威，尊庙谟（皇帝的妙算），才能平定江南，有我何功啊。况且宰相是极品。"潘美不解，问："你这是怎么说的！"曹彬说："太原未平也。"

果然正如曹彬所料，宋太祖觉得克南唐之后就授曹彬为相，未免太容易了些，于是又反悔生变，改了主意，待曹彬平定江南，回到汴京，宋太祖就对他说："本来要授卿相位，可是北边的刘继恩还未消灭，你还是再等一等吧！"潘美听宋太祖如此说，便视曹彬而笑。宋太祖问其何故，潘美就把当时曹彬不信仅平定南唐就会以他为相的话说出来，宋太祖也大笑起来。于是另外对曹彬再赏钱50万。曹彬退朝后对潘美说："人生何必非做宰相，好官不过是多得钱罢了！"曹彬的话既是真心话，又是说给宋太祖听的。他了解皇帝宁可让臣下喜欢钱，也不愿让他们喜欢权，自己表明心迹，让皇帝放心。

宋太祖分利，也是笼络人心的一种方法。给人以利，人才会死心塌地地为你卖命。否则，他们就会从邪门歪道去谋利。

刚夺了皇位后，边境的安宁至关重要，因为外面强敌林立，内部人心未稳，如果边境再乱了，大局就失控了。宋太祖选取最信任的人去守边。但信任归信任，利益归利益。宋太祖为了让他们安心守边，给予这些边将不少特权，如优恤他们的家属，多给俸禄，加官晋爵，允许他们在辖区内从事贸易，特免征税。

边将每次来朝,太祖必定召对命坐,厚为饮食和赏赐。太祖认为只要财用丰盈,这些边将能秉承君意,作为皇帝就是减少后宫、克勤克俭来筹集边费,也在所不惜。太祖曾经命令有关部门为洺州防御史郭进修造住宅,厅堂全部用琉璃瓦。有人说这种待遇只有亲王、公主才能享受。太祖生气地说:"郭进控扼西山十多年,使我没有北顾之忧,我视郭进难道薄于儿女吗?赶快督役,不要妄说。"

宋太祖还认识到了官员的俸禄和廉洁之间的关系,提倡"高薪养廉"。开宝四年(公元971年),他曾下令说:"官员不廉洁那么政局就会不稳,薪俸不足则饥寒交迫,因此,为了侵渔和夺取一点小的利益就损害骚扰老百姓,究其原因是由此而引起的。既然要责令他们廉洁奉公,当然也应该向他们表示皇上倍加的恩惠。从现在起各道、州幕职官员,并依照州、县官的条例设置出领薪俸的人户。"

宋太祖虽然对臣下大施恩惠,百般优待,但不是毫无原则,有求必应。对贪赃枉法、玩忽职守、枉杀百姓、经商营利的,都严惩不贷。

宰相赵普爱财出名。一次,南唐国主李煜曾送5万两银子给他,赵普想发财却不敢收,怕人说他里通外国,便向宋太祖报告了这件事,请示该如何处置才是。宋太祖说:"他既送来,也不可不受,你既向我汇报此事,我也不怀疑什么。"宋太祖虽这样说,可赵普还是不敢收下,他一再叩头辞让,宋太祖说:"这并不只是你个人与南唐之间的事,宋朝作为大国,体面不能丢,不可自为削弱,当使南唐对我们感到神秘莫测,这才是我的本意。"赵普这才敢收下这份重礼。

宋太祖要赵普收下银子,他是想让赵普在内心深处留下一个无法消除的阴影,让他总为此事而内心不安,让他不敢对自己有任何隐瞒。这就是宋太祖对赵普施加的最有效最深沉的驾驭。

后来南唐国主派其弟李从善来宋觐见，宋太祖在正常的赏赐外，又密赠他5万两白银，与南唐国主送给赵普的数目一样。此事传到南唐，使他们的君臣都很震骇。宋太祖是借此事向南唐表示，自己对于臣下与你们的一举一动都洞若观火，而你南唐想在我们君臣之间搞什么花样，只不过是枉费心机。同样是5万两银子，这一收一放，起到多层效用，一箭双雕。

宋太祖分利更有一种和平主义倾向，他不愿拿军队百姓的生命去冒险。

宋太祖为天下守财，生活俭朴；而为天下用财时，出手慷慨。宋太祖讨伐平定南方各国时，没收其府藏另外贮存为一库，叫做"封桩库"，每年国家财政支出后的剩余部分也存入其中。他曾经对亲近的臣子说："后晋的石敬瑭割让幽燕地区的各州郡给了契丹。我怜悯那八个州郡的百姓长久沦陷于契丹的统治之下，等到库藏积蓄到500万缗，就派人到契丹去赎回这些州郡。如果契丹不听，则拿出这些钱招募士兵，以图谋攻取。"他还说："辽兵数次侵扰边境，如果我用二十匹绢的价钱收购一名辽兵首级，辽军精兵不过十万人，总共只需花费我二百万匹绢，而辽兵就会被我消灭殆尽了。"他的算法过于简单，但无论募兵也好，赎买也好，都是不愿人民受苦，希望以金钱换土地的方式解决问题。宋太祖是雄才之主，不避艰险，有此贿赂政策实出有因，那就是宋的军事实力远负于契丹。换土地、释兵权这些做法固然不如血火拼杀，屠杀功臣来得彻底，但能减少风险和人民的损失。从这点讲与能分利的人合作起来风险更小。

宋太祖对钱财态度豁达，他不守财、惜财，而是用"财"换得集于一身的权力，用财换得将士的安心和忠心，用财换得边境的安宁。

第二节 树威信

用威来震慑人，用恩来感化人，一向都是统治者提高自己声望和地位的重要手段，这两种方式一硬一柔，往往有效。

恩和威正如唱戏中的"双簧"，一个主唱红脸，一个主唱黑脸。在大多数情况下，恩惠更能够收取人心，使之愿为效命。作为领导者，如果有威无恩，别人只会怕他，决不会敬他，一有机会就会叛变。所以恩是驭下的基础。

对于"恩"的诠释，各家都有许多言论，但归纳起来，其主旨是大同小异，都集中在恩惠这一点上。虽说恩惠有大有小，性质和程度不一样，但最主要的是给了别人好处和方便，对别人有所帮助。

在人类历史中，有关受恩与报恩的故事多得数不胜数，在百姓中流传的"受人滴水之恩，当以涌泉相报"、"知恩图报"、"好人终有好报"等，也都与这个话题有着密切的联系。

那么，究竟什么是"恩"，怎样又算"恩"呢？这要视情形而定，标准是不同的。比如说，你家财万贯，富甲一方。一天，一个叫花子来到你家，乞求给点饭吃，给点水喝。这点要求，对你来说是举手之劳，极其容易办得到。假如你满足了这个叫花子的要求，你便对此人有了恩，因为你在他困难和饥渴时帮助了他。但是，对于另一个有钱人来说，哪怕你给他十倍甚至百倍的水和饭菜，也不见得是对他的恩惠，因为他本来就不需要你的给予。这点说起来，跟雪中送炭，雨中送伞是相同的道理。

从儒家经典中，可以看出中国传统社会对"恩"是非常重视的。传道授业解惑的教师，被学生们称为"恩师"；挽救人们生命之人，被称为"恩人"。他们在被施予者的心目中，所作所为被称为义举。其故事也会被世人传为佳话。

儒家创始人孔丘，之所以被称为"圣人"，是因为他创立的儒家学说成为中国封建社会的统治思想，上至天子皇帝，下至渔民樵夫，都自觉地以儒家学说来规范和约束自己，将儒家学说作为一种社会准则来遵循和服从。此外，孔子的弟子和再传弟子中，也是能人辈出。相传孔子的弟子3000，仅贤者就达72人。这些弟子，一直把孔子奉若神明，对恩师的教诲牢记在心。

在古代的兵家看来，不战而屈人之兵是一种最高的境界。不需要通过战场上兵戎相见，也不需要流血牺牲，耗费大量的人力、物力，却能够达到战争的目的，消灭敌人，确实是一种最佳结果。如何实现这一目

的呢？其手段之一便是恩威并施。

《史记》中记载了一则"弦高犒师"的故事。秦国派军队想偷袭郑国，将之灭亡。恰巧郑国的商人弦高无意中发现了秦军的动向。为避免自己的国家被敌人灭亡，弦高在无奈之中，想出了一个绝妙的对策，只牺牲了自己的数百头牛羊，就使秦兵后退，免去了一场战争和杀戮，也保全了郑国。

当时，郑国是毫无准备，即使弦高派人送信也为时已晚。弦高急中生智，自称是郑王派来犒劳秦军的使者，对秦军的劳师动众表示慰问。一方面，他向秦军统帅说明，郑国早已知道秦军的动向，并且已做好了充分准备，这就是"威"，以警告秦军不要轻举妄动；另一方面，他又将自己刚买下的牛羊无偿地捐献给秦军，给秦军改善一下伙食，这就是"恩"，以表示郑国对秦国的友好。秦军统帅见此情景，也只好向秦王建议取消军事行动，打道回府了。弦高的举动，可以说是兵家战史中的恩威并施、不战而屈人之兵的绝好范例。

宋太祖是一个以仁义著称的皇帝，他处理问题的原则是以仁义为先。在对待功臣的问题上，他既不像西汉的刘邦，也不像后来明朝的朱元璋，为给后世子孙留下稳固的基业，而大肆杀戮功臣。他采用的是一种柔和的手段，即历史上被称为美谈的"杯酒释兵权"，让功臣们感受到皇上的恩典，心甘情愿地解除兵权，打消皇上的顾虑。此外，宋太祖还将自己的子女与各位解除兵权的大将结为儿女亲家。

在"杯酒释兵权"之前，太祖就将自己寡居在家的妹妹、秦国大长公主嫁给忠武军节度使高怀德。此后，太祖又亲自牵线搭桥，让皇弟赵光美娶了义弟张令铎的第三个女儿为妻。公元970年，宋太祖将长女昭庆公主下嫁给王审琦的儿子王承衍。公元972年，太祖又将次女延庆公主下嫁给石守信的公子石保吉。这样一来，那些功臣虽经"杯酒释兵权"而退居乡里，但是他们仍然能够感受到皇恩浩荡，内心对宋太祖仍然深怀感激。

对手下那些战功赫赫的大将，宋太祖也不忘时常以恩典来感化他们，使他们牢记圣恩，心甘情愿地为赵宋朝廷建功立业。

乾德二年（公元964年），宋朝兵分两路进攻后蜀，战事进行得较为顺利。有一天，京城开封下起了鹅毛大雪，宋太祖在讲武殿处理政事。由于天气寒冷，殿中置设毡帷，太祖戴着紫貂裘帽。宋太祖即景生情，对左右侍者说："我穿戴得这样厚实，身体还觉得寒冷，那么西征将帅士卒冲犯霜雪，处境一定更难。"说完，即解一裘帽，派人送到战争前线赐给统帅王全斌。王全斌拜赐感泣，决定率西征将士全力以赴，消灭后蜀以报答皇上的赏赐之恩。

在对待士卒方面，宋太祖并不总是一副威严的面孔。平时，宋太祖对待士兵是和蔼可亲的。在未当皇帝之前，宋太祖在士兵中的人缘甚好，他将受到的赏赐经常分给手下的士兵，遇到士兵家里有困难时，也能够及时提供必要的帮助，因此，很受士兵拥戴。做皇帝后，他仍然经常参与军事训练，与士兵们一同摸爬滚打。史书记载，宋太祖经常到玉津园参观或指教禁军骑射，到讲武殿检阅或训练士卒。他虽然贵为皇帝，但绝非居深宫而不出，而是经常亲至水陆练兵场教练士卒，致使各级军官对训练工作毫不懈怠，更加尽心竭力地为国家训练军队。

攻打北汉时，宋军将太原城重重围住，无奈太原城十分坚固，以致久攻不下。太祖的侍卫亲军看到皇帝为这座孤城整日愁眉不展，自告奋勇要求充当攻城先锋。东西班都指挥使李怀忠率众攻城，不想失利而归，且身中流矢，差点丢了性命。宋太祖得知后深表惋惜。于是，当殿

第四章 恩威并重

前都虞侯赵廷翰率各班卫士再次叩头请战时，宋太祖一番话就让这些侍卫们感激涕零。宋太祖对这些侍卫们说："你们都是天下兵中的精中之精，无不以一当百，好像是我的爪牙。我宁肯不得太原，也不愿让你们冒着生命危险，踏入必死之地。"说罢，下令班师退兵。众人听太祖如此一说，个个感动得热泪盈眶，叩头齐呼"万岁"。或许宋太祖早已有退兵的企图，但他能以这种方式表达出来，还是让禁卫军感动不已。

作为一个皇帝，能够震慑住群臣，实行其执政方针，靠的就是足以服众的威严和手腕。仅就威严来说，能够让臣下做到敬畏有加，不敢觊觎龙座，并能够诚惶诚恐、鞍前马后地为皇帝效力，就足够了。皇帝的威严并不是天生的，而是在日常生活中积累而成，并被广大的人群所信服，这样，他的领袖地位就会逐渐确立。

粗通历史典故的人大概都会记得这样一件史实：春秋时期，著名的军事家孙武受聘于吴国，吴王想让他帮助训练军队，以便在称霸过程中派上用场。为考验他的能力，吴王先从自己的姬妾中挑出百十人让孙武训练。这些姬妾大部分都是吴王的宠爱之人，平日里在宫中也是呼风唤雨的主儿，一听说吴王让她们接受军训，觉得很新鲜，以为是一种游戏，于是欣然答应。可是，没想到训练一开始，孙武便宣布了军令，规定一定要服从指挥，否则严惩不贷，按军法从事。在训练中，迟到是家常便饭，在队列中众人也是有说有笑。眼看吴王规定的验收期就快到了，而这些姬妾仍是一盘散沙，根本上不了台面，孙武心中焦急，便决定先立威来震住她们，再接着训练。

于是，在一天的训练中，他抓住机会，将两名带头不听指挥的姬妾从队中揪出来，先是训斥一番，见二人毫无顾忌，便痛下决心，将二人砍头示众。这一砍，威严立现，把其余人吓得目瞪口呆。等到吴王接到报告赶来，斥责孙武为何杀掉这两名最受宠的姬妾时，孙武正色答道："大王既然信任我，并让我训练她们，我就有义务完成好您交给的任务。为完成任务，必须严格执行军中的纪律，无论谁违反了军纪，都要受到惩罚。"吴王听后，无言以对。后来，这些姬妾对孙武服服帖帖，训练踏入正轨，而孙武也因为训练有方而逐渐受到吴王的器重。

要慑服众人，须有一定的胆魄和权谋。芸芸众生，大家看起来都相差不多，但总会有出类拔萃之人。在一个群体中，总会自然而然地产生出一个领袖人物，也就是大家公认的头领。

宋太祖的威信来源于严明的军纪。

加入郭威的部队之后，宋太祖更是凭着出众的武艺和过人的胆识在同僚中树立起威信。在高平之役中，宋太祖的表现可圈可点。在周军败退，阵脚大乱之际，是宋太祖挺身而出，力挽狂澜，有条不紊地指挥禁军侍卫，勇猛向前，挫败了敌军的锐气，也鼓舞了己方的士气，终使周军反败为胜。这一仗，宋太祖打出了名声，得到了上至皇帝周世宗柴荣，下到一般卫队士兵的敬服，他的威望在军中日渐提高。在随周世宗统一国家的过程中，宋太祖披坚执锐，身先士卒，更加确立了他在禁军中无人比及的地位。治军应从严，只有把军队震慑住，让他们绝对服从指挥调度，这样的军队才有战斗力，打起仗来才能够无往而不胜。宋太祖对军队中的将领和士兵，平时有什么奖赏，大部分分给将士们，自己仅取其中的一小部分，在将士中赢得了不贪财的美名。在战斗中，他却是绝不手软，对违抗军令、不服从指挥的将士严加处置。

在六合战役中，宋太祖率2000人的部队驻守六合，而南唐部队有2万之众。经过顽强抵抗之后，南唐部队寡不敌众，被迫撤离而逃。面对战机，宋太祖不顾己方兵少，断然决定追击溃逃之敌。但有的士兵认为，双方兵力悬殊，能把他们打退就已经不错了，追击起来，万一敌军顽强抵抗，或者反扑过来怎么办？所以，有一部分士兵在追击过程中畏缩不前，不敢向前冲。坐镇指挥的宋太祖为鼓舞士气，亲自在后督阵，催促士兵勇猛向前。对那些怯懦怕战的将士，宋太祖在他们每个人所戴的竹笠上用剑砍下记号。战后，又毅然决定将这些人全部斩首示众，以儆军心。这样一来，整个后周的军队立刻传遍了此事，全军为之震动。以后，跟随宋太祖行军打仗的队伍中再也没有类似的事情发生。

另外一员大将王全斌也是因为触犯军纪而受到严惩。大将王全斌英勇善战，随周世宗平定淮南，收复瓦桥关，后来又追随宋太祖南征北战，平定李筠叛乱，又率军伐后蜀取得大捷，可以说为宋太祖统一天下立下了赫赫战功。但是，他的骨子里仍然是五代以来将领贪暴不羁的性情。在平定后蜀时，他违背了太祖事先立下的军法，即"不得焚荡庐舍，殴掠吏民，开挖丘坟，剪伐桑柘，滥杀无辜"，而是日夜宴饮，不理军务，还纵容部下随意掠夺女子和财物。此外，王全斌擅自开启国库，敛民财物，专门杀戮降兵，致使后蜀百姓官员心怀怨恨，反抗者此起彼伏，浪费了国家大量的人力和财力。对王全斌这样既有战功又是亲信心腹的人，宋太祖为了严明法纪，还是给了他严厉的惩罚，将王全斌革职查办，永不录用。

对待"将在外，君命有所不受"的外征将领，宋太祖以威治人，防微杜渐。

在征讨江南时，太祖命曹彬为主将，潘美为副将。出发之前，宋太祖赐宴于讲武殿。酒过三巡，曹彬等人起身跪拜于榻前，请求面授机宜。曹彬表示自己能力有限，可能无法完成任务。但身为副帅的潘美，却极力表示自己对征江南的信心及意见。于是太祖正色对曹彬说："所谓大将者，在于能斩出位犯分之副将而已。"太祖从怀中取出一封折叠好的书信交给曹彬，说："如何处置军务，尽在其间。从潘美以下有罪之人，只要打开文书，就可径自斩之，不需上奏禀告。"站在一旁的潘美等人大惊失色，不敢仰视。在征讨过程中，众将士严格遵守军纪军规，没有一人违法犯罪。

大军凯旋之后，太祖又在讲武殿设宴为他们接风。酒过三巡，曹彬、潘美二人起身跪于榻前，禀告说："我们幸好没有违犯军法，没有袭掠百姓的事情发生，临行前您交给的文书，现在可以还给您了。"太祖接过文书后，慢慢拆开，将其中的信纸拿给众人看，众人不由面面相觑。原来，这只是一张白纸，没有任何字迹。

所以，史书记载说，宋太祖英明妙算、机巧威权至如此，实凡俗辈难料。太祖这样做的真正意图是为了警诫诸将士，申明法令，不使江南丧失民心，而且在将帅之中树立威权。众将士一直奉此事为太祖用术的经典，对太祖佩服得五体投地，无不折服听命于他。

对于恃宠而骄的将领，宋太祖绝不袒护。

自古以来，世上就多居功自傲之人，往往恃其功名而横行于世，做出种种违法之事，这里的张琼就是一个例子。他依仗着自己救过皇帝的命，所以才敢私自选用官马乘骑、收纳叛臣仆从、私养部曲、自作威福，使禁军中的将士畏惧。

建隆年间，宋太祖命张琼出任殿前都虞侯。张琼英勇无畏，但性格暴躁，士卒稍有得罪，便重加治罪。禁军军校史珪、石汉卿奉宋太祖命负责反映将士动态，监视官兵言行。张琼就对他们产生怨恨，斥责史珪、石汉卿是一伙搅乱军心的巫媪。张琼私养部曲、自作威福、禁旅畏惧。因他私自选用官马乘骑，收纳叛臣李筠仆从，被举报有罪。虽然论

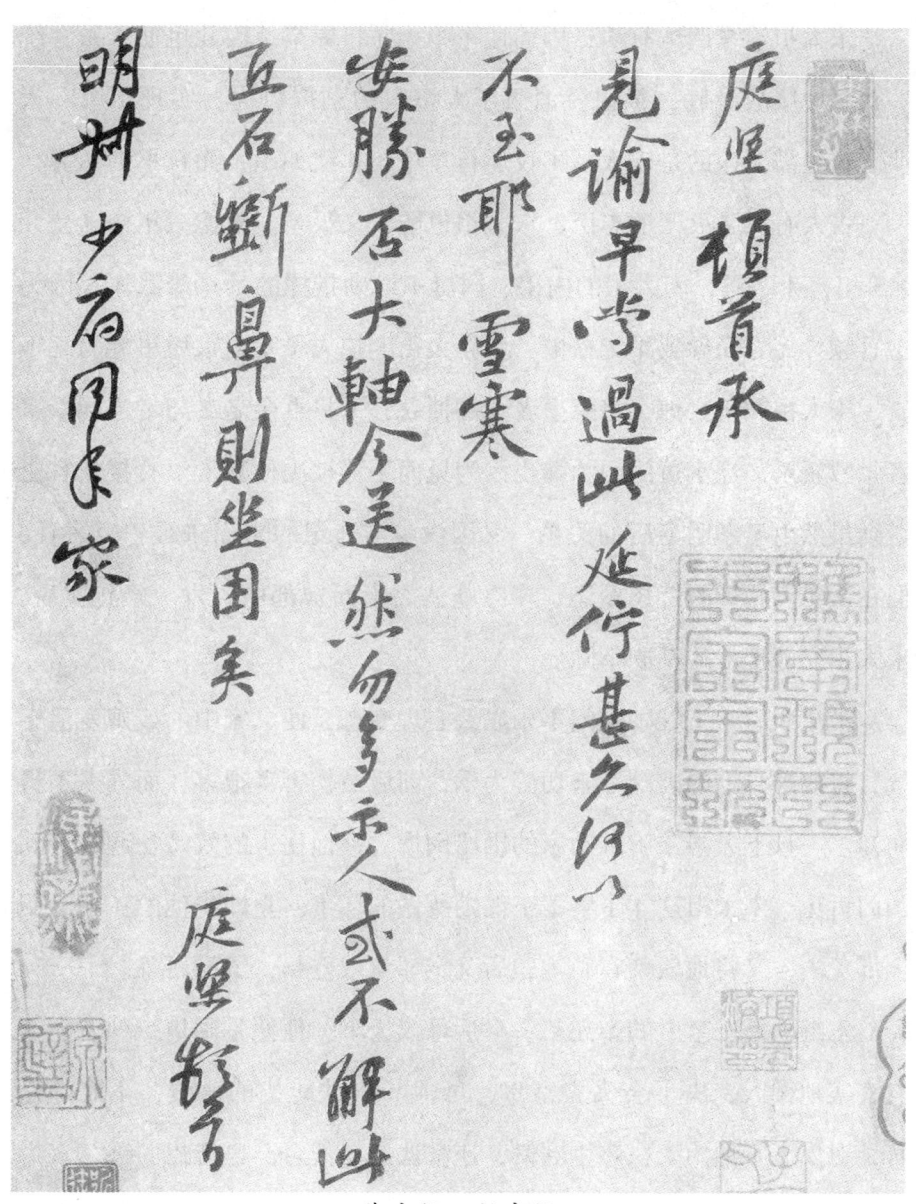

黄庭坚·教审帖

罪当诛杀,但宋太祖念及他救过自己的命,就亲自对张琼审讯,怕冤枉了他。谁知张琼面对指控,拒不认罪。于是便把他交御史台调查核实罪状。张琼性情刚烈,见皇帝没有袒护他,便羞愤自杀了。对张琼之死,宋太祖大为震惊,但对举报张琼有罪的史珪、石汉卿二人也没有治罪。

宋太祖治军严厉有法，因而使军中无骄将悍卒。因此也使宋军在统一战争中屡战屡胜，很快就消灭了大多数的割据势力，实现了统一大业。这里需要谈的是宋太祖不仅厉行军法、执法如山，而且不徇私情。

古人有大义灭亲的忠臣，宋太祖也能大义灭亲。乾德三年初（公元965年）十一月，宋太祖的内弟、国舅王继勋指挥的禁军雄武军，因为主官领导无方而导致军纪松懈，竟在大街上掠人子女，京城里巷为之不安。宋太祖闻讯大惊，将肇事者全部捕获，又将百余名参与者连同肇事者悉数斩杀，连小黄门阎承翰也因为见而不奏被决杖数十。直接长官王继勋虽然由于孝明皇后的关系，又因没参与违纪的事而未被追究责任，但在次年六月却因恃恩骄恣、多办违法之事而被部曲告发。经查实后，宋太祖立即把他的军职革除。

被免职后，王继勋闷闷不乐以致心理变态，便拿家中的奴婢发泄怨气，将奴婢身上的肉割下来切碎为乐，前后被伤害者很多，而外人不得而知。一日下大雨，王继勋家的围墙倒塌，被他伤害的奴婢一起逃奔到国门诉冤。宋太祖这才了解了王继勋所做的坏事，立即将他的一切官职全部免去，又将他软禁在私宅，后又定罪流放登州，继而斩杀。

王继勋是王皇后的亲兄弟，皇后母仪天下，他便是国舅。他若能老老实实地做人，决不会失去富贵，可他却依仗地位的尊贵，不好好做官，对属下不加约束，恣生邪僻，违乱法纪。他自己也恃恩骄恣，多为不法，以脔割奴婢为乐，伤害苍生。《诗经》上说："人而无耻，不死何俟？"荒淫无耻，不守法制，诛之事小，万人唾骂事大。

宋太祖不仅以执法如山、惩治奸邪、镇压暴虐之徒标榜于天下，而且以身作则，身为皇帝而处事质朴自然，不藏邪僻，不徇私情。既不惜爵赏，也不吝执法。软硬结合，刚柔相济，宋朝之初社会风气之澄明，由此可见其成因。

借用自己和身边的亲信来立威,大概是最简单而又最有效的捷径了,因为大家从中感受到了公平和公正。曹操割发代罪,诸葛亮泪斩马谡,都是极有说服力的范例。这样的举动,虽然对自己的心理造成一定的损伤,但其收效却事半功倍,不仅树立了自己的威信,而且鼓舞了士气,起到了良好的宣传作用。

对待原来各割据小国的君主,宋太祖也是很好地贯彻了恩威并施、以恩取胜的策略。

平定后蜀后,宋朝的疆域急剧扩大,与建都于广州的南汉政权相接壤。在当时各个割据政权中,南汉统治者最为昏庸残暴,其奢侈残忍,令人发指,使国中臣民人人自危。南汉主刘鋹在位时,整日在后宫淫乱,将政事全部委托给宦官和宫女,宫中仅宦官就多达7000余人。他还认为,大臣有家室,便不能对国主竭忠尽智,于是强迫朝中有才能的官员全部自宫,然后才可以做官。此外,刘鋹还仿效商纣王,在宫廷中设立烧煮、剥剔、刀山、剑树等酷刑,或者强迫犯人与虎豹等猛兽决斗,从中取乐。在他的统治下,全国上下怨声一片,人民生活得极为痛苦。宋太祖听说后,惊骇至极,决定救此一方之民于水火之中。当宋军还在筹划之时,刘鋹自动送给宋太祖一个征讨的口实。当时宋汉接界,南汉军为了抢掠,经常骚扰宋境,烧杀抢劫,无恶不作。宋军完全准备齐全之后,便开始了名正言顺的自卫反击战,一鼓作气,将引火烧身的刘鋹俘获。

南汉主刘鋹降宋后,被封为恩赦侯。一天,刘鋹随宋太祖到讲武池,太祖赐刘鋹一大杯酒。这一举动宋太祖虽是无意,却把刘鋹吓得魂飞魄散,以为性命休矣。原来,刘鋹在南汉时经常用鸩酒毒害臣下,此时他以为赐给他的也是一杯鸩酒,所以泣不成声,跪地求饶说:"臣承袭祖父基业,违抗朝廷,有劳王师前来征讨,本来罪重当斩。陛下既然赦臣之罪而不斩,但愿做一个普通百姓,有机会能看到大宋的太平盛世,实在不敢饮此酒。"宋太祖听到侍从的解释后,抚须大笑,上前搀起刘铱,说道:"我与你推赤心于腹中,哪里有想毒死你的意思?"于是命人取过刘铱的酒一饮而尽,又另赐给刘铱一杯酒。刘铱感到十分惭愧,无地自容。

在平定江南时,宋太祖以南唐后主李煜托词有病而不到开封觐见之名,命大将曹彬率10万大军伐唐。后主李煜虽然在文学方面卓有建树,号称"词中之帝",但对于治国和统军却知之甚少。战前便自乱阵脚,

多次在部下中散布悲观情绪:"宋军强劲,谁能敌之!"而宋太祖为了一举灭掉南唐,战前做了充分的物资和心理准备,他一方面周密部署部队,一方面又告诫统帅曹彬:"平定江南之事,全靠你了。切记要严明军纪,用恩信争取民众,不要滥杀无辜,不要抢掠民财;并应尽可能地迫使南唐投降,不要逞一时的匹夫之勇而攻城陷阵,避免无谓的伤亡。如果迫不得已而攻城,破城之后也不要加害李煜及其家属。"这一番话,虽然主要意图是巩固

第四章　恩威并重

胜利成果，以便尽快恢复南唐的安定，但也不难看出，宋太祖对后主李煜及其家属，甚至南唐百姓还是比较仁义的。

统一基本实现之后，对各地政权统治者的安抚工作又摆在宋太祖的面前。要想安定各地民心，稳定形势，除了要在各地废除苛捐杂税，取消以前的暴政外，对各地的统治者也要妥善安置。宋太祖在这一方面是毫不吝惜官位和金钱的，他隆恩广布。

后蜀主孟昶被封为检校太师兼中书令、秦国公；南汉主刘铱被封为检校太保、右千牛大将军、恩赦侯、南唐后主李煜被授予检校太傅、右千牛卫上将军、违命侯。其家属也都得到厚赏和封赐。这些本来担心受斩的降王，看到太祖如此厚待，非常感激太祖的仁厚。在讨伐北汉之前的一次宫廷宴会上，刘铱高兴地向宋太祖进言："现在皇上的恩泽遍布天下，天下的伪主今天都在此，只是缺少北汉的刘继元。刘继元迟早也会来的。等到天下的伪主都聚齐的时候，请皇上按照先来后到的顺序，在降王中封我一个降头。"这话虽然是嬉笑之言，但也可以从中看出宋太祖仁政怀柔之下，降王们尽皆心悦臣服之态。

宋太祖对这些降王，可以说仁至义尽，不要说把他们杀死或处罪，连责骂也很少听见。宋太祖之所以这样做，目的是让他们感受大宋王朝的皇恩浩荡，借以晓谕新征服地区的官员和百姓，使他们认为宋太祖是一个仁义的贤君圣主，以此使百姓和官员能够很好遵守国家的法令，本本分分地做人，以维护赵宋王朝的基业。

宋太祖虽给这些小国的君主封公赐侯，但不难看出，在其所赏赐的封号中，有威权的意思。刘铱被封为恩赦侯，其意很明显，说明刘铱本来是罪犯之身，理应受到重罚，但考虑到安抚南汉民心，所以才封他为侯，其中的"恩赦"二字，便是宋太祖对他以往罪行的宽大。南唐后主李煜投降之后，被封为违命侯。这其中的意思更加明显，意即李煜胆敢违抗圣命，对抗天朝的统一大业，实乃违抗天命，应当重罚。虽然出于与对待刘铱同样的目的，但对李煜却是比较严厉，故封其为违命侯，使其时常牢记自己的违命之举。

事实证明，采用仁政和恩义要远比采用暴力和滥杀更有益于国家的稳定。秦始皇统一六国时，对六国君主杀的杀，贬的贬，造成国内怨声一片，各地的亡国之君迫于无奈，纷纷豢养死士，准备刺杀秦王。像荆轲刺秦，图穷匕首见的故事，已从民间传说中被搬上了戏剧舞台。恩惠与威慑一样，都是笼络人心的一种手段，只不过方法不同而已。一把无坚不摧的绝世利刃，虽可以削金断铁，无往而不胜，但它在绵绵的流水面前，却也无可奈何。它的锐利，挡不住涓涓的细流。而一段木头，一堆泥土，却可以阻挡流水的速度，改变流水的方向。治理国家也是如此，一味用强硬手段，只能使人们在内心产生一种畏惧心理，并不能使人们心服口服。而重用恩典，再辅以威严，才可以使人们心口俱服。

对群臣的驾驭，仅凭皇帝九五之尊的身份和高高在上的地位是不够的，还需要一些权谋，用威望震慑住他们。宋太祖运用"恩"和"威"这两样攻心术，牢牢控制住将士和大臣，使他们成为维护其统治的基石，巩固了自己的权力。

第三节 善权谋

古人说:"攻城为下,攻心为上。"要赢得天下,既要用武力,也要用巧劲。宋太祖就是善于权谋的行家,他的战术往往是虚虚实实,虚实相间。善于权谋的人总是通过设计,借他人之手去实现自己的目的。这样,既省力,又可以达到预期效果,一举而两得。

当上皇帝之后,宋太祖便急于完成其统一大业。在征讨南唐时,为除掉英勇善战而且足智多谋的南唐名将林仁肇,宋太祖巧施反间计,让南唐后主李煜杀掉了国家的栋梁,自断臂膀。林仁肇能征善战,在南唐的官员和百姓中享有很高的声望。宋军攻打南汉的时候,远在南唐的林仁肇便意识到了来自宋王朝的威胁。为此,他向李煜建议:"趁宋军在淮南的兵力不多,不久前刚刚灭掉后蜀,现在又攻打岭南,道远师疲。希望给我几万兵马,让我从寿春北渡,定可收复江北的失地。即使宋朝派兵增援,只要我牢牢守住淮南,他们对我也无可奈何。为了避免牵连朝廷,在我发兵之时,对外就称我是背叛您而自行其是。如果我成功了,那么国家就会获得利益;一旦我失败了,就由我一个人来承担责任,与国家和您没有一点关系。"然而,胆小怕事且胸无远见的李煜没有采纳他的良苦建议,南唐也丧失了一个收复失地的绝好机会。

为除去林仁肇这个不能为我所用的良将，宋太祖巧妙地运用离间之计，使缺少政治经验的后主李煜不辨真伪，自毁长城。宋太祖先是用重金，收买了林仁肇家中的一个侍从，让他偷来林仁肇的一幅画像，并将它悬挂在府中的一间空房子当中。当时的情况下，既没有现代的摄影照相技术和器材，也没有街头流行的人物肖像画家，人们偶尔请一个画匠，将自己的画像供在家中，而且是富有的人家才会这样。所以，画像从不外传，更不会馈赠他人。一天，当南唐的使者到开封办事之余，宋太祖故意派人将这个使者引入挂有林仁肇画像的这间屋子，见使者面露诧异之色时，便不失时机地告诉使者说："林仁肇将来降，先持此为信物。"又指着一所空宅子说，这就是赐给林仁肇的新居。使者回国之后，马上将所见所闻如实地向李煜回禀。李煜果然中计，他信以为真，不听林仁肇的辩解，下令赐给他毒酒让其自尽，还以为除去了敌人安插在自己内部的奸细而高兴了很长一段时间。在借李煜之手除去劲敌之后，宋太祖便立即发动了大规模的征讨南唐的战争，失去了林仁肇的南唐军队虽然人数众多，但群龙无首，指挥又不当，结果很快就溃败亡国了。

就这样，宋太祖巧施离间计，借李煜之手，让他自毁长城，达到了除去劲敌的目的。

宋太祖的善用权谋还可以从他对大将李汉超和郭进的两件事的处理中看出来。

治军先御将，御将须得法，严厉中包含着仁慈，气度豁如，推心置腹，质朴自然，不事矫饰，治军治国，无有邪曲。人无完人，对每个人的要求自然也就各不相同。

关南巡检使李汉超是一个颇受争议的人物。他作战勇敢而有谋略，在防卫辽朝上可圈可点，确保边关数年无事。但平时也有一些毛病，如贪财好色等。有一次，一个边关的农夫千里迢迢赶到京城，向皇上控告李汉超借贷钱财不还，而且还强抢他的女儿为妾等不法之事。宋太祖深知千军易得，一将难求的道理，而李汉超又是一个不可多得的将才，但无论如何，对臣子的不法行为，也不能置之不理。

于是，宋太祖想出一个两全之策，他将农夫召入便殿，设宴为他接风，农夫哪里见过这种阵势，一看皇上亲自为他接风，感到受宠若惊。喝到高兴之处，宋太祖与这个农夫拉开了家常，太祖问："自从李汉超到关南后，辽军一共入侵了几次？"农夫具实以报："一次也没有。"太祖又接着开导他："过去辽军每年都会侵犯关南，边将不能率军抵御，河北地区的民众，每年都受到辽军的劫掠，家破人亡的不计其数。如果是那样，你还能保住你的家财子女吗？如今李汉超借你们的钱财不还，和辽军的抢劫比起来，哪个更多呢？"顿了一顿，太祖又问："你家一共几个女儿，嫁的又都是什么人呢？"老农回答说另外两个女儿都嫁给了当地的农夫，宋太祖听完后又说："既然她们所嫁的，都是村野莽夫。而李汉超则是我的重臣，因为喜爱你的女儿才娶了她，想必不会亏待你的女儿。嫁给村夫跟嫁给大将相比，哪样更富贵呢？"农夫一听太祖如此解释，心中的不满顿时消散一空，高高兴兴地告辞回家了。

太祖虽然打发走了老农，但对李汉超的不法之事仍念念不忘，他觉得不能让李汉超为所欲为，否则国家的法令就成了摆设。因此，宋太祖特意派使者前往关南，警告李汉超："你需要钱，为什么不告诉我而向平民百姓告贷呢？不管做什么事情，都要在法律许可的范围内，希望你以后不要再做这类违法的糊涂事了。"并赐给李汉超几百两银子，让他把借贷的钱如数还给百姓，以改变百姓对他的反感。如此一来，李汉超也认识到自己的错误，对太祖的恩情感激不尽，立誓以死来回报。

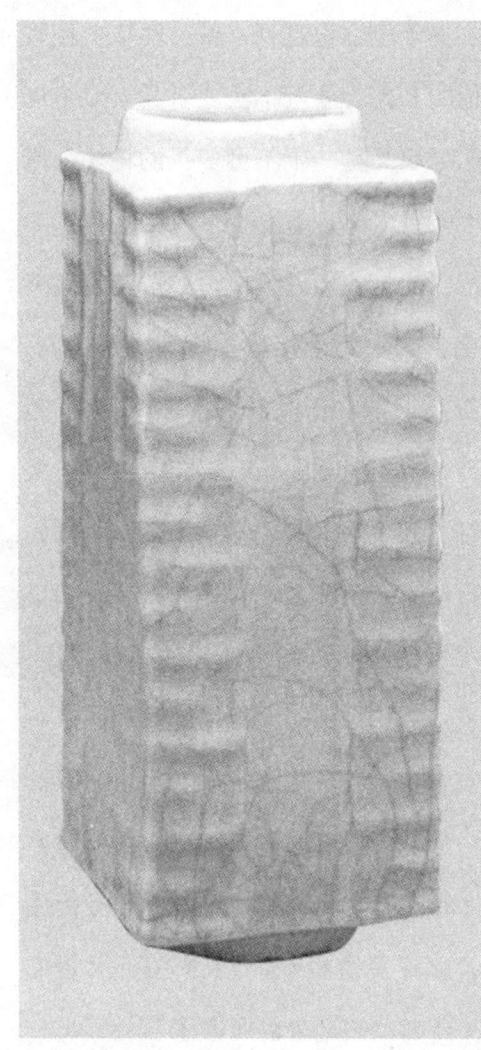

宋代大文学家曾巩评论宋太祖对待有功之将:"隆之以恩,厚之以诚,富之以财,小其名而崇其势,略其细而求其大,久其官而责其成。"曾巩对宋太祖的评价平而见深,赞叹未已。由齐地百姓诉讼案而观宋太祖的处事方式,可以看出宋太祖兼顾原则性和策略灵活性的一面,他先是召讼者慰劳之,明祖李汉超,而暗责他令以改过。所谓:"勇于敢则杀,勇于不敢则活,此两者,或利或害。天知所恶,孰知其故?"在现实生活中,有许多事表面看来罪不可恕,然而其中却有许多内在的原因,这种事最不好处理,于是就只有糊涂了之。宋太祖处理李汉超之事,便是这种圣人犹难之事,也只好如此处理罢了。

宋太祖身边的侍卫亲兵,都是经过层层筛选,千里挑一的人才,不但身体强壮、武艺出众,而且对皇帝赤胆忠心。他们平日里只是担任皇帝的贴身保镖,一般不到战场上与敌人搏杀。所以,日久天长,他们的战斗力大不如前,斗志也没有一般的前线士兵那么高昂,几乎成了少爷兵,中看不中用。宋太祖对这一点也早有洞察,于是制订出一套让亲兵

第四章 恩威并重

们到各前线实战的计划,但由于各种客观原因,这种实习已成为一种形式化的东西,大多数没有达到预期目的。官场的积弊,导致边关将领领会不透皇帝的用心,以为皇帝只是想让这些人到边关来看一看,走个过场,增长一些见识而已,所以对这些御林亲军优待有加,一般不给他们安排特别危险的任务。

然而,十指不齐,有长有短。担任西山巡检镇守北部边关的郭进,是一个军令严明、铁面无私的猛将,素以军法严厉、不徇私情而著称。他的部下,对他的号令奉若神明,不敢有丝毫违抗,否则,轻者施以军杖,重者斩首示众。郭进这个人虽有些粗莽,但作战勇猛,对皇帝忠心不二,且指挥有方,很少打败仗。在同北汉的屡次交锋中,经常能够以少胜多,将捷报送达京师。

对郭进这种大将,宋太祖内心是非常喜欢的,对他的所作所为也能够理解。一次,太祖选派三十多名禁军军官前往郭进营中效力,事先曾反复告诫这批军官说:"你们应当小心谨慎,遵纪守法。否则,即使我不追究你们的过错,郭进也会把你们杀掉。"这批军官到达后,正赶上同北汉军队作战。其中有些人从未真刀真枪地上过战场,一看到双方的血腥恶战,心中不免害怕,有的畏缩不敢前进,还有的临阵逃脱,极大地扰乱了军心。战后,郭进为整肃军纪,将这些畏首畏尾和临阵逃脱者处以斩刑,一次就杀了十多个禁军军官。这样一来,京城中的侍卫亲兵们议论纷纷,大多指责郭进胆大妄为,连皇帝身边的亲信军官也敢擅自斩杀,一点也不顾及皇帝的面子。于是,太祖耳中,告郭进状的话语不断。

宋太祖也痛惜一下子失去这么多亲信将官,埋怨郭进处事太过急躁和简单。可是转念一想,这确与自己的初衷有共同之处,将亲信军官派往边关效力，磨炼他们的斗志，不就是希望他们增加实战经验，这样才能在自己危急关头挺身而出，不惜牺牲性命为自己护驾的吗？如果像他们那样在战场上贪生怕死，又怎能担当起护驾的重任呢？一想到这，宋太祖对郭进的做法无意中加以肯定，认为忠君之臣应当像他这样，不计个人得失，一心为皇帝尽心办事，完成皇帝交派的任务，这样才能使皇帝安心地坐在龙椅之上，治理国家，抵御外敌。

为平息身边众侍卫的怒气和怨言，宋太祖假意谴责郭进的过激做法，做出一副盛怒的样子，安慰众人说："这些侍卫官都是千中挑一的难得人才，培养他们极为不易。如今他们小犯过错，就遭到郭进的横加杀戮。如果这样发展下去，即使人再多，也不够他杀的。我一定要给郭进一点颜色，让他尝尝苦滋味。"

另一方面，宋太祖又暗中派人赶赴西山，告诉郭进说："这些人自恃是我的宿卫亲近，平时就倨傲不驯，我早就想整顿一下。现在在你的部队中，竟敢不听从号令，且扰乱军心，你以军法处置他们，我觉得你这样做是正确的，杀掉这些人也是应该的。"这样一来，本来忐忑不安的郭进犹如吃了一颗定心丸，对宋太祖的不怪之恩感激涕零。郭进的部下一看，连皇帝身边的亲信违犯军法也照斩不误，深表欷歔，从此再也没有人敢违抗军令，部队的战斗力迅速上升，成了远近闻名的一支威武之师。

宋太祖此举虽近于两头买好，但一边是贴身护卫军，一边是前线部队，确实需要平衡抚慰，万一激起变乱，后果不堪设想。

宋太祖善用计谋，他的计谋不但用于行军打仗，而且用在驾将驭人上，这不但在军事上高效省力，而且在治国和用人上也刚柔相济，很具技巧。

第四节 宽严有度

宋太祖以仁德治天下。在建国之初,他以宽容的气度包容了后周的旧臣和周世宗的儿子;在治国的过程中,他对待将士和敌人将领也显示了一代仁君的宽容风范。

对别人显示出宽容的气度,会收到意想不到的效果。海纳百川,有容乃大。宽容,对自己来说,体现了自己博大的胸怀,使自己的眼界豁然开朗。对别人来说,做过的错事能够得到原谅,势必产生一种知恩图报的感激之情,为己所用。

在宽以待人方面,古代齐桓公可以说是一个非常突出的典型。齐桓公之所以能在春秋乱世中成为第一个霸主,主要是因为他重用管仲,在治国治军方面取得了重大突破,而使齐国迅速强大起来,最终成为号令天下的霸主。

齐桓公的父亲齐襄公死后,诸子争立,引起宫廷内争不断,最后大臣们商议决定,从公子小白(即后来的齐桓公)和公子纠二人中选出一位国君,因二人此时都在国外避祸,遂约定先回到齐国者为国君。听到这个消息后,远在莒国的小白和鲁国的公子纠都急忙赶赴齐国,以求尽早回到皇城即位。此时,辅佐公子纠的管仲充分运用自己的智谋,一方面让公子纠尽快返回齐国，一方面又率一支兵马埋伏在公子小白返齐的必经之路，以拦截小白。后来，小白果真从这条路上经过，管仲躲在暗处向小白突施冷箭，正中小白，小白应声倒地。管仲等人见小白中箭倒地，确信小白必死无疑，便放心地撤兵而去。当公子纠得知小白已被射死的消息后，得意忘形，认为自己已经是胜券在握，不必急匆匆地赶路了，因为竞争对手已被除去，王位早一天晚一天都将是自己的。

殊不知，管仲的那一箭并没有射中小白，而是射在了小白腰间的带钩上，并没有入肉而危及生命。小白见有人暗算，急中生智，倒地诈死，骗过了管仲，也骗过了公子纠。待管仲等人离去后，小白迅速翻身上马，率部下急行军，抢先进入齐国都城临淄，并在公子纠到来之前完成了继位大典，成为齐桓公。

齐桓公即位后，立即向曾帮助过公子纠的鲁国发难，通牒鲁国："公子纠是我的亲兄弟，我不忍心亲手杀死他，请你们把他杀掉；管仲是我的仇人，请你们立即给我活着送来，我要亲手把他剁为肉酱，以解心头之恨，如果你们不照办，我将发兵把鲁国灭掉。"弱小的鲁国无力对抗强大的齐国，只好照办，将管仲押解到齐国。齐桓公马上就想将管仲处死以解仇恨，这时他的谋士鲍叔牙劝谏道："大王是想仅仅把齐国治理好呢，还是想称霸于天下呢？"齐桓公回答说："当然能够称霸天下更好。"鲍叔牙又说："如果只想把齐国治理好，有我就足够了。但是如果想要称霸天下，则非管仲莫属。"接着，他又列举了管仲的才华和处事能力，以让齐桓公相信。齐桓公是一位非常开明的君主，仔细琢磨后，觉得鲍叔牙言之有理，与管仲一交谈，更为他的才华所倾倒。于是，齐桓公摒弃前嫌，授予管仲相国之职，让他负责谋划称霸大业，管仲为齐桓公的宽容所感动，竭尽自己平生所学，帮助齐桓公成就了一番

第四章 恩威并重

霸业。

被史家称为宽厚仁慈的宋太祖，在这方面做的要远比曹操高明许多。即使是对待敌人，宋太祖也充分体现出宽容和大度，不滥杀降卒，不惊扰地方，每攻占一地，必先安民，更何况对待自己的文臣武将呢？

早先宋太祖在游历期间，曾一度衣食无着，到达当时的复州（今湖北天门）时，他去投奔父亲原来的同僚、复州防御使王彦超，希望王彦超能看在父亲的面子上，收留并提携一下自己，闯出一番事业。可是，当时王彦超看到宋太祖穷困潦倒，不愿收留他，只是看在他父亲面子上拿出10贯钱便打发了宋太祖。三十年河东三十年河西，没想到后来宋太祖竟然当了皇帝，王彦超仍是一个臣子。

一天，宋太祖在宫中设宴招待群臣。酒酣耳热之时，宋太祖偶然发现了正在坐席之上的王彦超，不由想起了当年他流落时的窘况和10贯钱的事。太祖忍不住便问起王彦超："昔日我落魄之时，到复州投奔于你，你为何将我拒之门外？"王彦超一听此话，立刻吓得酒意全无，惊

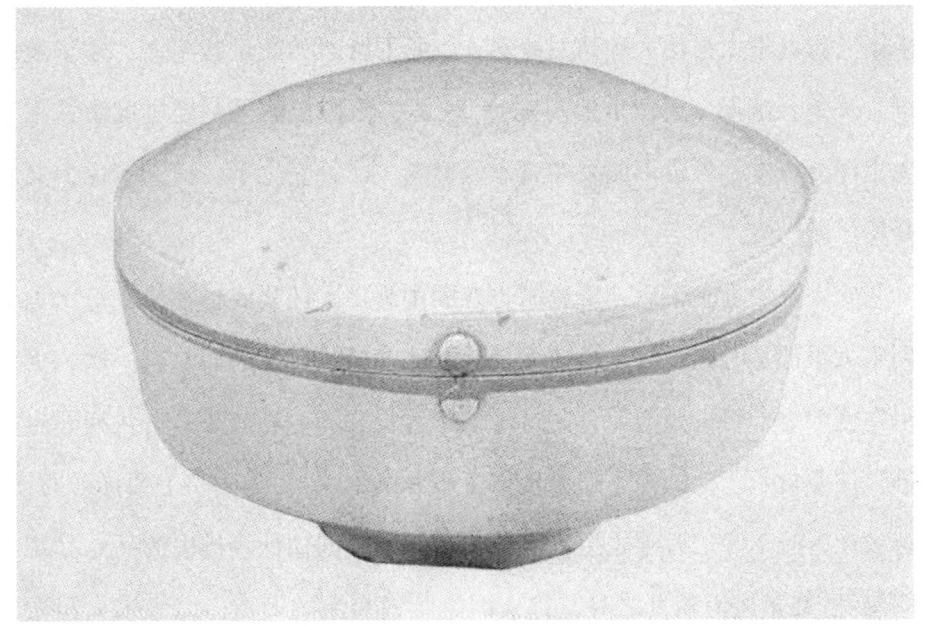

慌中答道："当时臣下只不过是一个小小的刺史而已，一勺之水哪里能够容得下您这条神龙呢？假如臣下我当时收纳了陛下，陛下怎能有今天呢？"宋太祖听后，觉得回答巧妙，遂抚掌大笑，继续与大家喝酒作乐，此事也从此打住。事后，王彦超还担心宋太祖会对自己不利，但最终什么事也没有发生，王彦超的官场生涯一直比较顺利。

宋太祖在流浪期间遇到的另一件尴尬的事情是在随州（今湖北随州）。时任随州刺史的董宗本也是宋太祖父亲的老友，他虽然顾及老友的面子，收留了落难的宋太祖，但他的儿子董遵诲却打心眼里看不上宋太祖这个远道而来的流浪者，经常借故羞辱、打击宋太祖。宋太祖经过磨历，也深知人在屋檐下，不得不低头的道理，所以处处忍气吞声，让着董家这位少爷。

一次，二人在一起讨论兵书战策，模拟带兵打仗之法。董遵诲整日不学无术，只知吃喝玩乐，在行军用兵之事上根本不是宋太祖的对手，议论起来自然一败涂地。此时，董遵诲虽知自己输了，但少爷脾气却上来了，指着宋太祖便大肆挤兑挖苦："阁下既然如此足智多谋，才华盖世，又怎会落得今天这个地步呢？"说罢，便扬长而去。经过此事，宋太祖深受打击，再也不愿呆在董家受窝囊气，一怒之下，离开董家，又开始了新的流浪生活。

宋太祖当上皇帝后，董遵诲也在朝中为臣，任骁武指挥使，每次见到宋太祖都是心惊胆战，生怕太祖提及旧事，治自己的罪。有一次，太祖在便殿之上召见董遵诲，董遵诲以为太祖要和他算老账，自忖死罪难逃，便要自杀。他的妻子却表现出了不凡的见识："等到皇上要你死时，再去死为时不晚。万乘之主，岂会小肚鸡肠，同你计较过去的一点私嫌旧怨？"在董遵诲朝见之时，有人因为听说皇上的旧事，以为宋太祖要治罪于他，便趁机上奏董遵诲的不法罪状十余条，企图落井下石，置董遵诲于死地。然而，出乎大家意料的事情发生了。太祖不但没有治罪于董遵诲，反而令左右将他搀扶起来，和颜悦色地对董遵诲说："我现在正在赦罪赏功，怎么还会算计以前的不快之事呢？你不要有什么顾虑，我仍然会重用你的。"董遵诲听完，深受感动，感激太祖不念旧恶的宽大胸怀，决心以死效忠于皇上。

后来，董遵诲受命镇守边地，为通远军使，十分尽力，屡立战功。当董遵诲派人赴京向太祖进献良马时，太祖将自己所穿的珍珠盘龙衣脱下来赏赐给他。大臣们纷纷反对说，臣子不能穿这么贵重的衣物。太祖却说："我与董遵诲的关系不同于一般人，用不着这个那个。况且，我派他为国家戍守边地，也不能计较太多。"

另外，当太祖得知董遵诲的母亲流落在契丹人控制下的幽州，母子多年未得相见的情况后，多方设想，重赂边民，将他的母亲偷偷地接回来，使母子二人团聚。所有这些，都让董遵诲一家感激涕零，还怎能不为皇帝肝脑涂地、鞠躬尽瘁呢？

五代正是乱世，屠杀和劫掠如家常便饭，人命不值钱。而宋太祖超出寻常之处在于他的宽仁，他要走一条和平之路。他考虑的是长治久安，既要统一，又要少流血，少制造仇恨。这个原则是极富智慧和仁爱的。

宋太祖讨伐各国的统一版图，是不可阻挡的大业。但由于各国立国已久，割据形势公认。所以，伐人之国还要师出有名，哪怕是牵强附会的借口。可是南唐国主李煜一向小心侍候，一时难以找到出兵的借口。宋太祖等不及了，发出了赤裸裸的战争威吓：屯兵10万于南唐边境，要求李煜北上朝拜。南唐后主李煜手下有两位大臣非常忠诚，一个叫徐铉，一个叫张洎。李煜派以能辩而闻名当世的徐铉去开封，和宋朝理论。当时，宋朝的大臣自觉理亏，难以在言辞上和徐铉争辩，都互相推诿，不愿接受和徐铉谈判的任务。宋太祖却不当回事，亲自召见徐铉。徐铉当面问："李煜无罪，陛下师出无名！"又言："李煜以小事大，如子事父。从未有什么过失，为何要兴兵讨伐？"宋太祖答道："你说我同李煜，犹如父子，那么你听说过父子可以分家而居吗？"徐铉张口结舌，无言以对，只得灰溜溜地回到江南。时过不久，徐铉再次衔命北上，见到宋太祖，反复争辩："李煜事奉朝廷，礼仪周全、态度恭顺，只因有病未能前来朝谒，并非故意违抗诏令。"宋太祖对徐铉的喋喋不休颇感厌烦，手按剑柄勃然大怒："不必再说了。江南是没有什么罪过。但天下一家，卧榻旁边能容他人鼾睡吗！"徐铉再能辩此时也哑口了。

李煜君臣投降后，宋太祖召徐铉责问。他厉声责问徐铉为什么不早劝李煜归顺朝廷。徐铉正色答道："臣为江南大臣，而国灭亡，罪固当死，不当问其他。"宋太祖听后，不怒反乐，和颜悦色地安慰徐铉说："忠臣也。事我如事李氏。"

对张洎的责问，要比对徐铉严厉得多。太祖首先责问张洎："汝教李煜不降，使至今日。"并出示了张洎起草的调兵诏书，意欲置张洎于死地。张洎毫不害怕，面色凛然，答道："实臣所为，犬吠非其主，此其一尔，他尚多有，今得死，臣之分也。"太祖听后，改变了要杀他的念头，并称赞说："卿大有胆，朕不罪卿。今事我，无替昔之忠也。"此后，太祖授予张洎太子中允之职，后又改任刑部。而张洎的仕途也从此一帆风顺，至太宗朝时官任参知政事。

宽容，并不是顺其自然的宽容，其中应有一个度。否则，就会演变成纵容，性质也会相差万里。宋太祖虽以宽容见长，但对宽容的理解基本上还符合度的标准。对那些屡教不改、目无君主的狂徒和佞臣，太祖丝毫不会纵容，而是施以颜色，改正他们的错误。

宋太祖一向治军严明，对于胆敢违抗军令，不服从军纪的将士，他绝不纵容姑息，一律按军法从事。即使是屡立战功的宿将老友，宋太祖也能功过分明，奖功罚过。王全斌在国家统一过程中战功卓著，屡次受到太祖嘉奖，并得到雪夜千里送裘衣的殊荣。但他在伐蜀时违背军令，擅自妄为，造成极其恶劣的后果，遭到太祖严厉斥责，最后丢官去爵，老死乡里。

对于读书人，太祖一直是宽厚大度的，这不仅大大提高了文人的社会和政治地位，而且文人犯了过错，一般都会得到较轻的处罚。然而，人贵在有自知之明，如果一而再、再而三地犯错误，那么等待他的将是严厉的处罚。

对于违反法令的官员，宋太祖依律办事，尤其对那些贪赃枉法之徒。用《宋史·刑法志》中的话来说，就是"宋兴，承五季之乱，太祖、太宗颇用重典，以绳奸慝"。

宋太祖对玩忽职守的官员，或减俸或免官，或除名或降职。公元961年，大名府馆陶县民郭贽状告官员括田不均。太祖当即派人前往核查，查清后，将县令程迪施以杖刑并流放海岛，将括田使淮实连降两级。

对枉杀百姓、草菅人命的官员，大多处以极刑。即使当时没有发现，后来被人告发属实的，也同样予以追究严惩。据记载，公元968年，监察御史杨士达因"鞫狱滥杀人"而被处以弃市之刑。

对于贪赃受贿、以权谋私的官员，大多视其贪婪的数量而量刑，一般处罚都比较严厉。因此，死于此事的官员也相对较多。仅开宝四年、

寒林平野图

五年这两年中，就有六位大臣犯此类罪行而被处以弃市或杖杀。其中，有右千牛卫大将军桑进兴因"监陈州仓受贿"而被弃市；监察御史闾丘舜因"通判兴元府盗用官钱九十万"而遭弃市；太子洗马王元吉因"知英州受赃不法"而被弃市；殿中侍御史张穆因"通判定州犯赃钱百万"而遭弃市；右拾遗、通判夔州张恂因"受赃"而被弃市；内班董延谔因"监车营务盗粟，累赃数十万"而遭杖杀。

严于律己，宽以待人，一直是儒家治世的千古良言。对别人宽容，并不是说明自己软弱，而是一种心态，一种修养。它包含的哲理其实非常深奥，也只有懂得此理的人才能够熟练运用这种技巧。俗话说，与人方便，便是与己方便；得饶人处且饶人，不要穷追猛打。宽容之心与狭隘之心对比，更能显示出不同的效果，一个是收天下之心为己用，一个是夺己之财富于无形。对于智者而言，大多以宽厚见长，因此也为自己留下一个宽厚的好名声。

古代皇帝对前朝或割据统治者最简单有效的处置方式就是消灭，而宋太祖的和平之谋对敌人也是有效的，终其一生，他没有杀死一个国主。

刚平定蜀国之时，蜀主孟昶的母亲李氏随同孟昶来到汴京，宋太祖对她说："老太太自己注意保重，不要悲悲戚戚怀念故乡，以后会送你回去的。"这李氏也是颇有见识的。她知道,宋太祖再大度,也不愿让废君的势力回到故国。于是她说:"我的故乡在太原,倘若能回到老家,那才是我所愿。"而当时山西尚在北汉手中,李氏此言无疑把山西已视为宋朝国土。宋太祖一听更是高兴,说:"等平定了刘钧,就让你如愿以偿。"

有的人对敌人、客人反倒能宽容,因为这样做可以收揽人心,博取令名,但对自己人反倒心狠手辣,不念旧情。宋太祖内外一致,对自己人也是同一条策略:宽待以收心。

真正宽容的人,能记住别人对他的恩情,又能忘却别人对他的小冒犯。赵普显贵后,就曾把贫贱时的仇家一一开列出来,请宋太祖铲除。宋太祖不答应,他说:"如果人们能在芸芸众生中知道谁将成为天子宰相,那不早就贴上去了。"

宋太祖用他宽广的胸怀接纳了曾经得罪过自己的人和敌军中有才能的将领,他的宽容和仁厚为他的统治集聚了更多的人才,也为他博得了民心和将士的忠心。

第五节　赏罚分明

治国之道，要赏罚分明，信赏必罚，当赏则赏，当罚则罚。奖赏有功，可以激励他人，导人为善；刑罚有过，可以抑制恶习，净化社会。

君主运用权力，主要是通过对臣下的控制和驾驭，来完成治理国家的任务。而驾驭臣下最好的方法，莫过于奖功罚过。依法赏罚，得到奖赏的官员就会因受到鼓励而更加努力地建功立业，被惩处的官员也不会有什么怨恨而自责改过。臣子对君主的评价，很大程度上取决于君主处

事的能力和态度，能做到赏罚分明，便是对臣子最好的鼓励和鞭策。

贤明的君主，一般都能够依照制度规定，比较公正地行使手中的权力，对官员进行赏罚鉴定，能起到激励贤能、打击邪恶的作用。

唐太宗曾说过："国家大事，唯赏与罚，赏当其劳，无功者自退，罚当其罪，为恶者咸惧，则知赏罚不可轻行也。"

《十六经》中说：

> "天德皇皇，非刑不行；穆穆天刑，非德必倾。刑德相养，逆顺乃成。刑晦而德明，刑阴而德阳，刑微而德彰。其明以为法，而微道是行。"

也就是说，帝王的奖赏是光明的，但如果没有刑罚的配合也不能生效；帝王的刑罚是严肃的，但如果没有奖赏的配合也注定要失败。所以刑罚与奖赏应该相辅相成，治理国家既需要施以光明之赏，也需要施以阴晦之刑。

奖赏，是对人的为善之举和功劳的一种肯定和褒扬，用以激励人们朝着这个方向前进，继续为国家和社会作出自己的贡献。刑罚，是对人的作恶之举和过错的一种否定和惩戒，用以制止这种行为的继续发生，防止再出现危害社会和百姓的不良影响。

奖赏的方式大致有四种：赐物，如绢、帛、粮食等；赐官、赐爵，如公、侯、伯、子、男等爵位；赐秩，即增加薪俸。

奖赏形成一种制度，大约在春秋以前就出现了。据记载，西周的天子对有功绩或有权势的官员进行赏赐，共有九种形式，即"九锡"。其中，舆马、衣服、乐则、朱户、纳陛、虎贲，是用来表示荣誉地位的，弓矢表示军事权力，铁钺表示司法权力，秬鬯表示祭祀权力。这些奖赏，不仅是对有功官员的一种物质奖励，还是对他们赋予的一种权势和地位。

随着封建官僚制度的出现和确立，赏赐制度也越来越完善，统治者采用各种手段来激励官员建功立业。俗话说：不予奖励，何以勉善？重赏之下，必有勇夫。在和平年代，奖赏可以导致民风教化淳美，狱中无囚，争讼绝息。在战争年代，奖赏可以激励士气，振奋人心，使将士们作战更加勇敢，对将帅更加效忠。

随着赏赐制度的逐步完善，褒扬也更多地出现在国家政治生活中。作为一种精神鼓励，褒扬虽不能直接带来物质上的实惠，但对振奋人心，满足人们的虚荣心却大有益处。古人重视名节，信奉"雁过留声，人过留名"，把名节看得比生命还要重要。统治者正是看到这一点，才广泛采取这种没有本钱的做法，以玺书勉励，荣誉称号、画图像、榜记、赐谥号等方式，对有功之臣大加封赏，从而起到激励人心向上、向善的作用。

刑罚作为惩恶的手段，自古以来便存在于社会之中，并且随着社会的发展进步，其内容与程度也不断发展变化。官员遭受刑罚的原因很多，大致也归为四类：一是谋反作乱，一是贪污受贿，一是渎职失守，一是残害百姓。刑罚的方式也是多种多样，数不胜数。

在诸多刑罚中，最严厉的应数诛灭九族。秦王嬴政曾下令，将与太后私通并扰乱朝政的嫪毐"灭九族"。在历代史书中，遭受灭族之灾的官员也不在少数。随着法制的强化，刑罚也逐渐变得更为严密。仅死罪一项，便有凌迟、枭首、弃市、赐死等许多形式，其他的刑罚更是多如牛毛。因《史记》而名传后世的司马迁，便曾因上书汉武帝而招致宫刑；孙膑因遭庞涓妒忌而惨遭膑刑；屈原也曾被楚王杖刑后放逐。此外，还有罚俸、降职、免官等较轻的刑罚。

第四章 恩威并重

赵昌·茉莉花图

但是，不论赏罚，都是人治社会对某些行为规范的判断，其出发点也是基于统治者个人的好恶。君主的决策正确与否，对于赏罚制度的公正起着决定性作用。

治国之道，在于赏罚分明。只有赏罚公正，才能起到惩恶扬善的作用，否则，乱赏就会使臣民不思进取，不严守国法；滥罚，就会使坏人暗中为非作歹，不思改过自新。无功受赏，无罪被罚，就会丧失民心。君主一旦失去民心，就失去了治国的稳定基础。

西汉哀帝因宠爱年轻帅气的郎官董贤，不仅提拔他做官，而且对他言听计从，赏赐他大量的珍宝，他的家人也因此被授予各种封号和爵位。随后，哀帝又晋封董贤为高安侯，位列三公，掌握朝中军政大权。像董贤这样一无战功，二无政绩的人得到如此重赏，自然引起大臣们的不满和反对。丞相王嘉代表众臣向哀帝进谏说："高安侯贤，佞幸之臣，陛下倾爵位以贵之，单货财以富之，损至尊以宠之，主威已黜，府藏已竭，惟恐不足。"但哀帝丝毫听不进去忠言，反而下令将王嘉逮捕入狱。正是因为哀帝的滥赏与乱罚，引起了朝中百官的强烈不满，一些有野心的政客乘机广结势力，图谋篡权。哀帝死后，外戚王莽便夺取了政权。

滥赏不行，严刑峻法同样不可取。前秦厉王苻生性格乖僻内向，反复无常，经常滥杀臣吏。一次，京城刮起龙卷风，苻生认为这是有人故意捣乱，便随意杀了不少无辜的大臣和侍卫以平息天怒。还有一次，他突然下诏让群臣至咸阳故城面圣，因事情仓促，许多大臣未能及时赶到，苻生二话没说，便宣布将迟到者通通处死。大臣们在他面前说话，个个心怀恐惧，唯恐哪句话得罪了苻生而招致杀身之祸。

贤明的君主赏功罚过，应遵循一定的尺度，而不应随着个人的喜怒情绪肆意妄为。臣民们依法办事而建有功业，就应当奖赏；臣民违法办事而犯下罪过，就应当惩罚。应该得到奖赏的，即使对君主没有直接益处，但只要有利于国家和民众，也应同样依法奖赏。应该受到惩罚的，即使对君主的名声威望没有损害，但只要损害国家和百姓的利益，也要依法惩处。同样，贤明的君主不能让臣民不经努力便轻易获得奖赏，也不能惩罚那些尽了力而没完成任务的人。

宋人徐宗仁说："赏罚者，军国之纲纪。赏罚不明，则纲纪不立。纲纪不立，军国将倾的日子也就为期不远了。而只有信赏必罚，军国之纲纪即可立也。否则，误国之罪不诛，则用兵之士不勇；而利国之功不赏，则建功之臣日怠。"因此，除害建功者一定要赏其功，使其获其利；

第四章 恩威并重

而兴害为祸者一定要惩其过，使其受其罚。

宋太祖为政时期，无论是率兵征伐，还是治国安民，都强调信赏必罚，并且说到做到。他曾经发布诏令说："国家慎重选贤用才，参加国家大事的管理。钱、财、物等权力集中的职位尤其重要。已经被选拔任用的官员，应各自竭力诚心，尽职尽责。每年年终时都要考核官员的政绩，赏罚的规定是一定要实行的。没有功劳或是不能胜任的就要罢免或辞退，有功劳的则要分别给予奖赏。"

平灭后蜀之后，宋太祖对攻蜀将领进行评价奖罚。大部分将领虽然平定后蜀有功，但并没有按照太祖事先要求的去做，在安定后蜀百姓方面留下了许多隐患。只有曹彬统率的水路军队，严格执行太祖的命令，对百姓秋毫无犯，军纪肃然。因此，太祖对独保清廉本色的曹彬大加封赏，封他为宣徽南院使、义成节度使。曹彬看到其他诸将都受到斥责，而只有他一人受到奖赏，便到朝廷辞谢说："征讨后蜀的将领都获罪，唯独我受奖赏，心中实在不安。我思来想去，不敢接受陛下的封赏。"太祖回答说："你有功无过，又不骄傲自大，连王仁赡都说'清廉畏谨，不负陛下任使者，惟曹彬一人耳'，如果你真的犯有一点过失，他难道会替你隐瞒吗？惩恶劝善，赏功罚罪，是国家必须执行的法令，你就不必推辞了。"

同时，太祖还对王全斌等人违抗圣命、掠夺人口财货、杀戮降兵、私开府库等罪状严加审查。经文武百官议定，王全斌等人罪当大辟。但太祖考虑到他们虽犯有重罪，但在平蜀过程中也立有大功，本着将功抵过的原则，特地对他们从宽处理。王全斌被贬为崇义军节度观察留后，崔彦进被贬为昭化军节度观察留后，王仁赡被贬为右卫大将军。对于太祖如此处理，后人吕中评论说："我太祖之兴，其用兵行师，伐叛吊民，尤切留意于赏罚之际。王全斌、曹彬,平蜀将帅也,曹彬有功无过,则擢用而不疑;王全斌贪恣致乱,则贬降而不恤。"

为了求得永远的和平安宁,太祖还用赏赐的办法,鼓励百官上书直谏。公元972年,太祖下诏:凡官绅、儒士、贤才等一切平常熟知治河的有识之士,或懂得疏导之法的实干之才,可写奏折上书,经驿站送至京城。朕当亲自阅览,采用他们好的建议。凡上书建议被采纳的人,将分别给予不同的奖赏。

把握住刑罚的尺度,当严则严,当轻则轻,是太祖处事的又一原则。公元967年,禁军将领吕翰率众谋反,有人揭发说禁军中大多数人都参加了这一叛乱,请求将他们及其妻子、儿女一起处以极刑。太祖刚开始既震惊又愤怒,决心严惩谋逆之人,但转念一想,此案牵涉人员过多,如果举报不实,岂不枉杀大批的无辜。经过慎重考虑,太祖召来检校太傅李崇矩商讨。李崇矩认为,叛乱是不赦之罪,应该杀掉,但是这样一来,该杀的人有一万多,也未免太多了。太祖说:"我认为这其中绝大多数人是被迫的,谋反并非他们的本

罗 汉

意,他们其实并不想谋反。"于是,太祖当机立断下诏免除所有参与叛乱之人的罪,声明只追究为首者的责任。如此一来,立即在叛军中产生巨大反响,被胁迫参加叛乱的将士被太祖的宽厚行为所感动,纷纷脱离吕翰,重新回到太祖阵营。吕翰众叛亲离,不久便被平定。

对待犯有重大过错的官员,太祖一般不会轻易宽宥。《宋史》称,开国之初,一些武将功臣贪赃遇赦,经过一段时间后仍然可以被升迁。太祖发现这种情况后非常生气,说:"这样做,怎么能够惩戒贪吏呢?"于是下诏重新修改法令。新的法令规定:即使大赦之时,十恶之罪、官吏受赃罪等不予赦免。

对于既有功又有过的大臣,宋太祖赏其功,罚其过,尽量做到公正公平。

建隆四年(公元963年)三月,宋太祖授命军校尹勋督民夫疏浚五丈河。尹勋本是个很负责的军校,但处事浮躁,缺少经验,对"度"的掌握不够,结果对民夫督责过严,导致陈留的民夫夜间逃跑了不少。尹勋没有请示上级,就亲自率兵去将逃跑的民夫全部捕获,尔后又将带头逃跑的10名队长斩杀,将七十余名逃夫的耳朵割掉,以示严惩。

尹勋的这种残暴行为引起公愤,很多疏浚河道的民夫到京中上诉要求严办尹勋。兵部尚书李涛气愤不过,抱病上奏,力请宋太祖斩杀尹勋以平民愤。李涛的家人担心他的病会加重,极力劝阻他不要管这件事,李涛断然说道:"我身为兵部尚书,知军校无辜杀人,岂有不论?"

宋太祖非常赞赏李涛的作为,对他慰勉有加,又委任他为督疏浚河官,对被害民夫予以抚恤。但他认为尹勋是忠事朝廷,并无私情,只宜薄责,不宜处以极刑,于是降尹勋为许州团练使而了事。

宋太祖赞赏李涛,慰勉有加,便是以轻诺相许,而未对肇事人尹勋给予重责,必将受到李涛的不信任。宋太祖宁受寡信而不多杀一人,真可谓"圣人犹难之，最终无难"。

《宋史》赞曰："宋初诸将，率奋自草野，出身戎行，虽盗贼无赖，亦厕其间，与屠狗贩缯者何以异哉？及见于用，皆能卓卓自树，由御之得其道也。"按照《宋史》此论，驾驭宋初出身于草野戎行的军中将领，甚至包括盗贼无赖、屠狗贩缯者在内的乌合之众，是"非圣人不能为之"的事，宋太祖虽非圣人，然而却本着一颗真诚之心，通过种种难为的手段，将之整饬为一支训练有素、战无不克的军队，可见他的用人谋略之高明。

正因为宋太祖坚持赏罚分明的治国、治军方法，宋太祖得到了有功之臣的忠心辅佐，也有效地防止了不法之臣的作乱。他的军队纪律严明，具有强大的战斗力。

宋太祖通过恩威并重的方法实现了对臣民的有效统治。他对有功之臣不吝施恩，通过金钱和感情获得将士的忠心。同时，他又宽严有度、赏罚分明，给臣下以威严。正是这种恩威并重的方法，让宋太祖的臣下对他既忠心又尽心，维护了大宋的统治，使宋朝摆脱了五代十国以来"短命王朝"的命运，为大宋统一中原打下了坚固的基础。

第五章 宅心仁厚

第一节 祖宗家法

据《避暑漫抄》记载：建隆三年（公元962年），宋太祖诏令密镌一碑，立于太庙寝殿之夹室，谓之"誓碑"。誓碑秘不示人，只有当新天子即位后，在拜谒祖庙的典礼结束后，才由执事官奏请皇帝恭敬地去观读誓词。此时，只能由一个不识字的小太监跟随，其他人在夹室外远处站立。皇帝独自到碑前，复行跪拜之礼后，瞻默诵记，熟记碑词后再行拜礼退出。群臣近侍，都不知道誓碑上刻写的内容。从此以后，赵宋帝王恪守家法，都仿效这种方式拜读誓碑，奉为祖传秘方，传家至宝。

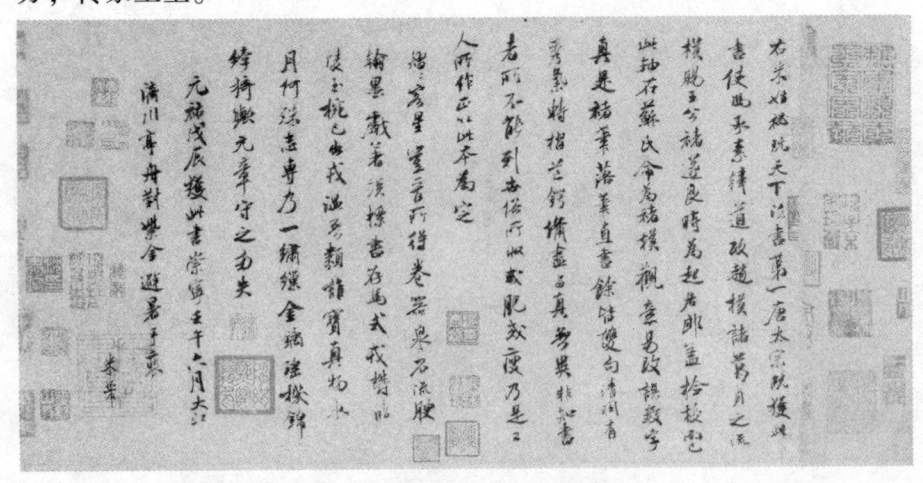

米芾·跋褚遂良摹兰亭序

第五章 宅心仁厚

直至北宋末年靖康之变时，金兵侵入开封，宫城各门洞开，人们在混乱中才知晓誓碑的秘密。誓词共有三条：

（一）后周帝室子孙，有罪的不要施以刑罚，即使犯有谋反叛逆之罪者，亦只可于狱中赐其自尽，不得于市曹杀戮示众，更不得连坐其旁系亲属；

（二）不得杀士大夫及上书言事者；

（三）子孙有逾越此誓不按规定办者，上天一定会杀死他。

宋太祖以这三条传世家法来约束后代皇帝，让大宋开国之初以仁治国的方针通过立誓的方式传承。

家有家规，国有国法，自古以来便是如此。俗话说，没有规矩，不成方圆，也是这个道理。作为一个统驭天下子民的皇帝，如果连自己的小家都管不好，更何谈治理偌大的一个国家呢？

在专制体制的社会中，不可能建立起一个真正彻底的法治社会。因为封建专制的社会性质决定了法律完全可以根据皇帝的利益而改变；当法律违背了皇帝的意志，或皇室成员触犯了法律时，法律便极有可能只是摆设而已。在专制社会中，皇帝或其家族成员如果能身体力行，约束自己，力争不犯法，也就难能可贵了。

法规既然对皇帝也有约束力，对大臣就更有约束力了。宋朝的法典是率土以遵行，也即普天之下都要遵行，自然也就包括官吏在内。《礼记·曲礼上》中有云："礼不下庶人，刑不上大夫。"古往今来，中国的法律对上层阶级始终保持着特权。上层人物犯了法，不但能减刑，而且可以赎刑。所谓赎刑，就是用资本和钱物买得自己免罪。周朝的刑罚条律并没有刑不上大夫的规定，但因为周朝有赎刑的规定，所以有钱的大夫们犯了法，就用自家的财物赎刑，以此免罪并保留自己的生命。正因为这个赎刑的规定，《礼记》上才出现了刑不上大夫的话。

其实，中国历史上的很多朝代根本没有刑不上大夫的条文。战国时，商鞅执秦国政，刑公子虔。后来商鞅得罪，被秦惠王车裂致死。秦、汉之时，大夫因有罪被刑屡见不鲜。隋、唐之际，大夫的命旦夕不保。可以说，在中国的封建王朝中，刑不上皇帝是自然的，但刑不上大夫却有些站不住脚。宋太祖制刑律，以法治国，更没有刑不上大夫的特权，就是在赎刑方面，他也予以一定的限制。

乾德四年（公元966年）三月，大理寺卿高继申针对《宋刑统》颁行后在实际执行过程中出现的问题，建议修改三品、五品、七品以上官员亲属犯罪的荫刑（因先世勋绩可以赎刑）条文，他担心"年代已深，子孙不肖，为先祖曾有官品，不畏宪章"，因而主张改为："用祖父亲属荫减赎者，即须祖父曾任皇朝官，据品秩得使前代官，即须有功及国，行惠及民，为时所推，官及三品以上者方可。"这个建议无疑是为了加强国家的执法力度，达到真正以法治国的目的。宋太祖认真听取了高继申的建议，其实他对千百年来顽固的赎刑荫庇犯法的条文，也同样是很不满的，所以他完全采纳了高继申的建议，从而对特权阶层的荫刑特权作了较为严格的限制。

为了进一步实行以法治国，宋太祖吸取历朝外戚宦官专权的教训，在国法之外，又制订了家法，作为以法治国的王室法规部分。所谓家法，不仅是单指皇帝本家的法律，官吏庶民也可以参考而用。宋太祖的家法有八类，即：事亲之法、事长之法、治内之法、待外戚之法、尚俭之法、勤身之法、尚礼之法、宽仁之法。《易经·象辞》曰："家人有

第五章 宅心仁厚

严君焉,父母之谓也。父父、子子、兄兄、弟弟、夫夫、妇妇而家道正;正家而天下定矣。"

这些家法在宋朝发挥了其功用。宋人吕中说:"其待外戚也,未尝少恩,然在内不得预政,在外不得为真刺史,则无吕、霍、上官之祸;其于宦官也,未尝滥杀,然内侍官不过留后,虽有功不除宣徽,则无伯牙专恣之祸。"这段话中谈到了两个历史教训:汉朝因无家法,屡遭大患。汉高祖容忍吕后,致使吕后当权,汉朝差一点由此而亡。汉武帝任用外戚霍光辅昭帝(武帝子),权倾内外,族党满朝,屡行废立,威震人主。这种教训其实后世也每每重演,唐朝后期宦官专权,常杀皇帝。

宋太祖制定家法,也就抑制了外戚专横、宦官专权,使宋朝三百多年无内乱,这都是所制家法之功。"刑于寡妻,至于兄弟,以御于家邦"。在专制制度下,宋太祖制法及于家人,由此而观之,他的以法治国,的确是真的。

一屋不扫,何以扫天下;一家不治,何以治国家。唐太宗李世民英明一世,却怎么也没想到,因为一时疏忽而留下的祸根,差点使李唐王朝成为短命的隋朝的翻版。后来的朱元璋也没想到,宦官不得干政的戒碑,被儿子废除后,直接导致了大明的衰亡。在此看来,皇帝的家法已经不仅仅是皇家的法,而是整个国家的法。

宋太祖还提出"王者禁人为非,莫先于法令"的主张,又说"若犯吾法,惟有剑耳"。对兄弟子侄,宋太祖也提出了要求。

赵光义是宋太祖之弟,陈桥兵变时是主要参与者,太祖继位后,他位居一人之下,万人之上。太祖遵母遗命,生前既准备让赵光义作皇位继承人。显贵的身份使赵光义权欲大增。他广揽豪杰,树置心腹,在朝中形成了一个强有力的权力班底。时人称他的府第是"软绣天街",比太祖还豪华。老谋深算的赵普曾提醒宋太祖，赵光义罗织心腹、广树党羽问题的严重性。宋太祖对此也早有警觉，但他性情中很看重家庭孝友，有人情味，对此总碍于亲情。但后来兄弟两人的矛盾已渗透到各个方面了。

开宝九年（公元976年），即宋太祖临终那年，他到西京洛阳视察，并令赵光义随行。按以往的惯例，太祖每次外出京城，都是让赵光义留守京师的，此次安排大出人们的意料。太祖在西京洛阳逗留了1个月，他对洛阳怀有深深的眷念。

他曾经想把都城迁到洛阳，遭到了一些大臣的反对。赵光义坚决不同意迁都，甚至"叩头切谏"。最后，太祖听从了赵光义的意见。太祖为什么要提出迁都的问题呢？他是想通过迁都，摆脱赵光义有强大势力的开封府对自己的不良影响。太祖带着赵光义巡视洛阳，是希望通过洛阳之行，勾起弟弟对往事的追怀，从而唤醒弟弟的良知，以达到携手共进的目的，而不要发生同室操戈的不幸事件。在离开洛阳的时候，宋太祖来到父亲的陵墓前告别，悲恸地哭道："今生今世将再没有机会来此朝拜了！"忧郁之情溢于言表。从太祖的心理活动看，他一直没有把自己的骨肉兄弟看做外人，对赵光义的防范也一直控制在温和的范围之内。虽然后来有"斧声烛影"之说，史家怀疑赵光义害死了宋太祖。但总的说来，为了戒备而骨肉伤残，其结果也未必就能戒除变故。秦二世杀了哥哥扶苏，也难逃二世而亡的命运。

以法治国，实质上就是以法治人。宋太祖立下家法，对皇室子弟加以约束，缓解了皇室的特权滥用，为维护皇权代代相传起到了积极作用。

第二节 仁义皇帝

宋太祖为仁义之君，他一改五代十国尚武之风，右文抑武，提倡读书，以儒家思想的"仁"德治天下。

《宋史·太祖本纪》记载：太祖暮年，壮心不已。晚好读书，尝读二典（《尚书》中的尧典与舜典）。太祖所读之书，大多是有助于治国的儒学经典和史书。他曾说："我常常观读、研习过去的史书，非常仰慕以前的贤君明主。他们不让贤能的人不得志，从而任用的都是这些贤能的人。"他还表示，要效法先代明君，录用那些忠孝仁义、有德有才、文经武略的人才。

宋代之所以成为文风极盛、文人辈出的一代，与宋太祖提倡文治、倡导读书是密不可分的。宋太祖的"仁"的思想来源于书本，起始于儒家，他对读书的重视与他以"仁"治国一脉相承。

宋初，承五代之乱世，文风衰微，武风盛行，世人皆以能在战场上建功立业作为人生目标。他们信仰"安朝廷，定祸乱，直须长枪大剑，至如毛锥子，焉足用哉？"在这种环境和气氛之中，文人士大夫"絷手绊足，动触罗网，不知何以全生"。即使位列宰辅，跻身卿相，也只不过是武人的点缀和修饰，只能看武将的脸色行事，供其驱遣。

得到天下之后,宋太祖明白:武将只能在马上打天下,要治理天下,必须用饱读诗书的文人。于是,便出现了宋代"重文轻武"、"宰相须用读书人"的状况,文人的地位逐渐得到改变。

宋太祖重视读书,首先表现在他重视书籍上。

用文人治国,首先要求皇帝多读书、读好书,从书中学会治国之策,广见闻,增智虑。太祖读书,首先从收集图书开始。跟随周世宗行军打仗之时,太祖便留意收集民间奇书,往往不吝重金购买。别的将领收集的战利品,大多是金银珠宝,而太祖收集的,则是整箱的书籍。当上皇帝之后,太祖对各地的图书极为珍视,即使在战争中,也要求将士们注意搜集和保护各地的图书。平定后蜀,得到13000余卷书籍;平定江南,又得书两万余卷。公元966年,太祖又专门下诏征集民间藏书,规定凡是官吏、百姓献上的书籍,由史馆察看编目,凡史馆中没有的就加以收纳。为鼓励百姓献书,太祖还下诏说,献书人

白瓷孩儿枕

第五章 宅心仁厚

可到学士院接受关于如何做官的策试,合适的授予相应的官职。通过向民间征集藏书,国家书馆中的书籍数量猛增,仅史馆藏书就达80000卷。

宋太祖重视读书,还表现在他要求文臣多读书。

宋太祖不仅自己发奋读书,而且经常告诫身边的文臣武将多读书,有关这方面的诏令就有数次之多。如"今之武臣,欲尽令读书,贵知为治之道"。对皇室子弟,太祖也经常鼓励他们读书识礼,他曾对秦王侍讲说:"帝王的后代,应当多读经书,知道历史上治乱的情况。"

在太祖的鼓励和鞭策下,许多大臣和皇族都养成了好读书的习惯,甚至连以前目不识丁的武将也能够耐下心来,捧起书本学起文化知识了。

赵普是宋太祖的亲信之人,跟随太祖南征北战,出谋划策,运筹帷幄,立下了汗马功劳。但美中不足的是,赵普虽是文人,但只精通权术。《宋史·赵普传》记载,赵普从小不甚喜好书籍,而是"少习吏事",热衷于如何当官,玩弄智巧权术;而对学术文化却不求甚解,知之甚少,故有"少习吏事,寡学术"之称。

有一次,赵普陪同太祖来到朱雀门前。太祖指着门上的牌匾问赵普:"为什么不直接书写'朱雀门',中间加上一个'之'字有什么用处呢?"赵普回答不出其所以然,只好说:"'之'字是个助词。"太祖听后,很不以为然,讥笑赵普说:"之乎者也,助得甚事!"受到刺激后,赵普才觉自己学问太浅,于是发奋起来,"每归私邸,关户启箧取书,读之竟日",后来,终于达到"及次日临政,处决如流"的境地。赵普依靠书中所学的知识,不仅提高了决断、处理政事的能力,而且陶冶了自身的情趣品格,最终成为宋初的名相。

在众多跟着太祖读书的人当中，也有假冒读书而想得到重视的人。太祖经常派人到史馆取书阅读，而负责管理史馆的卢多逊也是一个善于投机奉迎的小人。他经常在太祖派人到史馆借书时，记住太祖阅览的书目，然后抓紧时间通读至熟，将其中的主体部分牢记于心。太祖在上朝之时，有一个习惯，就是为了促进臣子们学习，经常在大殿上将自己所读书籍中的一部分背出来，借以考察诸位大臣的学识。此时，往往只有兵部郎中卢多逊胸有成竹，对答如流。因此，太祖常常夸他勤奋好学而且学识渊博。卢多逊因此官运亨通，逐渐受到了太祖的信任和重用。但时间一长，卢多逊的投机本性就暴露出来了，终于被太祖识破，其官运也由此止步不前。

宋太祖重视读书，也表现在提倡武将读书上。

对于那些行伍出身，跟随太祖南征北战的武将，宋太祖也时常劝他们多读些书，告诫他们说："今之武臣亦当使其读经书，欲其知为治之道也。"

太祖手下有一猛将名叫党进，虽勇猛善战，却大字不识一个，甚至连自己所统帅军队的数量也不清楚。有一年，太祖派他到高阳戍边。按惯例，赴任前要到朝廷向皇帝致词辞行。太祖知道党进不识字，就派人告诉他："太尉边臣，不需如此。"但党进生性好强，坚持要亲自向太祖致词辞行。手下人无奈，只好将致辞先写在手板上，然后教党进背熟。但辞行之时，党进由于紧张，一句话也说不出来，虽然握着手板，却又不认识上面的字。忽然，党进挤出两句风马牛不相及的话来："臣闻上古其风朴略，愿官家好将息。"此话一出，太祖及侍卫们禁不住掩口而笑，几至失容。事后有人问党进，党进回答说："我尝见读书人爱掉书袋，我也掉一两句，也要官家知道我读书来。"由此可见武将想读书的愿望是何等热切。

为了促进读书的风气,宋太祖非常重视科举取士。

从书中获得权力的典型范例,应当是科举取士。士,就是读书人的统称。进一步讲,也就是我们所说的人才。有宋一代,重文轻武是其既定国策。文臣不仅被用来治国,管理民政与财政,而且以文臣出守州郡,代武将掌管部分兵权。这些文臣的来源,便是饱读诗书的士子,通过科举而跻身政界的读书人。

科举取士是一种设科考试、择优录取的选拔官吏的制度。这一制度始于隋,发展于唐宋,以后逐成定制。隋文帝时,考试只设志行修谨、清平干济两科;隋炀帝时,增设进士科。唐代,考试科目大为增加,共计五十余科。宋太祖时,基本继承唐代科举制度,但所考科目大大少于唐代。科举取士制度,利于广泛吸收中下层士人参与国家政治,提高官僚队伍的素质和活力。但随着制度的发展,也出现了不少弊端,如考官擅权徇私舞弊、取士不公等。

为了选拔出真正的人才,杜绝滥竽充数之辈,宋太祖进行了一系列改革措施。首先,禁绝朝臣"公荐"士人,提高了科举取士的透明度。其次,下令及第举人不得称呼主考官为恩门、师门,亦不得自称门生。再次,限制主考官权力,并增设副职以分其权,有徇私者严惩不贷。另外,为完善和监督科举考试,又增设复试和殿试,由皇帝亲自考核中举的士人。

宋代初建之时,百废待兴。为扩大取士范围,吸引更多的人才参加科考,进而为赵宋王朝服务,宋太祖还取消了对应举对象的诸多限制。无论年龄大小、家庭贫富、郡望高低,只要粗通文墨,均可报名应试。这样,极大地调动了士人入仕的积极性,科举也因此重现生机。对家庭贫困的士子，朝廷发给纸券，免费供应赴考途中的食宿，为贫寒士人创造了条件。

读书可以知礼，可以明志，亦可以怡情。《宋史·太祖本纪》记载：太祖读《尚书》中的"尧典"、"舜典"后十分感慨，说："尧、舜按罪行处罚'四凶'：骧兜、共工、鲧、三苗，只是把他们流放到边远之地。而且，当时的法律条文还没有现在的法律条文系统、严密。"因此，太祖告诉身边的宰相们："五代诸侯，专横跋扈，有的枉法杀人，而朝廷放纵他们，不予问罪。人的生命是最重要的，姑息纵容藩镇武将，还有什么比这更厉害的呢？从此以后，各州县地方处死犯人，应当送案卷报请朝廷，付刑部复核审验后决定处罚适当与否或轻重。"

宋太祖好读书的习惯，对其后继者产生了深远的影响。

据《宋朝事实类苑》记载：太祖之弟太宗也是一个发奋读书的好学之帝。他曾对侍臣说："朕万机之暇，不废观书。"为了读书，他在皇城内修建清心殿，收藏了大量图书，理政办公之余便到此殿读书。他诏令臣僚："史馆所修《太平总类》，以后每天送三卷来，朕当亲览。"侍臣宋琪提醒说："陛下爱好历史，以观书为乐，这是大好事。不过每天读三卷太多，恐怕过于疲倦，有伤龙体。"太宗说："朕性喜读书，开卷有益。这部书虽有一千卷，朕准备花一年时间读完。想起那些好学之士，读万卷书，也就觉得不难了。"正是因为每天要送3卷给太宗御览，所以此书后来便更名为《太平御览》。通过读书，太宗的见识大为增长。在谈到如何治国时，他对宰相说："治国之道，宽猛得中，宽则政令不成，猛则民无所措手足。"

太祖的后世子孙，也时常以他作为楷模。《帝学》篇中载道：太宗之后，真宗、仁宗、英宗、神宗、哲宗等多好学，喜欢读书。真宗曾说:"朕听政之暇,惟文史是乐","文史政事之外,无他玩好。"英宗也是"好读书,不为燕嬉亵慢,服饰俭朴如儒者"。

宋太祖爱读书,从书中学得仁义之道,并以仁义之道影响满朝文武和后世子孙,建立了以仁治国的统治地位。

宋太祖仁义为怀表现在他以仁义之心统一天下。他以和平兵变减少了杀戮,在征战中也多用巧技,减少正面击杀,并严格约束士兵,禁止滥杀乱掳。

史家笔下的宋太祖,是一个忠厚长者般的帝王。他起于乱世,而能以仁义创两宋三百年基业,繁荣经济,倡导文化,其功业当属不朽。后人评价宋太祖为:建邦立国,崇仁义之德;统一天下,兴仁义之师;安定乾坤,从仁义之政。

宋太祖在乱世中崛起,对于人治和法治都有清醒的认识。他认识到,要达到社会的大治,仅靠严刑峻法是不行的,法律只是治理社会的一个方面,是被动地去治人;而要使天下大治,在于教之以德,提高民众素质。宋太祖一方面看到,对于新建的王朝来说,法律必不可少,因为无刑罚,人们会为争利而犯法,破坏社会秩序,影响统治基础。所以必须制定法律予以限制。但同时又不能推行严刑峻法,久经战乱的百姓,最需要的是宽松的生活环境。国家的主要任务是维持社会安定和生产的发展,这样就需要与民休息,普施仁政。

孔曰成仁,孟曰取义。儒家学说统领中华民族风骚数千年,虽朝代更迭,天子皇帝走马灯似的换来换去,但历朝历代用以统治百姓的最重要的思想武器仍旧是儒家思想。在所有帝王中,将仁义挂在嘴边的无以计数,而将仁义铸于胸中者却寥寥无几。仁,就是仁爱。历代统治者,常常标榜仁政,即使像夏桀、商纣这样的暴君,也常以仁政来欺骗百姓。作为儒家学说核心的"仁义",是中华传统伦理道德的精髓,是历代名君圣主兴邦治国的思想基石。

《宋史·太祖本纪》记载:宋太祖的道德仁义之风淳厚,不在汉、唐名君贤主之下。著名理学家朱熹也认为:太祖"得天下以仁,而民从之,故天下一于宋。"如果说朱熹是为宋太祖歌功颂德,是因为他是宋代官宦,而《宋史·太祖本纪》却是后代所撰,其客观性当属真实。

宋太祖当上皇帝之后,急需考虑的是统一的问题。唐末以来,各地割据势力为争夺权力和领地,连年战争不断,造成大量土地荒芜,人口凋敝,经济几近崩溃。因此,统一是当务之急。然而,统一必须通过武力来解决,或者说以武力为后盾来解决。在大多数情况下,战争是统一的唯一方法,胜者为王败者寇。战争意味着大规模的杀戮,不仅使敌人血流成河,自己也避免不了伤亡惨重的后果。宋太祖在统一过程中,为尽量减少敌我双方的伤亡,且能够达到一统天下的目的,他制定出比较周全的统一计划,采取先易后难,战抚并用的方针,逐步完成了设想。

作为带兵打仗的将领,能够披坚执锐,冲锋陷阵,百战百胜,当然属于勇猛的将才,但算不上最聪明的将才。因为他在取胜的同时,自己一方也遭受了不同程度的损失。真正聪明的将才应该是不战而屈人之兵,以最小的代价换取最大的胜利。在伐蜀一役中,宋太祖巧妙运用兵伐与怀柔之计,迅速完成了灭蜀的任务。

乾德二年(公元964年),宋军伐蜀。太祖事先约束伐蜀将士:行营所到之处,不许焚烧房舍,不许殴打与劫掠吏民、开发坟丘、剪伐桑柘。违背者,以军法从事。与此同时,太祖还令掌管工匠制作的八作司在开封汴水沿岸为后蜀皇帝孟昶预建宫舍五百余间,室内床帐器物一应俱全,只待孟昶投降后便可久居于此。在这种情势下,宋军前锋甫一攻

第五章 宅心仁厚

越窑青釉划花宴乐人物纹注壶

下后蜀门户剑门关后,孟昶便急忙派人请降。宋太祖为安定民心,以仁爱宽容厚待孟昶及其家人,封官加爵,打消了后蜀君臣的顾虑。为安定后蜀百姓,宋太祖进一步下令,减免原有的苛捐杂税,取消不合理的制度,并严令地方官吏不得擅自苛害百姓,违者严办。在征蜀时,宋军中也出现过违背太祖命令而残暴虐民的将领。有一个军官,每攻下一城,便在降民中割女人的乳房为乐,致使许多妇女受虐而亡。太祖闻知大怒,立即下令将此人处死。许多将领为此人求情,说他对太祖忠心耿耿,只是出于对敌之恨才干出此事,如果因为这样就杀了这个良将,岂不是一个损失?太祖说:"兴师伐罪,妇人何罪?怎能残忍到如此地步!

应当绳之以法，以此为受害者偿冤。"太祖虽然失去了一名善于打仗的良将，却赢得了后蜀百姓的拥戴，其利害得失显而易见。

宋军以微薄的兵力，仅用两个月便灭掉了广饶富庶的后蜀，其主要原因便是太祖制定的兵临城下、怀柔其后的战略。加之战后太祖对蜀地实行仁政，有效地减少了后蜀官吏百姓的对立情绪，很快完成了对后蜀的统一。

自古以来，皇帝被称为天子，代替上天来统治百姓。作为天子统治下的官员百姓，率土之滨，莫非王臣。在处理君与民的关系上，不同的帝王有不同的思想和措施，既有秦二世之类的暴政苦民的君主，也有唐太宗、宋太祖这样的仁政爱民的帝王，其结局自然是大相径庭。

宋初，经过唐末以来的连年战乱，河山一片苍凉，荒田万顷，流民遍野，社会处于急剧的动荡之中，这对封建统治者提出了严重的挑战。百废待兴，而且亟需待兴，这是太祖登基以来要解决的第一要务。为安定民心，太祖首先下令在统一过程中，注意保护百姓的财物，不得劫掠，使之安心生产。其次，严贪墨之罪，严惩贪污受贿的官员。再次，爱惜民力，尽量做到不劳民，休养生息。

在统一大业中，各地割据势力法令不一，百姓的捐税多如牛毛，苦不堪言。太祖下令，每当征灭一个国家之时，首先要注意废除该国的苛政。合并荆湘后，下令免除荆南、潭州、朗州等地百姓拖欠官府的租税及其他杂税。平定后蜀后，免除了境内百姓拖欠的租税、无名科役及新增赋调，接着免除了百姓所欠官府和地主的公私债务，并废除了"牛驴死后，皮革完全归官"的规定。平定岭南和江南后，太祖又下令免除以前所有的繁苛重敛及拖欠的租税。

在爱惜民力方面，宋太祖与其他帝王相比，更显其仁政爱民。众所周知，秦始皇统一六国后，大兴土木，修长城，筑阿房宫，所耗民力巨大,其所创秦朝仅历二世而亡;隋炀帝频繁征调百姓,大修宫殿,广疏运河,远征高丽,逼得民不聊生,揭竿而起,最终国破人亡。就连创下开元盛世的唐玄宗,其晚年也不思进取,广建行宫,惹得天怒人怨,盛唐从此一蹶不振。这些滥用民力的历史教训,数不胜数。

宋太祖执政后期,境内基本趋于稳定,社会经济生产已逐步走上正轨。一天,宋太祖得一梦,梦到先祖的陵墓非常破旧,觉得愧对祖先。醒来后,便计划大修祖陵,使地下的祖先过上舒适的生活。但想到帝室陵寝的维修是一项浩大的工程,肯定要动用巨大的人力和物力来完成,而且还有秦始皇大修陵墓的前车之鉴。但如果不修陵墓,又觉得对不起祖先。思来想去,太祖终于想到一个较为稳妥的折中方案,即"调厢军千人到京都修先代陵寝",从而避免了大规模征调百姓,耽误农时的弊端。太祖还下令:"今后再有什么修建的工程,可以镇兵充其役。"

宋太祖以仁治天下,表现在法律上尽量宽简。

宋太祖以宽仁治天下,虽用法而务在宽简。在国家局势稳定之后,他见各项工作已转入正轨,就大力推行立法从宽、执法尚严的治国方针。自开宝以来,他对犯死刑而非情理谋害,也即不是蓄意杀人者,多免除死罪。从公元969年至公元975年的七年间,宋太祖所免除死罪者多达4108人。

建国以后,为了保证国家的正常运行,宋太祖下令加强法制建设,制定和颁布宋刑法。在封建社会中,没有法律只靠人治,固然不行,因为执政者的思想不一致,使得社会缺乏统一的规则,结果必然是无法可守,容易引发社会问题。但有了法律不见得就好。秦朝推行严刑酷法,结果适得其反,仅仅几十年的时间,就被农民起义推翻。在还没有现代法治的古代,如何做好这方面的工作,是执政者的主要任务之一。

在灭南汉之前，当地人民长期受到残酷统治。刘𬬭在奸相的把持下，制定了很严苛的刑律。当时窃盗很多。按有关法律，盗窃钱财，赃满五贯者就当处死，而按照宋朝的司法程序，对判处死刑的案件则必须上报奏裁。因此，宋朝派去的地方官就向宋太祖请奏说："岭表遐远，覆按稽滞，请不候报决之。"因岭南离汴京确实太远，在当时的交通条件下，如果判处死刑上报刑部，得用很长时间。为了不让案件稽滞太久，造成关押不便，所以请求宋太祖让他们不报刑部批准就可以对人犯判处死刑，在法律程序上作些变通。

宋太祖所想的却不一样，他首先想到的是窃盗律规定得过于严苛，其次又想到地理区域的不同，因而习俗不同，他不仅没有同意广东地方官对犯盗窃罪的人犯先斩后奏的请求，反而减轻刑律，他答复说："海隅之俗，习性贪冒，穿窬攘窃，乃其常也。"因而下诏，盗窃赃满五贯者，只给予决杖、黥面配役，满十贯者才能弃市。

宋太祖除了在法律条文上予以放宽外，在具体的案例刑狱上也往往宽缓刑罚。他曾亲自调阅开封府审判案卷，仔细复查后，将数十人解除禁押。乾德五年（公元967年）四月，他鉴于司法条文中有持杖抢劫者一律处于死刑的条款，又特意下诏，对虽持杖抢劫但不伤人者，只以计赃论罪。

对于那些因为犯罪被羁押的人，宋太祖也从人道的角度予以考虑。开宝二年（公元969年）五月，暑日早到，天气大热，人皆寻荫摇扇以御暑。宋太祖见暑气方盛，不由寻思，自由民尚不耐暑，何况狱中系绳带枷之人？于是下诏给各州，命令长官督掌狱属员每五日一检视监狱，洒扫狱户，洗涤刑械。贫困不能自存者给饮食，病者给药，轻系小罪即时予以遣释，无得淹滞。从此之后，每年仲夏，都要重申此项命令，以

第五章 宅心仁厚

申诫司法官员，后来就成为正式的制度。

据史书记载："太祖任人而不任法，以处他事则可，以处刑狱则不可，此《刑法》之不可无也。史律令之明，条章之具，使罪应其法，法应其情，奸吏犹且为之轻重，况无法乎！本朝格式律令皆有常书，张官置吏，所以行其书耳。然有司所执之法，有人主所操之权，宽缘坐而严故人，命士人以典狱，责御史无冤民，此太祖用刑之权。"由此可见，宋太祖在推行法律的过程中，也贯穿了他的仁政思想。

孟子曰："鱼，我所欲也；熊掌，亦我所欲也。二者不可得兼，舍鱼而取熊掌矣。"进而又说："生命是我所爱好的，仁义也是我所爱好的，如果二者不可得兼，舍生而取义也。"这里所说的义，就是仁义。在孟子看来，仁义比生命还要可贵；在宋太祖看来，仁义是安邦治国必不可少的柱石，也是一切权术的最终出发点。

宋太祖以仁治天下，还表现在严禁官员责骂奴婢和下属。

奴婢，自古以来身份低微，受凌辱责骂本是常事，惨遭主人杀害的，亦不在少数。太祖在位期间，奴婢被残害的事情，仍然存在，但经过太祖的努力，奴婢的境况较以往有了很大改观。太祖的心腹将领李继勋自从被解除兵权后，一直郁郁不乐。为了取乐，他经常从奴婢身上割肉，太祖得知此事，非常震怒。经核实后，太祖虽看在"义社十兄弟"的面子上不忍严办，但为了惩罚犯罪，还是把他流放到地处荒僻的海边。为杜绝此类情况再次发生，太祖于开宝二年（公元969年）下令：开封、河南府从今以后奴婢无故致死者，有关长吏必须立时下去检验。

为倡导仁政，太祖还严禁官员对下属过分责罚。当时掌管绫锦院的官员名叫周翰，颇有文采，极得太祖赏识。他虽然饱读诗书，对下人却非常苛刻，属下的锦工稍有过错，便下令施以杖责之罚，引起属下不满。太祖听说后，对周翰很是不满，斥责道："你难道不知道别人的肌肤与你的是一样的吗？你怎能忍心对下属如此酷毒呢？"并准备让周翰也尝尝杖责的滋味，后因周翰认错态度比较诚恳，才放他一马。

帝王对国家的治理不能事必躬亲，只能依靠文武百官来代行天子之权。而百官也是良莠不齐。如何充分调动他们的积极性，发其长而隐其短，最大限度地实现天下大治，就需要君主的驭下之智和控制能力了，宋太祖用一个"仁"字，轻松解决了这个困扰古今帝王的大难题。

历代统治者对百官的控制各有手段。武则天重用酷吏，明成祖开设厂卫，用严密的特务组织监控官员的言行，使得百官人人自危。东汉后期的皇帝则对百官放任自流，不管不问，造成政出多门、群雄割据的乱世。如此看来，对百官的控制，严刑峻法不可取，放任自流也不足采，关键在于一个"度"，即对百官的合理控制。宋太祖便用"仁"把这个"度"拿捏得恰到好处。

中国传统的儒家认为，国家的治乱兴衰，社会秩序的好坏，取决于统治集团的智慧，尤其是最高统治者个人的贤德与才能。宋太祖以仁义为本，善待前朝遗臣，优恤各地降王，并能够给士兵和百姓以生路，实属不易。他的某些行为，虽是仁政，但细思起来不无收买人心之嫌。可是这样做，毕竟比什么都不做要好得多。

宋太祖的仁义措施避免了更多的杀戮和流血，使动荡的社会很快安定下来，大大加快了统一的进程，加速了统一后社会的安定繁荣。

第三节 善待谏臣

宋太祖为了控制百官，设立了台谏制度。对待手下的忠谏之臣，他一直虚心纳谏，择善从之。

历代的治世，除了皇帝聪明贤达、开明进取之外，还需要一大帮忠臣谋士的良言作为辅助。他们的建议，是从另外一个角度思考问题的结果，是对君主决策的有益补充。

中国封建社会中有"谏官"这一特殊群体。他们的职责有二：一是向皇帝检举、揭发犯有错误的同僚百官，帮助皇帝更真实、更有效地知晓群臣为国尽职尽责的情况；二是当皇帝本人做出不正确的决断或不当事情时，有责任规劝皇帝，使他认识到自己的错误之处并加以改正。

当然，做一个谏官实属不易，尤其是给皇帝提意见时，如果皇帝听不进这些逆耳忠言而大怒，谏官的命运就岌岌可危了，轻者受到责骂侮辱，重者治罪免职，甚至被处死。很多人相信这样一条原则：千穿万穿，马屁不穿。历代的传统养成了中国人爱听好话的习惯，对奉承、赞颂之言，即使说得过了头，也只会笑骂一声"拍马屁"。从其脸上的笑容可以看出，他内心里还是非常受用的。

相比之下，那些专门"批龙鳞"的谏官，他们对皇帝说的大多不是赞美之词，而是责问和批评。他们深信，既然自己承担了谏官的责任，又拿着朝廷发给的俸禄，就没有理由不尽心竭力地做好本职工作。他们的本职工作，其中就有"批龙鳞"、"捋虎须"。除了这部分专职的谏官之外，其他的臣子们也有责任向皇帝提出自己的建议和意见，帮助皇帝作出正确的决断。

历朝历代，冒死进谏的忠臣数不胜数，但能够从谏如流的明君却屈指可数。大多数情况下，能够冒死进谏的忠烈之士基本都出现在暴君统治时期，而他们的命运自然会极为坎坷。商朝的丞相比干，为劝谏纣王不要残害百姓和官员，屡次直言劝谏，结果惹得纣王龙颜大怒，下令将比干的心剖开，看看到底是红色的还是黑色的。比干作为中国历史上最早的劝谏者，就这样献出了自己的生命。但他的事迹，却永远被后人记住，流传久远。今天位于河南境内的比干墓，仍是游客们心中敬慕的圣地。

中国文坛早期领袖屈原的命运也极为惨烈。作为楚国的权贵，屈原尽心辅佐楚王治理国家内政，同周边的邻国处理好关系。对楚王的行为，屈原也是诚恳地指出其不当之处，以期出现一个圣明的君主，把国家治理得繁荣强盛，让百姓们过上富足的生活。然而，生逢乱世，屑小当道，楚王早已被身边的佞臣谗言所围困，自高自大，听不进半句逆耳之言。在虚假的繁荣背后，早已埋下了灭亡的种子。屡屡进献忠言的屈原，自然没有好下场，被刚愎自用的楚王一贬再贬，最后逐出朝廷，流落民间。看到自己的责任没有尽到，自己的国家日益衰微，满怀抱负的屈原痛心疾首，但也无计可施。为警醒世人，也为了唤起国人的良知，他选择了死，纵身投入滚滚的汨罗江中，将一腔热血与壮志随着江水汇入大海。

当然，比干和屈原遇到的全是昏君和暴君，他们的努力自然不会有好的结果。对于贤达的君主来说，他们的命运可能会有截然不同的结果。

唐太宗李世民也是一位从谏如流的开明皇帝。唐太宗手下有一位非常有名的大臣，名叫魏征。魏征本来是李世民长兄李建成的幕僚，当时兄弟二人争夺继承权时，魏征曾给李建成出了不少主意，后来在玄武门之变中被李世民俘虏，李世民是一个爱才之人，颇有齐桓公的遗风。他并没有因为魏征原来是敌对方的谋

唐太宗纳谏图

臣而杀掉他，反而重用他，使之成为自己的左膀右臂。魏征呢，也知恩图报，对唐太宗恪尽职守。对于唐太宗的过失，魏征坚持直言不讳，丝毫不顾及皇上的情面，经常在廷堂之上，当着百官的面，把唐太宗批评得下不来台。中国人历来是好面子的，皇帝的面子更为重要，它关系着皇权的威严。所以，唐太宗即使再大度，也有受不了的时候。有时被魏征在朝廷上一顿痛批之后，当时不好发作，回到宫中便大发雷霆。有几次甚至觉得魏征欺人太甚而想把这个讨厌的老头子杀掉，以解心头之恨。

但是，恨归恨，气归气。转念一想，魏征说的都是肺腑之言，是为了整个大唐的江山社稷，为了唐太宗自己的统治而进的金玉良言。所以，当魏征病逝之后，唐太宗悲痛万分，对左右说："以铜为镜，可以正衣冠；以古为镜，可以知兴替；以人为镜，可以明得失。朕保此三镜，以防己过。今魏征殂逝，遂亡一镜矣。"

宋太祖深知谏臣的重要性，对于谏官所提的建议也予以重视。

有一次，太祖在宫里花园乘凉，命人召礼部尚书窦仪前来领取起草诏令的任务。当窦仪奉旨来到花园之时，看到太祖正光头赤脚坐在那里，便在门口停步不前。太祖等了许久，也不见窦仪前来，心中纳闷，便向左右打听。左右说窦尚书已经来了一会儿，一直站在门口不进来，原因是皇帝衣衫不整，于礼不合。太祖听后，立即想起刘邦召见郦食其的故事。连忙吩咐更衣，戴上皇冠，穿上鞋，然后令宦官召窦仪入见。窦仪进来后，马上进谏说："陛下开创大宋江山，应当以礼示天下。臣虽不才，不足以令陛下看重，但恐怕天下的豪杰听到皇上不以礼待人，就会自动散离了。"宋太祖听后，立即正襟危坐，谦逊地向窦仪承认了自己的失礼之处，并保证此类事情今后将不会再发生。

御史中丞刘温叟作为一名谏官，对太祖的过失言行也敢于当面直谏。翰林学士欧阳炯性情豪放，不拘小节，又多才多艺，尤其擅吹长笛。宋太祖听说欧阳炯的特长后，便召他到便殿演奏一曲，以助雅兴。刘温叟听说此事后，立刻赶到便殿，说有要事求见太祖。进入殿中，刘温叟马上向太祖直言："禁署之职，典司诰命，不可作伶人事。"太祖连忙解释说："朕近来听说孟昶君臣溺于声乐，欧阳炯曾官至宰相，尚习此技，因而被我擒获。今日召他吹奏，目的是想验证一下外面传言的真伪而已。"刘温叟知道太祖这是自找台阶，也不便过于为难他，就谦虚地起身告辞说："臣愚，不识陛下鉴戒之微旨。"自此以后，太祖再也没有召大臣为他演奏伶人之事。

还有一天晚上，刘温叟处理完公务准备回家。途中经过宫门时，仆役们看到宋太祖正率几个内侍在明德门登楼，便告诉主人。刘温叟本该回避，以示对皇帝的尊重。但刘温叟转念一想，太祖此时登楼有失仪礼，便想提醒皇上一下。于是，下令仆从照旧从宫门而过，前呼后拥，热闹非凡。第二天上朝之时，刘温叟出列请求奏事，对太祖说："人主非时登楼，那么近侍们都希望得到恩惠，京城中的诸军也希望得到赏赐。臣所以昨夜在宫门前用仪仗队开路，呼喝而过，是希望陛下自己知道非时不登楼的礼制。"太祖一听，对自己的随意之举也深表后悔。

宋太祖出身行伍，精通骑术，骑马打猎是他的一大爱好，即使当了皇帝以后，也经常纵马猎场。据载，宋太祖打猎之时，先由禁军划出场地作为围场，五坊各架鹰挟犬相随，浩浩荡荡。太祖一身戎装，弯弓搭箭，射杀围场中的飞禽走兽，每次斩获都颇为丰实。中午就地休息，召近臣赐给饮食，然后继续行猎，至太阳落山时方才回宫。公元975年，太祖又像往常一样率群臣到近郊围猎。在策马追赶一只兔子时，突然所乘的坐骑马失前蹄，将太祖摔于马下。这一摔，虽然没有伤着太祖，却摔出太祖一时的怒火。太祖爬起身，抽出佩刀，疯狂地向这匹马刺去，直到把马杀死才微微解了恨。过后，太祖自感当时很冲动，有点过火，便自责说："我作为一国之主，轻事畋游，自己从马上摔下来，却迁怒于马，把它杀掉，它有什么过错呢？"此事对太祖的触动很大，他决定从此再也不从事劳民伤财的田猎。

在《涑水纪闻》中，记载了一则"急于弹雀"的故事。有一天，太祖下朝之后在御花园中用弹弓打鸟取乐。正在兴头上之时，内侍禀告外面有一大臣，说有紧急公务请求皇上决断。太祖一听，急忙换上正装，召见这个大臣入内。可是一听奏告，把太祖气得大怒。原来此人所奏之事并非紧急公务，而是平常之事，并不是急于处理的要事。太祖大怒之下，斥问此人为何欺蒙圣上。此人回答说："为臣觉得此事虽不甚急，但总比弹雀要急上千倍。"太祖听后，更是气不打一处来，暴怒之下，夺过侍卫手中的斧钺猛击此人的头部，结果打掉了这个人的两颗牙齿。这个大臣受此打击，却不慌不忙俯下身去，仔细地把牙齿拣起并吹净，揣于怀中。太祖一看，更是怒不可遏，气急之下骂道："你把牙齿收在怀中，难道还想告我的状不成？"此人回答说："我自然不能告皇上的状，但是自会有史官将此事记于史册。"太祖此时方知自己急中出错，连忙换了一副面孔，诚恳地向此人表示歉意。

在决定迁都问题上，更能显示出太祖纳谏的大度。宋太祖生于洛阳夹马营，很喜欢自己故乡的风土人情，尤其随着年岁的增长，思乡之情

青釉划花托盏

愈发急切。京城开封虽距洛阳并不很远，但宋太祖觉得仍不如住在洛阳踏实。于是，公元 976 年，他便召集百官，向他们提出迁都洛阳的计划，并让大臣们商议。

迁都对于一个朝廷来说，是一件极为重大的事情，它关系到一个朝代的兴隆福祉，也牵涉到大量的费用。对此，百官们大多表示反对。起居郎李符向太祖建议，迁都有八难："京邑凋敝，一难也；宫阙不完，二难也；郊庙未修，三难也；百官不备，四难也；畿内民困，五难也；军食不充，六难也；壁垒未设，七难也；千乘万骑，盛暑从行，八难也。"太祖仔细想了想，这些理由虽然听起来有一定道理，但也算不得是极为困难之事，不足为阻碍迁都的理由，于是没有采信。

不久，铁骑左右厢都指挥使李怀忠又进一步劝谏："都城设在东京，有汴渠可以漕运，每年可运来江淮之米数百万斛。都下数 10 万兵，全部依靠这些供给。陛下如果西迁，将向哪里取用这些粮食？况且府库重兵，全在大梁，这里长久以来根基牢固，不能动摇。如果突然迁都，我实在没能看到便利在什么地方。"

对此意见，宋太祖仍未听从。他的弟弟晋王赵光义劝谏说明迁都的诸多不便，太祖仍坚持己见，说："我不但想迁都洛阳，还想迁都长安呢。汴梁地居四塞，无险可守；我意徙都关中，倚山带河，裁去冗兵，复依周汉故事，为长治久安的根本，岂不是一劳永逸吗？"晋王听后，说到"在德不在险"。这么一说，太祖心中微有波动，但仍旧心有不甘，对左右说："晋王所说的道理固然不错，但还不足。今姑且不迁，但用不了百年，天下的民力就得用尽了。"这场迁都之争，众人的反对主张，虽未能说服太祖，但太祖鉴于群臣的一致反对，也只好屈己从众。

对臣下的劝谏，还需要有一个甄别分析的过程，不能偏听偏信，否则好事就会成为坏事，做出亲者痛、仇者快的悔事。历代明君，不但能够听从好的谏言，也能够分辨出别有用心的诽谤之语。宋太祖处理问题的原则就是根据自己掌握的情况，详加调查，不听信一面之词。

杨承信曾任护国军节度使，在平定李筠叛乱中立有大功，他的父亲杨光远在后晋时曾经占据青州反叛过朝廷。于是，有好事者便借题发挥，写信给朝廷告发杨承信有谋反之心。太祖接到密告之后，并没有立即听信，而是派魏丕借赐给杨承信生辰礼物之际，亲临其治所探究虚实。结果，魏丕回来说，杨承信忠心为国，根本不会反抗朝廷。太祖于是重责告发之人，以正视听。

《续资治通鉴长编》中还记载了这样一件事：太祖即位之初，希望全面了解京城内外的情况，于是派军校史珪外出博访广采。史珪东奔西走，顺利完成任务。后经太祖逐一核实，全部确有其事。史珪也因办事踏实而受到太祖恩奖，升任马军都军头，领毅州刺史。但史珪从此便完全换了一个人，利用皇帝的宠信，作威作福。

当时，德州刺史郭贵权知邢州，国子监丞梁梦升权知德州。郭贵的族人和亲吏，倚仗他在德州的权势，为非作歹，鱼肉乡里，被梁梦升全部绳之以法。郭贵因此对梁梦升怀恨在心。正巧，与郭贵私交甚好的史珪成了太祖身边的红人，郭贵便立派亲信前往京城联络史珪，希望借助于史珪的影响来除掉梁梦升。

一天，太祖询问史珪："近来中外所任官吏，皆得其人，你认为如何？"史珪连忙说："今之文臣，也未必都得其人。"一边说，一边将早已整理好的揭发梁梦升的材料呈给太祖，并添油加醋道："例如，梁梦升权知德州，欺蔑刺史郭贵，几至于死。"太祖对梁梦升的忠直素有了

第五章　宅心仁厚

解，于是说："这一定是刺史所为不法所致，梁梦升是真正精明强干的官员。"看完史珪整理的黑材料后，太祖又下令提升梁梦升为左赞善大夫，仍为德州知府。史珪碰了一鼻子灰，大气也不敢出。后来，终因谗言过多而被太祖遗弃。

公元964年，吏部尚书张昭与翰林学士承旨陶谷共同掌管官吏铨选工作，陶谷趁机公报私仇，诬陷左谏议大夫崔颂嘱托给事中李昉将自己的亲信授为县令，并以张昭为证人。太祖一向痛恨买官卖官、培植私人的做法，听到此事后十分震怒。为了查明真相，急召张昭当面对质。张昭原来顾忌陶谷，不敢反对，在皇帝面前，他终于说出了实情。太祖因而知晓了陶谷诬陷他人的罪证，对他严加惩处。

泾州马步军教练使李玉，性情凶狠，为人狡诈，因与彰义节度使白重赞有过节，便总想整治白重赞。一天，李玉和部下策划了一个谋害白重赞的法子：派人暗中购买了一副马缨，并伪造一封假文书，内容是揭发白重赞谋逆之事。李玉将这些假证据交给其上司，并嘱托他上交朝廷。而其上司不相信白重赞会谋反，并将证据全部交给他。白重赞按照规定，将这些证据全部密封后，派人快马送给朝廷，请朝廷明断。太祖看到后，急忙秘密派人来查证，经过复核，断定这些证据都是伪造的。于是，太祖命六宅使陈思诲日夜兼程，前往泾州擒拿李玉等人，并将之弃市处死。

对地方官员的意见和建议，只要合情合理，宋太祖也一并广泛采纳。隰州刺史李谦溥手下有一员武将刘进，勇力非凡，在与北汉的交锋中常常是奋勇杀敌，以少胜多。北汉统治者将刘进视为心腹之患，总是想除之而后快，后来决定用反间计来除掉他。一天，晋州节度使赵赞忽然接到一封密信，上面罗列了刘进与北汉君臣交好的事例。为了边境的安全，赵赞立刻将此事上报朝廷。宋太祖下令将刘进押送京城，严加审讯。李谦溥知道此事后，上书太祖："刘进为北汉人所恶，此乃反间计。"并表示相信刘进的忠诚与清白，愿意用全家四十余口人的生命作为担保。太祖经过调查，确如李谦溥所言，便恍然大悟，急命释放刘进，官复原职，并赐给他一些财物，以补枉屈。

人贵有自知之明。每个人都有自己的长处，同时也有不足之处。对于长处，可以继续发扬，而对于短处，则需要通过努力和别人的帮助加以改进。对于别人的帮助，要有宽广的胸襟，虚怀若谷地听取别人的意见。有道是良药苦口利于病，忠言逆耳利于行。对自己的错误，应当有承认的勇气和改正的决心，切不可为了一时的面子而错上加错。当然，也不能听风便是雨，毫无判断能力。

自古以来，只有开明的皇帝才能听进臣子的建议和言论。宋太祖不但重视臣民的谏言，而且善于纳谏，显示了他的仁德和大度。

第四节 教化民众

宗教既有善的一面，又有其迷惑性。作为人们精神上的一种寄托，宗教可以通过修炼和忏悔，使人们达到修身养性的目的。宋太祖重视宗教的积极作用，并巧妙地消除人们对迷信的盲目信仰。

在封建社会，宗教成为统治者统治人们的思想武器，通过它的影响，让人民服从和遵守，以达到维护其统治的目的。

云冈石窟

魏晋以后，佛教一直占据宗教界的统治地位。许多王朝的皇帝与佛教之间有或多或少的联系，有的皇帝是虔诚的佛教徒，有的皇帝只是借助或利用佛教来维护其统治。皇帝对于佛教的态度直接决定了佛教在国家内部的生存环境。假如皇帝笃信佛教，便会倡导佛教，并让百姓们也信佛、尊奉佛教，如南北朝时期的梁武帝萧衍、隋文帝杨坚等。如果皇帝觉得佛教的影响已经严重干扰了皇权，危害了其统治，便会利用行政手段加以干预，有时甚至不惜动用武力镇压佛教势力，如中国历史上的数次毁佛事件。

因此，在封建社会中，神权与皇权的关系，只能是从属关系，神权只能作为皇权的附属，无条件地服从皇权。

皇帝对于佛教的重视应从东晋时期算起。晋元帝是尊崇佛教的第一位皇帝，在他的影响下，东晋的皇帝们大多懂得利用佛教来加强自己的统治，因此，佛教得以迅速发展壮大，形成一股强大的社会力量。晋哀帝、孝武帝经常请佛教高僧进宫讲经，以致出现佛教徒窃权干政的现象，这些干政的僧人曾经"权倾一朝，威行内外"，成为中国历史上的一大怪事。

在南北朝时期，由于皇帝的笃信，佛教进入发展的高峰期，各地不断增修寺庙，佛教徒的人数也急剧上升，南齐时出家僧尼有3万多人，至南梁武帝时仅一次受戒者竟多达48000千人。

佛教虽然教导信徒们从善去恶，对社会教化有积极意义，但是广建寺庙，又是对人力、物力、财力的极大浪费。而且，出家的僧尼不从事生产，对社会经济的发展也产生消极影响。

道教是中国唯一土生土长的宗教，源于古代民间巫术和秦汉时期的神仙方术，同时还吸收了阴阳五行学说和老子、庄子的道家学说，具有浓厚

第五章　宅心仁厚

的民间和原始色彩。道教被统治者推上政治舞台的时间要远比佛教晚，其兴盛时期出现在唐代。

佛教讲究修身度人，道教注重炼丹以求长生不老之术。做什么事情都要有个"度"，假如突破了这个"度"，好事也会变成坏事。历史上对宗教的狂热信仰而导致误国误民的帝王如过河之鲫。

梁武帝萧衍是中国历史上唯一一位做了皇帝又当和尚的人。他笃信佛教基本上达到了痴迷的程度。他在位期间，广修寺庙，大兴土木，用百姓的辛苦钱来铸佛像和布施僧尼，其中仅一次布施就达1096万钱。这还不算完，他为了表示对佛教的虔诚，前后3次剃度出家做和尚，不问国事，逼得百官没有办法，只好出巨资赎回他，两次的赎金竟高达2亿钱。如此一来，百姓的负担无形中加重了许多。

老子骑牛图

隋文帝杨坚虽是一位有作为的皇帝，但在他执政期间对佛教的痴迷也相当厉害。他即位前，一位尼姑曾预言他晚年当得天下。于是，他得到天下后为了报恩，在称帝的当年就下令：听任百姓出家当和尚、尼姑；全国各地一律按人口征钱以营造佛寺、塑造佛像及缮写佛经。据史书记载，杨坚在位期间，所度僧尼总数达到23万人。这么多的人出家诵佛，严重危害了社会生产，对社会经济的破坏可想而知。

  道教的负面影响也极为显著。唐武宗在位期间，醉心于道教的长生不老之术，封道士赵归真为左右街门教授先生，并拜其为师，日夜修炼神仙术，以至废寝忘食，将国家大事抛于脑后。而道教所谓的"金丹"，有百害而无一利，不但不能使人长生不老、返老还童，而且还会因其毒性发作而致人死亡。据史书所载，唐代许多皇帝，如太宗、宪宗、穆宗、敬宗、武宗、宣宗都是因为服食"金丹"而中毒身亡。

  那么，宋太祖对于佛、道又是什么态度呢？客观地讲，宋太祖虽然也把佛、道当做维护其统治的思想武器而加以利用，却不醉心于此，只是采取中庸之道，即虽敬重却不放纵。

  宋太祖即位之初，曾延续周世宗对佛教的政策，废停寺院，毁天下铜佛像用于铸钱。但不久之后，他意识到这种过激的政策不利于维护社会的安定。于是，宋太祖下令停止废毁寺院，并剃度童僧8000人，将僧众的数量保持在一定的规模之上。此外，他还下令：已经铸成的佛像，不要再毁。同时下令雕刻《大藏经》，并资助去天竺求法的僧人每人3万钱。

  为使佛教更好地服务于皇权，宋太祖对佛教表现出一定程度的敬意，据说，宋太祖即位后巡幸相国寺。按照寺规，佛像面前，众生平等，即使是天子皇帝也应跪拜。宋太祖开始不愿跪拜，便故意问僧人："当拜不当拜？"僧人见此情景，连忙迎合说："不拜。"太祖问其原因，僧人解释道："殿上佛像是过去之佛，而陛下是今世活佛，活佛不必拜死佛。"太祖听后哈哈大笑，然后出人意料地走到佛像前，恭敬地行了跪拜礼。

为防止佛教徒为害社会，太祖还亲自召见各寺院的主持和方丈，了解其品行及学问，并从中选出合适的僧官，以教化、引导僧众为善去恶。

为维护其统治，宋太祖对佛教还采取保护措施，不允许诋毁、亵渎佛教的事情发生。河南有一进士李霭，不仅不信佛，而且还著书于言，名为《灭邪集》，用激烈的言辞批评、诋毁佛教。此外，他还将佛经用针线缝起来当做内衣。这些对佛教大不敬的做法，引起僧人的强烈不满，将李霭告到朝廷。宋太祖为了平息僧人怨气，亦觉李霭做得过分，便将他决杖流放到沙门岛。

对于道教，宋太祖也本着与对待佛教一视同仁的态度。据《续湘山野录》记载，宋太祖与道教略有渊源。宋太祖登基前曾与赵光义、赵普二人一起到长安游玩，途中碰到一骑驴的道士陈抟。陈抟热情地邀三人入酒肆饮酒。赵普无意中坐到席左，陈抟十分生气地批评他说："紫微帝垣乃一小星，岂可据上座？"几年之后，宋太祖果然当了皇帝。正因为陈抟的预言应验，所以宋太祖对德高望重的道士非常礼遇。

宋初有一处士名王昭素，有志行，为人忠直达观，著有《易论》33篇，门生满天下。太祖听说此人后，便下诏在便殿召见他，此时王昭素已是年过七旬。太祖问："何以不仕？以致相见之晚。"王昭素答曰："不能。"继而为太祖讲解《易经》之"乾卦"。在讲解之中，王昭素旁征博引，其间还夹杂着规劝皇帝做利国利民之事谏言，太祖非常叹服其知识的广博，当太祖问起治世养身之术时，王昭素说："治世莫若爱民，养身莫若寡欲。"太祖十分喜欢这两句，当时便将其书写下来，作为警励自己的座右铭。

另外一个志行高洁、素为世人敬佩的道士苏澄隐也颇受太祖敬重。太祖曾亲至兴隆观拜访苏澄隐，询问养生之术。苏澄隐回答说："臣养生，不过精思练气耳。帝王养生，则异于是。老子曰：'我无为而民自化，我无欲而民自正。'无为无欲，凝神太和。昔黄帝、唐尧享国永年，用此道也。"太祖听后，获益匪浅，连连称是，并赐给他紫衣一袭、银五百两、帛五百匹。

在尊重佛、道的同时，宋太祖认识到其对社会产生的消极影响，便对其采取了一系列限制措施。宋太祖曾下令，禁止用铜铁铸造佛像。但时间一长，民间又出现销毁农具而铸造佛像的状况。为此，太祖再次下令，严禁此类事情发生，违者重罚。为限制寺院和僧人数量，他还下令：周世宗时期已被停废的寺院，不得复兴；各州每百名僧尼只许岁度一人。

公元972年，太祖下令：出家修行的僧尼各不相统领，接收出家男女信徒各于本寺置坛受戒。同时禁止只穿道士服装而不信教念经的假冒道士，不允许私度道士。这些法令，对于严肃佛道门规，净化社会风气有一定的积极作用。

对假借佛道的掩护，做出不法之事或有伤风化的活动，宋太祖给予了严厉打击。平定李重进叛乱后，宋太祖率军返回京城，僧道与百姓、官员一起夹道相迎。而皇建院僧人辉文等人不顾礼法和戒律，携妇人在传舍中饮酒作乐，被人告发。经审讯核实后，太祖下令将首犯辉文杖杀于大庭广众之下，从犯录琼隐等17人被决杖流配。

在中国古代社会中，天命迷信相当盛行，即使到了科技高度发达的现代，迷信也有很大的市场。《礼记·表记》篇记载，子曰：夏代尊崇天命,畏敬鬼神但不亲近;殷代尊崇鬼神,并教人服侍鬼神;周代尊崇礼仪,敬鬼神而远之;到了唐末五代,由于社会动荡,人们的生命得不到保障,只能寄希望于天命,迷信更是泛滥一时。王朝的兴衰更替,个人的祸福荣辱,都被认为是上天的旨意,是神祇显灵的结果。一时迷信之风盛行,严重影响了正常的社会秩序,也给统治者维护其统治带来了不良后果。

宋太祖在夺取政权过程中,曾经两次利用迷信天命制造影响,达到目的。第一次是借桃木符把张永德赶下台,第二次是借"将以出军之日,策点检为天子"的传言为其登基制造舆论。但是,当他登上帝位之后,为杜绝他人利用迷信制造混乱,严禁他人从事或宣扬天命迷信,除非这种天命迷信有助于加强统治。

为消除天命迷信的不良影响,宋太祖并没有采取强硬禁绝的方法,而是以毒攻毒,"紊其次而杂书之",使之真伪混杂并存,一旦失去效验,人们自然会弃之不信。

古代迷信流行,谶书即是一种。谶书是有人对将来的事作出的一种预测,大部分不着边际,小部分或因巧合,或因附会,或因真有人参透了历史的规律,也有预测应验的。一些人利用它煽惑视听,制造思想混乱以从中起事。宋初一段时间内,唐季五代民间流传的谶书相当流行,为害颇深,宋太祖即设法消除其影响。如《推背图》,托唐朝天文学家李淳风所作,传了几百年,民间多有藏本。一天,赵普上奏说,违反禁令传抄这本书的人太多了,杀都杀不过来。宋太祖说:"不必多禁,应该混杂搅乱它。"于是,他让人找来旧本自己亲自看验,然后打乱它的次序胡乱写了一通,又造了约百十本,让这些假冒伪劣的盗版书混杂在原版中一起流行到民间。传抄的人也搞不懂到底先后次序是什么,不知哪些是真的，哪些是假的。偶尔再有存留这些谶书的，因为它不灵验，也都不保藏了，宋太祖从内容上紊乱谶书，使之真伪混杂并存，一旦失去效验，人们自然会弃之不藏。这种"以毒攻毒"的作法，别出心裁，比用强制禁止的方法要好得多。

公元972年，太祖下令："禁玄象器物、天文、图谶、七曜历、太一、雷公、六壬、遁甲等不得藏于私家，有者并送官。"还规定释道不能私习天文、地理，以防这些人利用天命迷信煽动人们滋事生非，不利于维护其统治。一旦发现"私习"、"私藏"者，立即予以严惩。通事舍人宋惟忠，便先因不法事被除籍为民，后来又因私习天文，妖言利害，蛊惑众听，而被弃市处死。

巫术在宋初的一些地方也极为流行。许多人生病后，不就医诊治，反而求助于巫婆神汉，以致贻误时机而死亡。当时岭南一带巫术尤为盛行，"深广不知医药，唯知设鬼而坐致殂殒。"

为改变这种恶俗，引导人们相信医学，以医药去除疾病。公元966年，太祖下令：诸州长吏察民有父母亲属疾病不视医药者，深惩之。在他的倡导下，许多地方官员带头宣传科学，倡导百姓以医药治病。邕州知州范旻不但坚决推行太祖的禁令，而且自己出钱购买药物，亲自调和，解救了不少病人。他还将医书《方书》刻于石竁，置于厅壁，久而久之，"部内化之"。

宋太祖对宗教有清醒的认识，一方面，他以佛、道来教化民众，另一方面，他清楚地认识到了宗教的消极作用。对待迷信和巫术，他从多方引导，并以巧妙的方法破除。

第五节　朴素节俭

要想稳固自己的政权和统治，必要有令人信服之能力。上梁不正下梁歪，统治者的影响力是巨大的，足以影响整个社会，影响到民间的风俗习惯。每一个贤明的君主，都会尽可能地规范自己的言行，以作为垂范百姓的楷模。

楚王好细腰，国人皆饿死。李煜喜欢三寸金莲，国中女子皆束脚缠足，备受煎熬，以至演变成贻害妇女的千古陋习。

孔子曰："政者，正也。"君主作为一个国家的代表和象征，是万民景仰和仿效的对象。君主的任何言行，都会在臣民中产生一定的影响。君主做人要正，做事也要正。这样，下面的臣子才会不敢不正。细分起来，所谓正，就是心正、言正和行正。

荀子认为，正人先正己。君主如同测量日影的仪器日晷，人民如同影子。日晷端正，影子就端正。君主还像一只盘子，百姓好比是盘中之水，盘子圆则盘中之水也就自然呈圆形。

荀子还认为，君主喜好礼仪，尊重贤德的人，使用有才能之人，没有贪财图利、追求享受的私心臣子和百姓们就会讲究谦让，竭求忠信，一心为公，恪尽职守。这样，即使是平民百姓，也不用像古代调动军队那样去验证兵符，辨认契券，就会守信用。彼此之间不用抽签或抓阄，就会得到公正的处理。买卖人相互之间也不必使用秤去称量物品，而做到公平交易。因此，不用奖赏，人民就勤勉；不用刑罚，人民也顺从。官吏们不必劳神费力，东奔西走，事情就可以办成。政策法令不必经常更新，风俗也会淳美。

明代的朱熹对此也有精辟的论断。在朱熹看来，"君正"或者"正君心"并不是抽象的概念，而是具有丰富内涵和具体标准的政治条件。"故人主之心正，则天下之事无一不出于正；人主之心不正，则天下之事无一得由于正"。但人主之心，并不因其为"以眇然之身，居深宫之中而使人不易觉察，而是其符验著于外者，常若十目所视，十手所指，而不可掩"。

因此，君主想要臣民们做到的，自己首先要做到；要想让百姓不为，首先自己要不为。

宋太祖在执政期间，为了做一个人人敬仰的贤明之君，对自己的言行严加要求，尽量做出一个好皇帝的榜样，使群臣和百姓们信服。

古人说："田猎是一种娱乐，宫室是一种奢侈，宦官是一种狎客。三者有一，足以蛊惑君心。帝王只有涵养修身，多接近贤能之人，少亲近宦官宫妾，才能革除奢靡，戒除游佚，以正君心。"在这三点上，宋太祖堪称楷模。

在节俭方面，太祖具有极强的朴素节俭意识，并将俭朴提升到关系国家兴亡的高度上来认识。他多次下令除掉乘舆、帽子、衣服上的珠宝饰物，并告诫家人不要贪图奢侈华靡的生活，要注意勤俭持家。一次，他的女儿穿着一件用翡翠羽毛装饰的华服入宫，太祖看到后立即严肃地对她说："你赶快把这件衣服换下来，从今以后再也不要制作和穿戴这

第五章 宅心仁厚

样华贵的装束了。"

公主不解，解释说："这样一件衣服，能用得了多少翠羽？何况有钱人家的小姐也这样穿。"太祖开导她说："问题不像你想的那么简单。你身为公主，穿着这样的衣服，宫内宫外的女孩子都会仿效你的衣着，京城翠羽的价格就会因此而飙升。商人和百姓们为了追逐利益，就会从外地辗转贩运翠羽至京城，这样图财害命的事情就会陡然增多，你就会成为罪魁祸首。你生在帝王之家，应该做一个好的表率，怎么能开这种坏事的头呢？"

平定后蜀之后，太祖听说孟昶日常服用奢侈惊人，连溺器也用七宝来装饰，非常痛心。对左右说："蜀主用七宝装饰溺器，那应当用什么来盛食物呢？自奉如此，想不亡国，可能吗？"下令将其奢侈之物全部打碎，以戒奢侈之心。

青釉划花鹦鹉纹碗

平定南汉之后，太祖听说刘鋹的生活穷奢极靡。为了采集玳瑁、珠、翠等物装饰宫殿，刘鋹曾在某地招募善采珠的渔民两千人，按军队编制，专门为皇室采集珠贝，号称"媚川都"。这些士兵为了满足刘鋹的奢欲，脚上系着大石沉入几百尺深的水中采珠，非常危险，每年溺死者甚众。太祖对此痛心疾首，把此事讲述给朝中大臣听，希望他们以此戒除奢侈。并下令解散"媚川都"，废止采珠业。

太祖平日居家甚为俭朴，所穿之衣多是洗濯再三的旧衣，而且颜色素淡。寝殿之中，墙帏窗帘多用青布，鲜有华丽的装饰。皇弟赵光义有一次说了一句"陛下服用太草草"，便招来太祖的一番训斥，提醒他不要忘记过去的苦日子。宫中女眷们在一起议论时说："皇上尊贵无比，且富有四海，难道还不能用黄金装饰一下车子吗？"太祖听到后，对她们说："我以四海之富，宫殿全部用金银来装饰，也可以办得到。但我是为天下守财，怎么可以妄用！古语说得好：以一人治天下，不以天下奉一人。当皇帝的如果只想到自己生活富足，那么天下的百姓黎民靠什么来生活呢？"

对平民百姓，太祖也多次下令发扬传统美德，勤俭持家度日，注意节约粮食，不要铺张浪费，婚丧嫁娶也应该一切从简。

正是由于宋太祖的表率作用，宋初成为宋代历史上少有的俭朴之世，也为后继者树立了榜样。宋人吕中对太祖的崇俭抑奢有如此评价："创业之君，后世所视以为轨范也；宫闱之地，四方所视以为仪则也。一人之奢俭者虽微，而关于千万世者为甚大；致谨于服色者虽小，而关于千万里者为甚远。"

在宋太祖的影响下，朝中出了一批清廉俭朴的大臣。宰相范质去世后，宋太祖评价："朕闻范质居第之外，不殖资产，真宰相也。"御史

第五章 宅心仁厚

中丞刘温叟更是以俭朴清廉而闻名于世。按照规定，御史中丞每月可得公用茶钱一万文，如有不足，可用罚没赃物充抵。刘温叟嫌这种钱来路不正，分文不取。赵光义听说刘温叟的清廉之名后，故意派人试探，送给他五十万文钱。刘温叟虽不敢拒绝，却也不动用，将这笔钱封存于房中。第二年，赵光义又派人送去角黍、纨扇。差役看到去年送的钱仍贴着封条放在屋中，回来后便如实禀告了赵光义。赵光义方才相信刘温叟的清廉之名是真的，慨叹道："我送犹不受，况他人乎？"

在对待宫嫔后妃方面，宋太祖也表现出不俗的举动。为防止后宫迷惑君心，他下诏："朕恐掖庭幽闭者众，昨令编籍后宫，凡三百八十余人，因告谕愿归其家者，具以情言，得百五十余人，悉厚赐遣之矣。"仅此一点，太祖不贪恋美色之名，就令诸大臣折服。

榜样的力量是无穷的。对于一个国家，君主的表率作用尤为重要，上有所好，下必甚焉。儒家推崇的治世理念，将正心放在第一的位置，然后才是修身、齐家、治国、平天下。只有在自己修炼好了之后，才能推己及人，影响兄弟及他人。古人说，己所不欲，勿施于人。连自己都不能做到的事情，而强加于他人，希望别人做到，这是完全不可能的。

宋太祖本着务实的精神戒奢华，把金钱用于国家大事上。他成立了针对辽国的基金，重视武器制造。

宋太祖在位期间，勤谨务实，"夙夜畏惧，防非窒欲"，为求取国家统一，极力克制骄傲之心和欲望，量力而行，表现出脚踏实地，开拓进取的气概。

在平定南方后，金帛珠玉被源源不断地运往东京汴梁。对这些金银珠宝，宋太祖并没有用来炫耀和挪用，而是在京城设立封桩库，将缴获来的金银以及国家财政的盈余部分，一并存入此库。设立封桩库的目的，宋太祖本人说得极为清楚："石敬瑭为一己之私利，割让幽蓟地区以贿赂契丹，使一方之人独限外境，朕对他们甚感怜惜。打算待此库中蓄满三五十万，便遣使同契丹交涉。如果能将这一地区的土地民众归还，我便拿出库中所藏当做赎款，以补偿辽朝。如果契丹不同意归还，我就散尽库中钱财，招募勇士，以武力攻取。"他还说："辽兵数次侵扰边境，如果我用二十匹绢的价钱收购一名辽兵首级，辽军精兵不过十万，总共只需花费二百万匹绢，而辽兵便会被我消灭殆尽了。"

在整顿军备方面，宋太祖也本着务实思想，要求军器制作必须精良。在战争中，除了指挥得当和人数多寡外，最重要的要数兵器的质量了。中国近代以后受尽列强的欺凌，其直接原因就是武器落后，用陈旧的大刀长矛去对抗欧洲列强精良的大炮火枪，只有被动挨打的份，毫无还手之力。在这一点上，宋太祖算是比较有远见的君主。

为适应频繁的战争需要，宋太祖下令，在开封城内专门设置管理兵器制造的工署，包括南、北作坊和弓弩院，由禁军、厢军士兵和专门招募的工匠，负责兵器的制造和改良。每个作坊都规定了生产任务，并要求保证质量。为确保兵器的数量和质量，宋太祖还经常亲自到作坊指挥监督，史载：宋太祖每10天下南北作坊和弓弩院巡检1次，称为旬检。制造完毕的各种武器，都陈列在武器库中等待皇帝亲自过目检查。这样一来，制造武器的人没有敢不尽心尽力的，所以造出来的武器异常坚固锋利，且完成的数量也很多。

正是由于宋太祖对武器的重视，宋代初期的兵器制造出现了两大飞跃，即近距离兵器向远距离兵器的飞跃，以及冷兵器向热兵器的飞跃。

弓箭，是战争中普遍应用的远距离兵器。在宋太祖时期，弓箭的性能得到进一步加强，主要体现在床子弩的改进上。以前的床子弩射程只有500

第五章 宅心仁厚

定窑白釉刻莲瓣纹"官"字款盖罐

步,经过宋代改进后的床子弩,其射程开始达到700步,不久又达到3里之遥,而当时中世纪的欧洲所使用的弓,其射程最远才仅仅为180米。

随着火药的发明,宋代开始将其用于军事上。据载,宋太祖开宝三年(公元970年),就有兵部令史冯继升等人进献制造火箭的方法,后经试验,造出了可以燃烧和爆炸的火箭,大大提高了军队的战斗力。冯继升也因此受到赏赐。

太祖时期制造的武器,在质量上是非常精良的,即使封存百十年后,仍保持优良的性能。当初宋太祖讨伐李重进时,便将一批多余的弓弩各约千张，封存于扬州作为储备，并下令"非有缓急，不得辄开"。过了一百四十多年，方腊率众起义，宋军才打开军器库，取出这批封存的弓弩，发现这批弓弩不仅外表如同新制，而且性能要远远超过当时制造的弓弩。

宋太祖务实的作风还体现在戒奢崇俭方面。按照礼制，祭祀礼是一项非常重要的礼仪制度，皇帝每年都要亲自祭祀天地、祖宗。因五代战乱，各种礼仪制度被破坏得残缺不全，宋太祖即位之初，便下令宰相范质等人组织人力迅速完善各种礼制。在进行祭祀礼时，宋太祖看到路上铺满黄褥子以供皇帝行走，觉得太过铺张，便下令将其撤掉，并说："朕用洁净祭物与精诚之心祭天，不必非用黄褥子铺路。"在礼制上，规定皇帝在行走时应乘坐镶满黄金珠宝的金辂代步，宋太祖也认为过于奢侈，便询问群臣："朕不愿乘金辂，希望乘辇以代步，这在历来之礼典上允许吗？"礼官回复："无妨。"宋太祖于是舍弃了奢华的金辂，而乘坐简单的辇前往祭祀。

生活在现实社会中，人的思想也必须讲求实效，舍弃那些虚幻的想法和念头。虚名，只是自欺欺人的一种工具，对国家、对个人只能产生麻痹作用，带不来一点益处。所以，务实才是唯一可靠的方法，做人如此，办事也是如此。否则，只能是自取灭亡。

宋太祖提倡朴素节俭和务实，他以身作则，不搞虚浮的铺张浪费，戒奢华，这对大宋的社会风气起到了良好的引导作用。

第六章 中原王朝

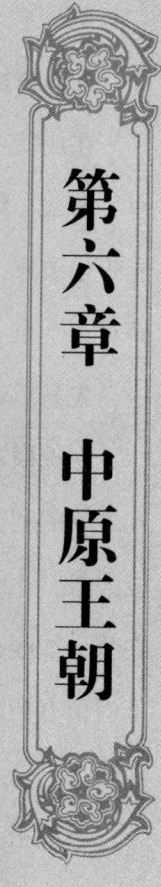

第一节 铲除二李

面对内忧外患的形势，宋太祖毅然决定扫平内乱，铲除二李。

在成就功业的道路上，可能会有力量各不相同的一群对手包围着你。那么，你对付他们的顺序和步骤就是至关重要的。次序选准了，可能势如破竹，一个个解决；选错了，可能举步维艰，招致灭亡。宋太祖面对十余个大小不等的对手，他选用了先内后外，先南后北；先紧后松，先易后难的顺序。

在选取对付敌人的顺序上，首先必须对多个敌人与自身的实力及相互之间的利害关系有个详尽的了解。只有确定自己有胜出的实力，并顺应大势，才可以对多个敌人下手。而一般来说，对自己威胁最大，如芒在背、如鲠在喉的，则是最先需要清除的，特别是内部的敌人。如果内部尚留有严重的隐患，就急于去解决外面的问题，很有可能受到内外夹攻。

宋太祖皇袍加身之后，最大的心愿是尽快统一天下，做一个真正的天子。由于五代以来的混乱，天下早已四分五裂，宋太祖运用谋略夺得的皇权，其势力也只能局限于后周原来的地盘：东至大海，西至秦陇，南至长江，北邻河北。在其周围，还有多个称帝称王的割据政权。如南方有南唐、吴越、南汉、南平、武平，西边有后蜀、羌、西夏。在北宋的范围之内，还是由十几个节度使分别管辖的。

堡垒最容易从内部攻破。作为大宋开国之君，宋太祖深谙此理，因为他本身就是通过内变而黄袍加身，登上天子宝座的。即位后，宋太祖深感内部稳定的重要性，常常夜不能寐。为实现统一，结束割据，他设计了一套先安内、后攘外的整体方案。

内外因素相比而言，整顿、安定内部更为重要，也更为迫切。原后周旧臣和节度使虽然对宋太祖篡位颇有微词，但他们大多数还是逆来顺受。反正不管谁当皇帝，只要保住自己的官位和财产就行，至于皇帝姓什么，对他们都是一样。于是，当时大批文官和武将都能够识时务，接受了改朝换代这一既成事实。但还有少数人，忠于后周，表面上承认宋太祖的统治，暗地里却一百个不服气，秘密筹划反抗朝廷，企图取宋太祖而代之。

而当时外界诸割据政权，虽环据宋王朝四周，但没有什么重大威胁。北边的北汉早先进犯时，被周世宗在高平击溃，从此他们再也不敢大规模侵犯。而南面的后蜀、南唐也都屡屡受挫于后周部队，只能自保，不会主动入侵。在客观分析了内外局势后，宋太祖决定建立一个稳固的后方，铲除不安定因素，以避免在统一过程中后院起火。

宋太祖当上皇帝，虽然在开封没有遇到多少人反对，但在首都以外其他地区，则有不少原来的后周官员不服气。其中最令宋太祖担心的，是在山西地区的昭义军节度使李筠和在江苏与安徽一带的淮南军节度使李重进。当时的节度使相当于一个军区，是以军事将领为地区长官的。这些节度使当中，实力最强大者，就是昭义军节度使和淮南军节度使。昭义军辖区主要在山西，居太行之脊，对开封一带正好居高临下。它的

开封铁塔

战略重要性还在于，它正好处于宋和北汉之间。双方谁占据了它就取得了对另一方的主动权。而东南的淮南军对宋来说正顶腰眼。淮南军控制着江苏、安徽、湖北等 11 州，对处于中原的宋来说，形成从东到南的一个半圆形包围圈。而且这一地区的最大特点，是地势平旷，没有任何的险要可守。如果昭义军与淮南军联手向位于开封的宋都进攻，恐怕宋太祖的皇位就要坐不成了。所以，宋太祖的目标最先定在他们两个上。

这两个对手又按怎样一个顺序去对付呢？李筠性格刚烈少谋，而李重进好谋寡断。宋太祖的大方针是各个击破，唯恐二者联合。所以他要先快速消灭躁进的李筠，并尽量稳住李重进。在李重进犹豫未决时，再回过头来收拾他。

李筠，本是后周的开国功臣，跟随后周太祖郭威南征北战，战功赫赫。他雄踞山西八年，呼风唤雨，截留赋税，扩充军队，实力非常雄厚。当他听到宋太祖废周自立后，非常气愤。论资历，论战功，他要比宋太祖多出不知多少倍，如今却要他向宋太祖面北称臣，心中自是不甘，总想找个借口把宋太祖赶下皇位，自己取而代之。

对李筠的心思，宋太祖早就心知肚明。但要除掉这个异己，不能无缘无故就把他杀了，宋太祖还是希望师出有名，让天下人感受到他的仁义。于是，宋太祖即位后派专使到各地慰抚，借以观察各地的反应。当专使到达李筠辖地时，李筠开始想拒不接见，后在左右苦劝之下虽然勉强接受了新皇帝的诏书，但其表现出的愤懑之情，早已被专使洞悉。酒至酣处，李筠出乎意料地当着专使的面，令手下挂出周太祖郭威的画像，痛哭不止。此事传到北汉，北汉主刘钧觉得有机可乘，便想乘机与李筠结盟，共同对付赵宋王朝，一雪高平之耻。但李筠在左右劝解下，没有立即答应，还将北汉的密函转呈朝廷，看看宋太祖的反应。宋太祖不作声色，亲笔回信，对李筠安慰了一番。

当宋太祖听说李筠之子李守节反对其父抗拒朝廷后，为分化异己，太祖升任李守节为皇城使。李筠为了在京城安插耳目，了解虚实，欣然派儿子赴任。宋太祖故意告诉李守节，他早已知李筠有反叛之意，只是碍于情面不忍杀他。并让李守节传话给李筠，希望他好自为之，不要自取其辱。

李筠得知阴谋败露后，索性撕破脸皮，于建隆元年（公元960年）四月正式起兵反叛。李筠发布讨逆檄文，历数宋太祖罪状，并称此次起兵是不负周太祖旧恩，行替天讨逆之道。他的用意，是想趁宋太祖根基未稳之时，笼络朝内和各地后周旧臣，一举推翻成立伊始的赵宋王朝。此外，他又向北汉刘钧称臣纳款，请求援助。

在对待李筠的政策上，宋太祖考虑得十分周密。以他的本意，是不想打这个仗，但又不得不打。于是他先派遣宣徽使昝居润的下臣赴澶州去巡检，以防止契丹南下。又任命潞州（今河北邯郸一带）团练使郭进兼任了本州防御使和山西巡检，授权郭进，使他有进军指挥权，以防北汉的进犯。宋太祖在军事上自有纯熟的兵略，欲攻人，而先防被人攻，可说是颇有远见。

针对李筠的反叛，宋太祖立即召集群臣商讨对策。谋士赵普认为："李筠以为国家新建，不会轻易动用军队。我们如果背其道而行之，出其不意，攻其不备，可一战而胜。"宋太祖本人也清醒地认识到，此举关系到新生政权的安危存亡，必须速战速决，尽快巩固新政权的根基。于是，宋太祖调兵遣将，做了周密部署，并且御驾亲征，以稳定军心，提高士气。宋太祖命侍卫副都指挥使石守信、殿前副都点检高怀德二人统兵五万，直奔潞州李筠驻守地。命殿前都点检、镇守节度使慕容延钊率本部兵马，从东进发，配合石守信、高怀德进军潞州。

《孙子兵法》上说：

"用兵之法，驰车千驷，革车千乘，带甲十万，千里馈粮。"

意思是说打仗要做充分的准备，从兵械、车辆、马匹到粮秣，都要有一定的优势。宋太祖打仗是很有一套的，为了保证千里行军作战的后勤供应，他命令户部侍郎高防、兵部侍郎边光范同时充任前军转运使，并责成三司使张美调集兵粮。此时，张美给宋太祖提供了一条重要的消息：怀州刺史马令琮考虑到李筠迟早要反，早就有所准备，在怀州（今河南泌阳一带）积聚了大量粮食以待王师，讨伐李筠的军队可以就近供应。宋太祖十分高兴，就将马令琮所处的怀州由刺史州升为团练州，擢升马令琮为怀州团练使，以让他发挥更大的作用。

宋太祖命吴廷祚为东京留守，吕余庆协助留守事务。又命自己的弟弟、殿前都虞侯赵光义为大内都点检，命侍卫马步军都指挥使韩令坤率兵守河阳（今河南孟县）。宋太祖嘱咐其弟赵光义说："这次我要亲征，如果我打胜了就没什么可说。万一我不能胜，你就让赵普分兵守河阳，再想别的办法。"

《孙子兵法》上说：

"故备前则后寡，备后则前寡，备左则右寡，备右则左寡，无所不备，则无所不寡。"

宋太祖知这种兵法道理，无所不备，当然兵力就分散削弱了。所以，他做了最坏的打算。

到了这时，宋太祖仍然不想打这个仗。因为他知道，李筠是后周的重臣，与后周世宗皇帝柴荣义同兄弟，是个忠诚于后周、并无背叛之心的人。后周世宗皇帝柴荣对他也十分器重，曾封他昭义节度使而镇守潞州，并领泽、邢、洺、卫等州，辖有河东、河北两个重要财赋区域，是当时后周势力最为强大的一个藩镇。但李筠任节度使期间，恃勇专恣，是个称霸一方的土皇帝，就连后周世宗皇帝柴荣也让他三分。

其实，李筠的性格很复杂。虽然他飞扬跋扈，但很孝顺，对母亲百依百顺。李筠性情暴躁，一言不合就要杀人。而他母亲十分善良，当李筠要杀人时，他母亲总是要在屏风后面呼唤他，帮人求情。对别人的话李筠听不进去，而每当这时候只要他母亲发了话，李筠便无可奈何，立即将人放了。

李筠自恃有势力，因而当宋太祖加封他为中书令，派使者去给他送诏书时，他坚决推辞，毫无通融余地。并叫人取出后周太祖郭威的画像悬挂于大厅，时常面对画像流泪。

不过，李筠有勇无谋。他向北汉称臣投降，以为可得到北汉的支持，与他联兵去征伐刚建立起来的宋朝。可是北汉的皇帝刘钧并不是诚心接受李筠的投降。此时，由于北汉皇帝刘钧视宋朝为敌，也想消灭宋朝，但是心有余而力不足。刘钧虽然接受了李筠的投降，但认为力量不足，又去联合契丹。然而李筠却不愿意与契丹搞联合，弄得北汉皇帝心里也很不舒服，就对李筠产生了怀疑，派宣徽使卢赞去监视李筠的军队。在李筠的军队中，卢赞很像个主管用兵方面的特派员，使得李筠很恼火。卢赞每每要求李筠与他商议军事事务，李筠并不理睬。于是卢赞与李筠又有了矛盾，卢赞把这事向北汉皇帝刘钧作了汇报，刘钧又派宰相卫融去调解。

在特殊政治背景促动下产生的李筠与北汉的这种联盟，自然是松懈的，双方自然也是各怀目的，于是联盟的结合力就很小了。李筠原来认为，起兵后只要他振臂一呼，朝中的禁军将领大多是他的老部下，一定会群起响应，扰乱宋太祖的后方。北汉也会遵守诺言，派兵助阵。但事与愿违。朝中的禁军将领已经完全拥护宋太祖，连外藩的节度使也基本上没有响应的。早先提出联兵攻宋的北汉，更是与李筠同床异梦，只在精神上鼓励李筠，并未发一兵一卒前来助战。

李筠有个叫闾丘仲卿的属下，看出这样的联盟并没什么前途，就对李筠说："你孤军起兵举事，形势十分危险。虽然在表面上得到了北汉的支援，恐怕实际上难以得到有力的帮助。"李筠以为有理，就让他帮助拿主意。闾丘仲卿建议说："如今，宋朝的军队人强马壮，武器装备精良，我们难以同宋朝争锋决胜。我们不如西下太行，直抵怀州、孟州，塞虎牢，据洛邑。然后联合北汉，再联契丹，北汉西出太行，契丹由幽州南下，则使宋朝三面受敌。到时，我们东向而争天下就容易了。"

可是李筠却刚愎自用，自以为强，他说："我是周朝老将，和周世宗情如同兄弟。如今那宋朝的将士，都与我有旧交，闻我到达，定会倒戈相向。再说，我有猛将千员，有骏马三千，何愁不成功！"因此，李筠仍然日夜备兵，坚持直攻宋朝汴京的作战计划。

李筠从潞州起兵，先去宋朝的泽州，占领了泽州城，此举为东下直攻宋都汴京开辟了道路。泽州居太行山之脊，是河朔之咽喉，从泽州往北，可直抵太原而无阻，进而能攻河朔；往南，可下太行山直抵孟州、怀州，进而直逼汴京。

兵法上说："卷甲而趋，日夜不处，倍道兼行，百里而争利，则擒三将军。"宋太祖当然了解李筠夺取占领泽州的目的，传令石守信、高怀德二位将帅："勿纵李筠下太行，急引军兵扼其隘。"按宋太祖的意图，是让石守信、高怀德二帅急行军去争取有利的地形，阻止李筠的军队下太行山，把李筠的部队控制在泽州一带，力争将他们歼灭。

宋朝洛阳留守名叫向拱，向宋太祖建议说："宋军应急速渡过黄河而北上，翻越太行山，乘李筠部队尚未完全集结时就对他们发动进攻。如果滞留拖延十日，李筠的部队就可能集结完毕，那他就会向我们发起猛烈的进攻。"他的意思是说，既然要与李筠交战，先行之利一定要获得，才能有获胜的把握。而要获得先机之利，现在就要出兵迎敌。

这些建议正与宋太祖的思路不谋而合。事不宜迟，他率军亲征，于建隆元年（公元960年）五月二十一日起兵从汴京出发，二十四日到达荥阳，从那儿急渡黄河，引军迅速北上，急出太行山。宋太祖做事胸怀坦荡，虽然从李筠、李重进身上看出各地节度使对他继皇位有不同程度的不服气，但打仗就是打仗，平叛即是平叛，他从来不在心理上挟私处事。

那时的太行山山路狭隘崎岖，宋朝大军行路艰难，宋太祖以身垂范，率先抱石修路，群臣诸将也纷纷仿效，很快就在太行山上开辟了一条大道。宋军行路无阻，翻过太行山，到达了泽州城外。

李筠所率叛军于四月十四日占领泽州后，五月初已完成与北汉军队的联合。为了稳妥起见，李筠将长子李守节留守上党（今山西长治县），稳固住后方，自己统军三万南下，进攻宋军。

由于日夜兼程，到达了太行隘口，宋军据险而守，争取了战场的主动权，也就拥有了获胜的把握。李筠的部队尚未从泽州出发，而此时宋朝征伐李筠的石守信、高怀德两位将军，早已按宋太祖的命令迅速统兵控制住了太行山的隘口，有效地阻住了李筠的部队，使他的将卒一个也下不了太行山。

五月初五，石守信、高怀德的前锋军与李筠的部队在泽州之南交战，结果宋军斩杀李筠军兵3000人。至五月二十九日，石守信、高怀德又在泽州之南大败李筠的3万军队，俘获他的联军首领之一——北汉河阳节度使范守图，斩杀了北汉派驻李筠军队监军的卢赞。李筠溃败而逃，再入泽州城内，只好依城固守。

六月一日，宋太祖率军又追到泽州，督促石守信、高怀德统兵攻打泽州。由于李筠婴城固守，宋军连续攻打了10天，仍没有攻下。宋军攻不克泽州城，使战局陷入胶着对峙状态。

在泽州城中，被困城里的李筠心中急如焚火。泽州城虽然未破，但宋军大军压境，围城环攻而不撤，他心中无底。此时，李筠的妾刘氏求劝说："以数百骑兵突围去上党，快向北汉求援，放弃这种死守泽州城的计策吧！"但是对这样的建议，李筠左右的将军们坚决反对，担心有人邀功，趁机劫持李筠降敌，认为攻城者求的是速战速决，坚持守城，待宋军粮绝，必然退却。

的确，正如《孙子兵法》说："攻城的办法是不得已的。制造攻城的巢车，准备攻城的器械，三个月才能完成；构筑攻城的土山又要三个月才能竣工。将帅不胜其忿怨，驱使军队像蚂蚁一样去爬城，士兵伤亡三分之一，而城还是攻不下来，这就是攻城的灾害啊！"有古人之训在前，宋太祖自知久困不决不是个办法，敌人以逸待劳，而我则劳师疲兵，自然处于不利局面，但也要不得已而为之。

为了走出被动局面，尽快拿下泽州，宋太祖召控鹤左厢都指挥使马全义询问对策。马全义建议趁着师未老、兵未疲，马上强攻。宋太祖正想速战速决，就同意了他的建议，遂命他率敢死队首先登城。马全义果然不负众望，终于攻上城墙。战斗中他被箭射中穿透了臂，忍痛将箭拔掉，继续率兵攻打。宋太祖率侍卫部队紧紧跟进，迅速扩大战果。泽州城终被宋军攻破，李筠自焚而死，北汉宰相卫融被俘。

《孙子兵法》说："杀敌者，怒也。"宋太祖使马全义强攻泽州，恰恰在于马全义因泽州久攻不下而生怒，因而英勇攻城，虽被箭所伤而不退，所以泽州城最终被拿下。

李筠死后，部下将领纷纷投降宋军。十七日，宋军乘胜攻打潞州，李守节率城投降。北汉皇帝刘钧见李筠兵败，赶紧把军队撤回晋阳。至此，宋太祖登基后首次显示军事谋略，便旗开得胜，大大地亮了一手。

《孙子兵法》说："开明的国君或贤良的将帅，之所以容易战胜敌人，能成功地超出众人，就在于他们能事先了解敌人的情况。而要事先了解情况，不可用祈求鬼神去获得，也无须用相似的事情做类比来推测吉凶，不可用夜视星辰运行的度数去取得。"

这是《孙子兵法·用间篇》中的一种计策。

之先,原后周淮南节度使李重进也准备与李筠联合反宋,他们南北呼应,李筠反叛在西北潞州,李重进在东南扬州,使宋朝首尾不能相顾。于是宋太祖于无奈之中首先要争取稳住李重进,以保证使宋军无后顾之忧地去征讨李筠。

宋太祖即位后的另一个强硬对手是李重进。

李重进原是后周朝的开国功臣,又是后周太祖郭威的外甥。公元952年任后周殿前都指挥使,公元954年正月又任武信军节度使。后周世宗时在柴荣手下兼侍卫亲军都指挥使。但李重进素怀骄傲,在他看来,宋太祖出自一个帐下小卒,曾几何时,当他李重进执掌后周军权时,宋太祖只不过是个中级将领,论资格简直无法与他相比。

在后周世宗后期,李重进与宋太祖同掌禁军,因为宋太祖比他的才能、本事要大得多,曾把他弄得惶恐不安。

后周恭帝柴宗训即位时,宋太祖为殿前都点检,是后周军队的最高领导人。李重进依然为侍卫马步军都指挥使,虽说又出任淮南节度使,但他对宋太祖连连受重用还是有点嫉妒。宋太祖为人推心置腹,对他没什么防范,所以在做了皇帝后,仍让他为淮南节度使,驻军扬州。

宋太祖通过兵变即皇帝位后,李重进有些局促不安,但他置于扬州,距京千里,也没什么办法,只得一边对宋太祖虚与委蛇,一边思谋对策。经过细心考虑,李重进认为他应该先进京,然后再做打算。于是他向宋太祖提出要求入朝。宋太祖明察秋毫,知道他要求入朝会另有谋图,又考虑淮南节度使驻守扬州,是防备南唐的军事重地,就让翰林学士李昉起草了一份诏书,以"君为元首,臣作股肱,虽在远方,还同一体"为由,委婉地谢绝了李重进的入朝请求,使他难以来京。

李重进一计不成，于是就准备与昭义节度使李筠联合反宋。在李筠举兵南下攻宋时，李重进秘密派出心腹之臣翟守珣同李筠联络，以图南北夹攻宋朝。哪知翟守珣这个人很服宋太祖之威，李重进派他秘密联络李筠，他认为李重进做了错事，又不敢进谏，于是就没有去潞州，直接到了汴京，偷偷去找做枢密承旨的好友李处耘，通过他求见宋太祖。

宋太祖秘密召见翟守珣，了解到李重进要联络李筠的详细情报。君臣就此谈起话来，宋太祖说："我要去打李筠，并不想招惹李重进。"翟守珣说："但是皇上要多加小心才是，因为李重进要臣去联络李筠，也是要起兵之意。"宋太祖说："那我就会首尾不能相顾。如果我赐铁券给李重进，他会相信我吗？"翟守珣说："李重进悖恣骄强，终无归顺之志。"

感到失望的宋太祖只好说："既然标明终生不予加害的铁券，在李重进那里也失去了信用价值，我就要对付他了。"于是交给翟守珣一个重要任务：让他回扬州设法劝说李重进缓图起兵反宋的谋划，避免形成二凶并作局面，减轻宋朝压力，以便集中而不至于分散兵势，并赏赐了翟守珣。

翟守珣果然不负宋太祖所望，即从汴京返回扬州，见到李重进后，假意说："李筠自恃兵强，已后悔与北汉的联盟，但也不愿与我们联络。"李重进本就对李筠有看法，听他这样说，也就打消了联络李筠的念头。翟守珣又趁机进言，说："我们要养威持重，多做准备，不要轻易采取行动，免得仓促，不能成功。待二虎相斗后，无论谁胜，都会大伤元气，到时我们再图谋进取就容易多了。"

李重进暂时放下起兵的事，养精蓄锐，坐山观虎斗，这样不知不觉中就丧失了攻宋的主动权。

《孙子兵法》说:"内间者,因其官人而用之。"宋太祖利用李重进的亲信官员,对李重进劝说缓图反宋之计,使宋朝在平定李筠叛乱时,不至首尾难顾,为顺利平定叛军起到了重要的作用。所以《孙子兵法》上说"用间"是神妙的道理,是国君的法宝。

正由于翟守珣所起的作用,使宋太祖得以集中兵力,重点解决北方国土上的叛敌李筠,避免了两面受敌之虞。而待宋太祖平定了李筠的叛乱,宋朝占据泽州、潞州,把原来属于后周的地盘复归于宋朝之后,宋太祖返回汴京,便开始重点考虑处理李重进的事了。

宋太祖以仁德之心,并不想对李重进实行镇压,所以还想给他一次改过机会,就派六宅使陈思诲的人带上丹书铁券及诏书,前往扬州抚慰,召他入京上朝,并调移他为平卢节度使,由扬州而移镇青州。

陈思诲到了扬州,把丹书铁券及诏书给了李重进。李重进接了丹书铁券及诏书后,尽管心中惧怕,但又不敢轻易反叛,于是就打点行装,准备随陈思诲入朝。然而他的部将却非常警觉,一听节度使要入朝面君,便一起来见李重进,竭力劝阻他入京。

李重进于是又疑心起来。他考虑到自己是周室近亲,恐怕今后性命难保,就听从了部将们的劝阻,不仅不再进京,反而翻然变脸,将陈思诲拘留。然后修整城池,加紧操练兵马,准备与宋朝决战。

此时,宋太祖平定李筠已三月有余。

李重进仓促间就要与宋朝开战,但又思自己没有退路,就向南唐称臣,派人到南唐求援。而南唐主李煜最知宋太祖的威名,如今又听说宋太祖已平了李筠,更不敢与宋朝为敌。因此不敢接纳李重进的使者,反而把这一情况报告给了宋朝朝廷。如此,李重进弄巧成拙,成了穷途末路。

《孙子兵法》说:"不知诸侯之谋者,不能豫交。"李重进根本不了解南唐李煜的政治动向,就随便去向南唐称臣求助,岂不要坏事?由此可见,他是个既无勇又无谋的人,他的自骄是没有依据的。

更为要命的是,此时李重进的阵营内部出现了分化。扬州都监、右屯卫将军安友规知道他必反无疑,担心会连累自己,便自个儿去投奔了宋朝,宋太祖遂任命安友规为滁州刺史。

手下大将安友规投奔了宋朝,大大削弱了李重进阵营的实力,这使宋朝镇压扬州李重进有了胜利的条件。宋太祖按照兵法谋将,之所以任命安友规为滁州刺史,就是要叫他做征讨李重进的向导。

安友规投降了宋朝,这对李重进是一个重大打击,他因此就很自然地对手下诸多部将起了疑心,于是就囚捕了数十名军校。这些被冤的军校一再申诉:"我们都是为周室屯戍,您要尊奉周室,为何不让我们为您效命呢!"李重进不予理睬,反倒将他们全部杀掉。这也是自毁之举,白白地将自己送上了绝路。

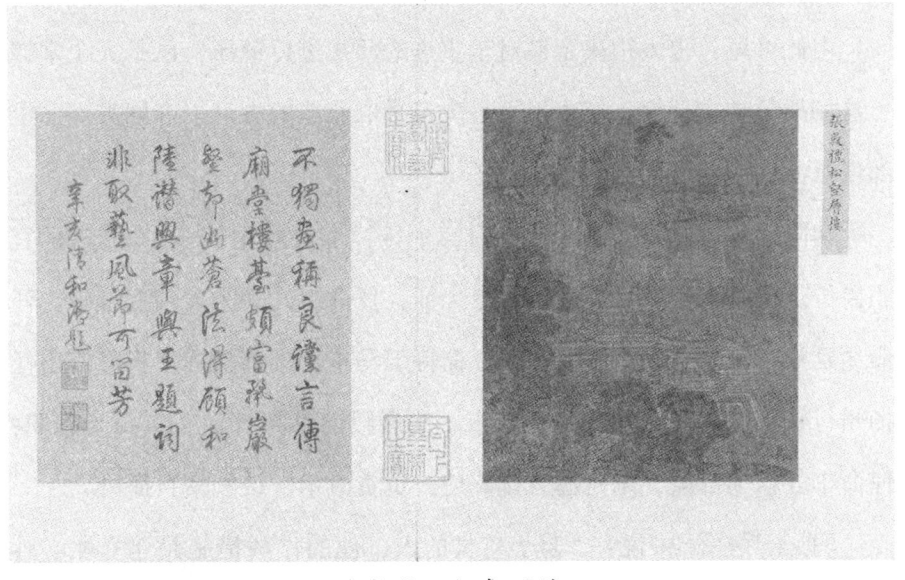

张敦礼·松壑层楼

《孙子兵法》上说:"不利于军队的情况有三种:不懂得军队不可以前进而硬叫它前进,不懂得军队不可以后退而硬叫它后退,这叫做牵制军队。不懂得军队的内部事情而干预军事行政,就会使士兵迷惑而且怀疑,列国诸侯的祸患就会乘隙而来。这就是所谓扰乱军心,自找失败。"

李重进的所作所为恰恰就犯了兵法上的大忌:他叫士兵们迷惑不解,叫士兵们怀疑生恨。李重进对诸将的怀疑使他铸成的大错,而杀害军校是叫军队进一步憎恨他,这样一来,在宋军还没攻打他的时候,他就自己先行扰乱了军心,以至难逃噩运,注定要失败。

宋朝枢密使赵普对李重进反叛做了分析说:"李重进凭仗长江淮河,缮修孤堡,一味采取守势,既无恩信,又使士卒生出离心,有勇而无谋。计谋不用,外绝救援,内乏资粮,急攻亦取,缓攻亦取。"赵普的意思说得很明白,对这样一个不是对手的敌人,不妨从战略上轻视他,因为无论是用急攻也好,用缓攻也罢,哪个方法都能取而胜之。

由此可见,宋太祖决定要对李重进的反叛进行镇压,已是完全掌握了这场战争的主动权。宋太祖于是决定采取速取的方针以夺回淮南,全部恢复原后周的统治区域。

建隆元年(公元960年)九月二十日,宋太祖下令削夺李重进的官职爵位。十月二十一日,发诏下令亲征,任命赵光义为大内都部署,任命吴延祚和吕余庆为东京留守;任命侍卫马步军副都指挥使石守信出任扬州行营都部署,兼知扬州行府事,任命殿前都指挥使王审琦为副职;任命李处耘为都监,宋延渥为排阵使,负责战术,统领禁兵征讨。

《孙子兵法》中说:"善于打仗的人,他的作战措施是建立在必胜的基础上的,所以能够战胜已处于失败地位的敌人;善于打仗的人,总是能够使自己处于不败的地位,而不放过使敌人失败的机会。正因此,胜利的军队在于先有了胜利的把握,然后才寻找敌人交战。"宋太祖修明政治,确保法制,而立于不败的地位。李重进却是内外交困,士卒离心,使自己处于必败的地位。较之于一向骄傲自信的李重进,宋太祖已先占尽优势,是善于打仗的人。宋太祖亲征,乘船南下,经宋州、宿州而到达泗州,然后舍船登陆,命令众将士击鼓前进。十一月十一日,宋朝大军到达扬州城下。李重进的兵将见宋太祖亲临城下,哪里还敢抵抗,未经交战便先自纷纷逃散,扬州城不攻自破。李重进万念俱灰,遂与家中人一起焚死。

后发制人虽然历来为国人所推崇,认为它是智慧与力量的综合体现,但也只能适用于旗鼓相当或者自己的实力弱于对方时。当己方实力强于对手或基本持平时,更好的方法便是先发制人了。因为他们清楚地知道,主动权掌握在谁的手中,胜利的天平就有可能向谁倾斜。

平定二李叛乱,其意义不只在于平叛本身,而且显示了宋太祖的深远用心。平叛,对于新建的赵宋王朝来说,是稳固根基的重要手段。从表面上看,它只消灭了两个违法作乱的节度使。但细想一下,二李只不过是众多节度使中明刀真枪起来造反的,还有不少人在暗地里琢磨什么,就不好揣测了。平定二李,是敲山震虎之计,杀鸡给猴看,其意在于让那些手握兵权而对朝廷犹疑观望的节度使们清楚:不要忘了前车之鉴,要放聪明一些;不要学习二李,搬起石头反而砸了自己的脚。要想保住富贵,只有真心诚意地效忠朝廷,忠心为朝廷服务。

第二节 先南后北

宋太祖从年少时就下决心创一番功业。建立宋朝以后，面对着内忧外患的形势，宋太祖苦心思虑，思考统一中原的大策略。

从历史上看朝代兴替，除了元、清二朝是通过外族强大的武力为后盾而建朝外，其他各朝各代都是借着先朝的内乱而改辕易辙的，而元、清二朝的统一，也与其对手内部的腐败与内乱密不可分。

外者，表也。内，才是最实在、最重要的。看一个人，外表固然重要，但只是门面而已，更重要的是他的心灵与智慧。如果他不学无术而且阴险狡诈，那么即使他长得貌似潘安、宋玉，穿得体面华贵，也只是一张好皮囊罢了，于国、于家、于他人毫无益处可言。

对一个国家而言，亦是如此。当年秦始皇以虎狼之师横扫六国，兵锋所至，所向披靡，北筑长城而拒匈奴，南达百越之地，其疆域之广，前所未有；其甲兵之盛，无与争锋。接着，又设立郡县，统一度量衡，广修驿路，一个强大的中央集权帝国版图跃然纸上。但是，这只是一件华美的外衣，它掩盖了羸弱多病的身躯。统一后的秦国，大兴土木，筑长城、建阿房，大量被强征的民夫死于艰苦的劳动和官吏的皮鞭之下；焚书坑儒，残杀读书人，强行垄断文化，激起士人义愤；对百姓横征暴敛，民不聊生。

第六章 中原王朝

长　城

当人民再也忍受不了压迫之时，愤怒的烈火便从内部燃起，陈胜、吴广揭竿而起，看似强大无比的秦王朝仅历二世便土崩瓦解。

无独有偶。曾以开元盛世而著称于史的唐玄宗，青壮年时期励精图治，将唐王朝推上了富强繁盛的顶峰，为历代文人史家所称颂不已。然而盛极必衰，高处不胜寒。唐玄宗晚年，全无居安思危之志，整天沉浸在治世的泡影之中，醉心于歌舞宴乐，集天下宠爱于杨贵妃一人之身。朝政荒驰，滥加分封，终于形成各地节度使尾大不掉之势。安禄山、史思明乘机反叛，直捣长安，玄宗皇帝不得不仓皇而逃，盛世的局面再不复回。唐王朝也由此衰败，直至灭亡。

历史上这些惨痛的教训，对宋太祖来说，都是极其深刻的。作为一个通过不懈努力才登上皇位的开国之君来说，宋太祖当然不希望轻易放弃来之不易的胜利果实，而且迫切希望为子孙后代营造一个积极向上的开局，永固赵宋王朝的江山。

大宋建国之初的形势可以说是内忧外患。朝廷内部，后周旧臣虽然被迫归顺朝廷，但其内心对篡位的太祖皇位仍有所排斥和抵触，表面上虽然十分恭顺，心中却有很多疑虑和担心，害怕一不小心便会遭到灭顶之灾。各地拥有实力的节度使，更是让太祖放心不下。他们驻守外藩，手中又握有重兵，历来就对朝廷阳奉阴违，一旦控制不好，便会起兵反叛，重现五代割据之乱世。

对外而言，大宋王朝更是形势险恶、危机重重。当时的赵宋王朝，其辖地仅限于中原一地。北面是勇猛善战的契丹族所建的大辽，经过扩张和改革，力量日渐强大，是宋朝最危险的敌人。还有刘钧统治下的北汉政权，兵力不多却很精悍，经常派小股部队骚扰宋境，破坏生产。在南面，有南平、武平、后蜀、南汉、南唐、吴越等政权，虽然军力较弱，但疆域辽阔，统一它们也非易事。

靖定内乱之后，按理说宋太祖应该睡几天安稳觉了，但他反而愈加睡不踏实了。他现在思考的是，要建立像秦始皇、唐太宗等一样的丰功伟绩，结束四分五裂的割据局面，把赵宋王朝锻造成一个疆域辽阔、人口众多、经济繁盛的帝国，而不应仅仅占据中原一隅。如何实现这一宏伟蓝图，已经被推到议事日程上。

统一全国，实现"普天之下，莫非王土；率土之滨，莫非王臣"的理想，是每一个有作为的君主梦寐以求的结果。古往今来，概莫能外。但统一是关系一个朝代生死存亡的大事，其过程十分艰难，其结局也充满了危险的选择：成功或是失败。秦始皇带领只占神州一角的关中之地秦国，逐渐蚕食鲸吞，最终横扫六合，一统天下。其成功的秘诀并不是上天安排的，而是采取一系列正确措施之后的必然结果。对内，他继承商鞅变法后秦国经济高速发展的大好形势，重用客卿，逐步完善政治、军事体制，令行禁止，达到高度统一。对外，采取远交近攻之策，以合纵之法破坏六国连横之计，逐个击破，进而取得最后的胜利。

而反面的教材也比比皆是，三国时期的曹操和诸葛亮便是明证。曹操统一北方后，迫切希望快速消灭南方的孙权和刘备，实现其人生理想。然而，低估对手和操之过急的心绪葬送了统一的大好时机。假如历史可以重演，曹操当时如果听从谋士们的建议，先取刘备，再图江东，恐怕就不会造成孙刘联合，也就不会出现赤壁之战了。赤壁之战的结果，曹操损兵折将，几十万大军所剩无几，只好狼狈地逃回许昌，统一大计也只能束之高阁。终其一生，也没有看到统一后的魏国是什么样子。

诸葛亮可以说是三国时期最具传奇色彩的人物。他受刘备三顾之请出山，帮助刘备从一个只有数千兵马的小头目，变成拥有川蜀千里沃野之地的蜀国皇帝，其智慧当属旷古罕见。为了帮助刘备恢复汉家天下，他殚精竭虑，希望消灭魏、吴政权，统一天下。因此，他不顾疲病之躯，率川蜀健儿六出祁山。但均无功而返，而且损兵折将，耗费了大量的物力和财力，自己也因过度劳累和忧虑，病死军中，把统一的理想随着尸骨一同埋入坟墓。蜀国也由此衰败，直至灭亡。

这些历史事件，对宋太祖来说并不陌生。到底该不该冒这个险，一直困扰着宋太祖。当时宋朝已经有了统一战争的资本，拥有111个州的版图和96万户人口，这是当时南北各个割据政权都无法相比的绝对优势。此外还有一支能征善战的军队，经过宋太祖的挑选和多年的指挥，经历过征北汉、战淮南、伐契丹等多次大战、恶战的考验，战斗力和士气都可堪负重任,并且战无不胜。再次,中国再次走向统一的历史趋势已经形成。黄河以北,自中唐以来,从藩镇林立到五代开始建立后唐政权,逐渐形成了新的政权中心,割据局面呈现出走向统一的趋势。在长江以南地区,虽然诸多政权并立,但各割据政权的疆域狭小,人口也较少,多数国家力量都很小而且软弱怯懦,自后唐时就开始向中原王朝表示臣服或通好。也就是说,大多数国家都向中原王朝靠拢。从人心要求来看,长期的分裂割据,已经严重阻碍了社会经济文化的发展与交流,也给社会各阶层人民带来了深重的战争灾难。建立统一的封建王朝,已经是人心所向,众望所归。尽管如此,宋太祖还是非常谨慎,在如何进行统一战争上,煞费苦心。

在建隆元年的十一月间,宋太祖平定了李重进之后,统一中国的战略问题又提到了议事日程。到底是先北伐,还是先南征,他还拿不定主意。由于此事至关重大,稍有不慎,就会满盘皆输。所以他日思夜虑地寻找最佳的方略,以至于夜不能寐。

易元吉·群猿拾果

宋太祖拿不定主意时，就去找赵普。这天夜里天降大雪，整个汴京笼罩在一片白皑皑的雪色之中。宋太祖踏雪去了赵普的家。

赵普见皇帝雪夜来访，很是惊诧，赶紧询问原因。宋太祖如实相告："一榻之外，皆他人家，难以入睡。"

赵普道："皇上欲与臣商议平边之策？"

宋太祖道："正是，吾欲先收太原。"

赵普道："太原面对着西、北两个方面的边防，假如拿下了太原，则两个方面的边防就都落在我们身上了，何不姑且留着太原，等到削平诸国之后再说？彼弹丸之地，要消灭他是早晚的事，它还能逃了不成？"

在赵普的提醒下，宋太祖又经过深思远虑，于是制定了征南的方针策略，入朝说明道："自五代以来，中国兵连祸结，帑廪虚竭，必先取西川，次及荆广、江南，则国用富饶矣。今之劲敌，只在契丹，自开运（公元944年）以后，益轻中国，河东与契丹接境，若取之，则契丹之患我当之也。姑存之，以为我屏翰，俟我富实则取之。"

这个战略方针的出笼，基于宋太祖君臣对当时各方实力的冷峻思考。战争，首先是交战各方军事力量的竞赛。当时政权虽多，但宋朝最强大的敌人是北方的辽。就军事实力而言，宋不及辽。如果要贸然先吃掉大家伙，可能造成长期苦战，最终的结果是两败俱伤，其他政权从中扩大势力，得以苟存。而南方各政权政治腐败，军力衰弱，都不是宋的对手。其次，战争必须有雄厚的经济实力做基础。中原一代自唐中期以后，战祸不断，人口减少，经济衰落，而南方却得以开发，经济重心已南移。先吃掉南方，消化其人口土地，将大大增强宋的力量。

那么，先南后北的战略到底包括哪些内容呢？宋太祖本人对此作过较为完整的表述，他说："中原地区自五代以来，兵连祸结，国库空虚。

必先取巴蜀，其次取广南、江南。这样，国家储藏才能富饶。北汉与辽接壤。如先攻取北汉，那么辽国之患，就会由我独自承担，还不如先让他苟延残喘，作为我们的屏障，等到我财用富饶后，再攻取它，为时不晚。"这一战略的着眼点是先弱后强，也就是先易后难，北守南攻，待取得南方雄厚的人力物力资源后，再集中力量对付北面的强敌。当然，策略不是死的。宋太祖在实战中是先灭两湖，再取巴蜀，后进两广，最后取南唐。大致对南方几国也是先近后远，先易后难。

从当时的形势对比来看，宋太祖的判断是正确的。当时最强大的两个政权，要属辽和宋。而辽已建国多年，经济、军事实力皆胜于宋；宋虽然在周的基础上建成，但连年战乱造成的负面影响仍然很大，根本无法与辽正面碰撞。而广阔富庶的南方各地政权，虽然地域广大、人口众多，但其统治者大多是碌碌无为之辈，政治腐败，军力衰微，是一块大而松软的蛋糕。攻下南方，不仅损失较小，而且可以占领一块富饶的后勤基地，将财物源源不断地输送到北方。

先易后难、先南后北的国策的确定，为宋太祖统一中原指明了方向。在以后的几十年间，宋太祖南征北战，为统一中原奔波不懈。

第三节 统一中原

平定了二李叛乱，宋太祖的内忧解除了，他把战争的重心指向了北方的辽国和北汉。

宋太祖并不是一个畏难的人，他一直盘算如何对付最强大的敌人——辽。在对比了双方的实力之后，他终觉没有短期胜出的把握。在他统一荆湖之后，就考虑和平赎买辽而占有中国的土地，并且成立了基金库，但最终没有实现。开宝九年（公元976年），也就是宋太祖统治的最后一年，群臣要给他上尊号，名叫"广运一统太平圣文神武明道至德仁孝皇帝"，宋太祖拒绝接受，他的理由是："汾晋未平，燕蓟未复，怎么能叫统一呢？"

这可能就是先易后难的一个缺点吧。软柿子先吃了，最后剩下一块难啃的硬骨头。结果这块骨头让后代整整消化了一个朝代。随着南方政权的平定，统一国家的奠基，财富权力的积累，无论将相还是士兵，都缺少了创业初期那股锐气，大家更看重眼前得到的东西，又怎会有力量对付最强大的敌人呢？纵观历史，朱元璋统一全国采取的是先难后易的方针，先吃掉实力略强的陈友谅，又打败稍逊于己的张士诚，其他就不在话下了。当然，这要有一定的风险，在与陈友谅的战争中，双方都有胜出的可能。那么，何时先易后难，何时先难后易呢？一般来说，如果自己与众多敌人比，实力较强，有六分甚至五分胜出另一强敌的几率，就可以先难后易。先把最厉害的制住，其余的就不在话下了。而如果自己胜出另一强敌的几率不大，可以考虑先易后难，在战斗中扩大自己。当然，要防止强敌的背后一击。

宋太祖在对南方用兵期间，一直没有忽略北方的势力。他深知，身后还有北汉和辽这一狼一虎，必须预防后院起火。他在实行先南后北的同时，并没有顾此而失彼，而是采取一些必要的措施，来加强和巩固边防，保证自己大后方的安全。其一就是选用宿将，屯重兵于北边防线上。

另外，北方除了两强之外，还有党项、吐蕃等弱敌。对他们，宋太祖并没采取先弱后强的旧方针。因为他们多处于少数民族地区，灭掉政权容易，稳定统治就难了。宋太祖反而利用他们牵制北汉。偏处西北的党项李氏割据政权，在五代时期对中原各王朝保持了名义上的臣属关系。宋朝建立之后，其首领彝兴也不例外，承认宋的宗主国地位。宋太祖一方面感到其对宋难以构成威胁，另一方面它的存在对北汉也是一种牵制，在宋打击北汉的几次战争中，都得到了党项的支持。

宋太祖在先南后北、先易后难战略中说："中原地区自五代以来，兵连祸结，国库空虚。必先取巴蜀，其次取广南、江南。这样，国家的储藏才能富饶。北汉与辽接壤，若先取北汉，则辽国之患，将由我独自承担，还不如先让他苟延残喘，作为我国之屏障。待我国财用富饶之后，再攻取它，也为时不晚。"

统一进程按照既定方针进入实施阶段。对荆湖一带的南平和武平，宋太祖仅用借虞灭虢这一计，就顺利达到了目的。首战告捷后，后蜀便

第六章 中原王朝

开封古城墙

成为宋太祖的下一个猎物。后蜀虽大而富，却缺乏明君，金玉其外，败絮其中，根本不堪一击。太祖一面派大兵压境，快速夺取川中门户剑门；一面安抚后蜀主孟昶，迫使孟昶投降。随后，宋军用五个多月的时间平定了南汉，又接连灭掉南唐和吴越，只剩下北汉。

宋太祖收拾了南方之后，开始对北汉用兵。

对北汉的统一，正如先前所料，极为不顺。早在攻灭后蜀之后，宋太祖乘北汉主刘钧新丧、国内政局不稳之机发兵攻打北汉。宋军开始时接连获胜，直逼北汉都城太原，形势一片大好。但不料北汉向辽求援，辽也不愿与宋直接接壤，于是发救兵援汉抗宋。宋军为避免腹背受敌，只好撤军，占领的城池也失去了。

宋太祖不甘心伐汉无功而返，一直耿耿于怀。公元969年春，太祖不顾大臣的劝谏，御驾亲征北汉。此次伐汉，太祖汲取第一次伐汉未果的教训，对辽国援军做了充分准备。宋军一路杀将过去，过关斩将，很快兵临太原城下。此时辽军又想故伎重施，但宋军早有防备，辽军只好丢下几千具尸体和无数辎重，狼狈而返。

但太原城异常坚固，城中的防备也周密无隙，加上宋军遭遇瘟疫，久而无功。为保存实力，宋太祖被迫下令班师，宣告第二次伐汉结束。撤兵之时，宋太祖又明智地接受了大臣薛化光的建议，将太原附近的民众一万余户，内迁至宋境，减少了北汉的人口和兵源。这一釜底抽薪之计，也为以后的伐汉和灭汉奠定了基础。

公元976年，宋太祖下令第三次伐汉。天有不测风云，就在宋军捷报频传之时，宋太祖不幸去世，第三次北伐只好草草收场。公元979年，太宗继承太祖的遗志，终于平定了北汉。

宋太祖的三次出兵，虽然没有最后将其灭亡，但从军事、经济、政治等各方面给对手以沉重打击，为后继者灭亡北汉奠定了良好基础。宋太祖在平定内乱、统一全国的过程中，较为精确地分析敌我形势，采取了先平内乱、先南后北的战略决策，分期分批而又有条不紊地逐个消灭对手，基本实现了预期目标。

宋太祖征战一生，凭着自己的励精图治结束了五代十国时混战的局面，为实现统一中原作出了重大的贡献。

宋太祖的以"仁"为本的思想奠定了宋代的统治基础，其治军和治国思想对后代帝王产生了深远的影响。